영업의 품격

장사도 격이 있다

영업 달인의 비책 노트를 공개하다
삼성전자 영업 수장들의 숨겨진 노하우 찾기

영업의 품격

초판 1쇄 인쇄 | 2023년 08월 15일
　　　2쇄 인쇄 | 2023년 09월 25일
지은이 | 김현철
펴낸이 | 이재욱(필명:이승훈)
펴낸곳 | 해드림출판사
주 소 | 서울 영등포구 경인로82길 3-4(문래동1가 39)
　　　　센터플러스빌딩 1004호(07371)
전 화 | 02-2612-5552
팩 스 | 02-2688-5568
E-mail | jlee5059@hanmail.net

등록번호　제2013-000076
등록일자　2008년 9월 29일

ISBN　979-11-5634-553-4

영업의 품격

김현철 지음

영업 달인의 비책 노트를 공개하다
삼성전자 영업 수장들의 숨겨진 노하우 찾기

해드림출판사

프롤로그

　이 책에서 기술되고 있는 이야기는, 필자가 삼성전자를 30여 년간 다니면서 몸소 겪고 느낀 바에 대하여 직장 생활을 하는 다수의 샐러리맨들에게 도움을 줄 수 있을까 하는 의도에서 만들었다. 전체는 혁신의 5개 챕터로 구성되어 있으며 그 장마다의 주요 내용은 아래와 같다.

　첫 장은 삼성전자 국내영업에서 시행했던 CS(customer satisfaction) 혁신에 대한 경영 기법과 추진방향, 그리고 우수사례들은 솔직하게 진술했다. 더불어 CS 혁신의 성공 7대 인자와 노하우를 소개함으로써 고객 중심의 혁신을 준비하는 여타 기업들에 도움이 될 수 있는 내용이다.

　다음 장은 장사의 비법이다. 돈을 버는 데는 몇 가지 법칙이 있다. 이 법칙을 이해하면 돈 버는 데 도움이 된다. 아무 생각 없이 장사를 하고, 장사를 무작정하다 보면 그냥 돈이 벌리겠지… 해서는 부자가 될 수 없다. 이 장은 필자가 몸소 겼었던 사례 중심으로 어떻게 하면 기업에서 이익을 극대화할 수 있는가에 대해 의견을 개진한다.

　세 번째 장은 IMF와 금융위기 그리고 코로나 시대에 삼성전자 국내영업은 경기 침체와 불황의 시련을 어떻게 극복했는지를 살펴보았다. 지금은 세계적으로 저성장 시대가 계속 유지되고 있다. 한국도 예외는 아니다. 이런 불황 시기를 극복하기 위한 영업의 노하우들을 중심으로 서술하며 벤치마킹할 수 있는 사례 중심으로 설명한다.

네 번째 장은 필자가 30년간 삼성전자를 다니면서 만났던 고위 임원 선배들의 노하우를 정리해 보려 했다. 어차피 직장 생활은 조직과 선배들에게 배우면서 다니게 된다. 예나 지금이나 고수들은 필살기를 가지고 있다. 필자도 그들의 필살기를 배우려고 부단하게 노력했다. 그런 필살기가 될 만한 사례들을 사실 그대로 옮겨 놓았다.

마지막 장은 필자가 직장 생활을 하면서 배운 경험을 중심으로 '직장에서 잘 살아남는 법'과 '직장 내 세대 간의 이해'에 대해 기술해 보았다. 독자분들이 직장 생활을 하면서 성장하고, 후배를 육성하는 데 도움이 될 수 있으면 더할 나위 없다.

이 책을 쓰는 동안 많은 생각을 했다. 과연 이 책의 발행 목적은 무엇일까? 한국의 많은 영업인들에게 최선과 최적의 길로 인도하는 성공의 좌표를 제시하고 싶었다. 그리고 또 하나의 목적은 사적인 의미도 존재한다. 직장 생활을 하는 동안 늘 아이들에게 미안했다. 그래서 두 아이의 아버지로서 그들이 태어나기 전부터 어른이 된 지금까지, 아비가 직장에서 과연 무슨 일들을 해 왔는가를 들려주고 싶었다. 이 책을 통해 그나마 열심히 살아왔다는 평계라도 얻고 싶었다. 따라서 저자의 31년의 생활이 고스란히 들어 있는 이 책을, 내가 세상에서 가장 사랑하는 상우 정우 두 아이에게 바친다. 더불어 두 아들을 무한한 헌신과 감미로운 희생으로 잘 자라게 해 준, 사랑하는 민경하 여사께도 진심으로 감사의 말을 전한다.

2023년 여름 어느 날
김현철

Agenda

프롤로그 | 4
에필로그 | 365

제1장. 혁신의 첫걸음, 고객만족 경영　　　　9

1. 혁신의 기준은 오직 고객이어야 한다　　　　12
2. CS(Customer satisfaction) 사무국을 만들다　　　　24
3. 혁신은 하루아침에 이루어지지 않는다　　　　50
4. 경영은, 프로세스의 관리이며 혁신의 연속이다　　　　60
5. 영업에서 '원래'라는 말은 원래 없다　　　　78
6. 영업의 본질 = 고객 만족　　　　91
7. 접점의 열정, 결코 돈만으론 살 수 없다　　　　113

제2장. 판매혁신을 통한 장사의 법칙　　　　131

1. 판매의 5선 : 선견, 선수, 선공, 선제, 선점　　　　135
2. 영업의 구조를 혁신하다　　　　144
3. 장사에는 법칙이 있다　　　　151
4. 영업은, 역발상의 연속이자 직진성의 결과　　　　173
5. 장사의 목표는 항상 '높게' 책정하라　　　　184

제3장. 불황 극복을 위한 혁신의 정석   193

1. 매장을 생물처럼 만들어라   197
2. 점포는 태어날 때, 생사(生死)가 정해져 있다   209
3. 불황일수록, 조직의 마음을 다잡아야 한다   231
4. 위기돌파의 필살기, 새로운 신제품의 도입   240

제4장. 영업 고수들의 혁신 노하우   255

제5장. 샐러리맨으로 롱런하기   319

1. 직장에서 건강하게 살아남는 노하우   323
2. 꼰대와 MZ의 차이   349

제1장

혁신의 첫걸음, 고객만족 경영

    첫 장에서 필자가 말하고 싶은 이야기는 고객 중심의 영업과 패러다임 전환에 관한 이야기이다. 삼성전자에서 실제 일어난 사례들을 중심으로 독자들에게 쉽게 설명하고자 구성했다. 이 당시 삼성전자 국내영업 수장은 J*였다. 나는 J와 함께 4년 동안 삼성전자 국내영업의 CS 혁신을 추진했다. 이를 통해 밀어내기 영업에서 탈피하여, 실판매 영업으로의 전환을 꾀했다.

    처음에는 무수하게 힘든 저항을 만났다. 워낙 실적이나 숫자 중심의 결과에 예민한 회사이기 때문에 역성장이나 적자 사업 같은 건 말을 꺼내기도 힘든 구조다. 이에 CS 혁신을 시작한 원년에 매출실적이 빠졌을 때, 주위에서 많은 분들에게 '매출 안 하고 무슨 CS 타령이냐'는 얘기들을 듣기도 했다. 하지만 혁신을 시작함에서는 그 고삐를 늦추어서는 안 된다. 4년 동안 한 번

---

* J 사업부장 : 삼성전자 국내영업 수장 중에서 필자랑 가장 오래 지근거리에서 일한 분이다. 그는 삼성전자와 어울리지 않게 S대 역사학과를 졸업했다. 삼성전자 공채로 입사한 이후 비디오사업부 관리과장, 비서실 운영팀, 종합기획실 전자기획팀장, 영상사업부장, 러시아 총괄을 지내고 마지막으로 부임한 곳이 국내영업이었다. 키는 그다지 크지 않고 외모는 수수하지만, 업무를 함에서는 끝까지 뿌리를 뽑는 성격을 가졌다. 나는 그와 국내영업 사업부장으로 처음 만났다. 그리고 만 4년 동안 J와 함께 CS 혁신을 추진했다. 내가 아는 그는, 삼성전자 최고의 프로세스 달인이었고, 영업 혁신의 최고수였다.

도 흔들림 없이 혁신을 추진한 결과, 2년 차부터는 그 성과도 좋은 숫자로 서서히 탈바꿈하게 된다.

고객만족 혁신의 기초를 다지는 첫 1년 동안, 약 3천억 정도의 매출이 감소했다. 하지만 2년 차가 지난 시점에서 보면 모든 게 선순환으로 바뀐다.

국내영업 전체 매출이 그다음 해에는 8.3% 성장, 그리고 이듬해 14.1% 성장, 그리고 그 1년 후엔 9.7% 증가하였다. 또한, 브랜드 시장점유율도 34%에서 45%까지 확대되었으니, 결국 두 마리 토끼를 다 잡은 셈이다.

더군다나, CS 만족도 지수가 혁신을 시작하던 해에 70점 수준에서, 4년이 지난 시점에는 판매-배달설치-서비스 전 부문에 걸쳐서 90점을 초과하는 결과를 만들었다. 동일평가 기준으로 국내 특급호텔의 CS Index가 80점대인 것을 보면 확연히 놀라운 실적이다.

1. 혁신의 기준은 오직 고객이어야 한다

매장 직원과 고객만 답답할 뿐이다

명동에 있는 L 백화점에 있는 전자제품 판매 매장을 방문했다. 그날은 내방객이 많은 토요일이었다. 매장에 들어갔는데도 점장이 보이지 않았다. 직원들에게 조용히 점장을 수소문했더니, 매장 안쪽 사무실에서 허겁지겁 나왔다.

Y 점장(그 당시 몇 안 되는 여자 점장이었다)은 나를 보자마자 이래저래 하소연을 쏟아냈다.

"매장을 비워서 죄송합니다. 그런데 딴 데 간 게 아니라 뒤쪽 사무실에서 울다가 왔습니다. 지난주에 팔아 둔 2건이 고객에게 취소를 먹었습니다. 그게 거의 2천만 원입니다. 그래서 너무 화가 나서 잠시 머리를 식히고 왔습니다."

"아, 그래요. 마음이 편치 않으시겠네요. 고객이 판매를 취소한 이유가 뭐예요?"

"세탁기 때문입니다. 지금 세탁기가 결품이잖아요? 그래요 결품이 될 수는 있어요. 그런데, 언제 생산해서 고객댁에 배송될 수 있는지는 알아야 하잖아요? 회사에 문의해도 그걸 모른다는 거예요. 고객은 명확한 배송 일자를 알려 달라 하고, 더군다나 직장 다니는 관계로, 연차를 내고 제품을 받아야 하니까 혼수 제품 전체를 한꺼번에 배송을 요구했고요."

"그런 문제라면, 영업지점이나 물류센터 쪽으로 전화를 해서 알아보면 되지 않나요?"

"영업에서는 잘 모르겠다고 하고요. 물류센터는 아예 주말이라 전화도 받지 않습니다. 결국, 답답한 건 저와 고객뿐인 거죠."

암만 생각해도 참 한심하다는 생각에 한숨이 절로 나왔다. 토요일이라 집으로 바로 퇴근하려고 했다가, 곧바로 사무실로 복귀했다. 그리고 그날 오후부터 다음날인 일요일 밤까지 관련 임원들이 공유할 수 있는 보고서를 만들었다.

개선해야 할 최우선 과제로, 회사가 판단하고 있는 고객 접점을 확대해석했다. 고객과 관련된 제반 지원이 필요한 모든 부서를 고객 접점으로 재정의하고, 모든 고객 접점 부서는 의무적으로 최소 1명 이상의 주말 당직을 운영하게 조치했다.

다음 개선 방향은, 시스템으로 생산 일정과 납품을 알 수 있도록 전산을 개선하는 것이었다. 이를 위해 현재 전산 시스템의 문제점을 하나하나 도출해서 개선안을 만들었고, 그에 따른 투자 비용도 책정했다. 그리고 상기와 같은 문제점과 개선안에 대해 차주 월요일에 경영층 보고를 하고, 전반적인 개선 작업에 착수해서 문제점들을 해결해 나갔다.

이게 어디 말이 될 법한 소리인가? 매장에서는 혼수 1건을 놓치면 천만 원의 매출을 잃는다. 그렇게 되면 매장 직원들은 자연적으로 인센티브를 덜 받게 된다. 고객은 또 어떤가? 돈을 주고 물건을 구매했음에도 언제 배송될지를 모른단다. 연차 휴가를 써서 배송을 받아야 하는데, 그런 계획조차 미리 세울 수가 없단다.

이게 2000년대 중반, 당시 삼성전자의 현실이었다.

세탁기를 구매했는데, 중고제품이 배달 온 거 같아요

고객들이 회사 시스템에 건의하는 VOC(Voice of customer) 중에 특이한 건이 있었다. 특히 이와 비슷한 고객 불만이 최근에 몇 건이나 연속으로 올라왔다.

"세탁기가 사용하던 제품이 배달 온 거 같아요. 막 설치했는데 이미 사용한 세탁기인지, 세탁 통에 물이 흥건해요. 이거 새 제품 맞나요?"

그 자리에서 국내영업 사업부장은, 세탁기사업부장 M 상무에게 전화를 걸었다.

"M 상무, 혹시 세탁기에 출고될 때 세탁 통에 물이 남는 거 알아요?"

"사업부장님! 그럴 리가 있겠습니까?"

"그럴 리가 없겠죠? 그러면 안 되겠죠?"

"일단 내가 지금 자료를 하나 보내줄 테니 그쪽에서 한 번 더 잘 알아보세요."

세탁기사업부장 M은 그런 문제점이 있는지 전혀 모르고 있었다. 영업에서 전화를 받고 그때 그런 사실을 인지했다. 당연히 세탁기사업부가 발칵 뒤집혔다. 물이 흥건한 채로 출하를 시킨 책임자를 찾고 의사결정 과정도 문제 삼았다. 그리고 일주일 뒤 M에게서 문제점과 개선책으로 답변이 날아왔다. 그 이후로는 세탁기에 물이 남는다는 VOC가 더는 나타나지 않았다.

원인을 파악해 보니 과거에는 세탁조 실험을 끝내고, 10여 분간 드라이를 시켜서 완전히 건조된 채 출고시켰는데, 원가 절감을 위해 3분만 드라이 작업을 함으로써 일부 세탁기에 물이 남을 수도 있다는 것이 세탁기사업부의 설명이었다.

본인들의 과제인 원가 절감을 위해서, 세탁기에 물이 남겨진 채로 소비자에게 제품 출고를 해도 괜찮다는 조그만 인식이 회사를 망칠 수도 있다. 이런 세세한 것에서부터 고객과의 괴리가 생기는 것이다. 하지만 책임자를 찾아서 문책만 하고 끝내는 것은 하책이다.

결국, 고객이 의아하게 생각하는 부분을 빠르게 개선 조치하고 새로운 프로세스를 구축하는 게 상책이다.

반품이 너무 어려워요. 구매한 제품을 부숴버리고 싶네요

삼성전자 내부로 올라오는 고객의 VOC 중에서 반품에 대한 불만이 많았다. 어떤 고객은 악에 받쳐서 다음과 같이 글을 썼다.

"내가 왜 삼성전자 제품을 샀는지 모르겠습니다. 그땐 내가 미쳤나 봐요. 배달을 받고 사용하지도 않은 제품이 불량이라네요. 내가 사용 중에 과실로 인한 것이라 반품이 불가하고, 그냥 수리를 해주겠다잖아요. 그럼 새 제품을 사자마자 바로 중고품이 되는 거잖아요. 여러 군데 알아봤지만, 서로 핑퐁만 치고 해결이 되지 않아요."

회사에서는 분명히 제도가 존재하지만, 실질적으로 실행이 되는 말단부서에서는 전혀 제도처럼 움직이지 않는 경우가 종종 있다. 그 당시 삼성전자의 반품 프로세스가 그러했다. 소비자 과실이 아님에도 불구하고, 사내 관련 부서에서 서로 핑퐁을 치고 책임을 회피하는 사례가 비일비재했다. 더구나 일류회사라고 자부하는 삼성전자에서 그런 일이 일어나고 있었다.

애당초 반품 프로세스는 다음과 같다. 소비자가 구매한 제품에 이상 발견 시 서비스 기사가 소비자 과실이 아니라, 출하 제품상의 문제라는 판정서를 끊어주면 반품이 진행되었다.

그러나 현장에서는 실제로 반품이 제대로 일어나지 않았.
왜냐하면, 반품을 결정하는 합의 프로세스가 너무나 복잡했기 때문이다. 사실 반품이 발생하면 회사 차원에서는 수리해서 다시 시장에다 재판매를 하지 못한다. 그냥 폐기 처분하기 때문이다. 따라서 반품은 바로 그 금액만큼 바로 회사의 비용 손실로 나타난다. 따라서 '반품=돈'이기 때문에 쉽게 반품을 하지 못하도록 관리를 하는 것이다.

그런 결과에 따라, 반품을 결정하는 프로세스는 복잡할 수밖에 없다. 더구나 관리의 삼성이 아닌가? 그렇기에 반품 프로세스는 다음과 같이 복잡했다.

'서비스 엔지니어가 품의 하면, 서비스센터장이 1차 결재를 하고, 다시 서비스 지사 담당자가 합의하고, 서비스 지사 지원 그룹장이 합의하면, 최종적으로 지사장 결재 4단계를 밟아야 한다. 여기서 더 깐깐하게 본다면 본사 지원팀의 합의까지도 들어간다.'

더구나 이런 깐깐한 합의 프로세스를 두고도, 사후로 반품률 숫자를 별도 관리까지 했다. 반품률이 높은 부서는 당연히 MBO(Management by objectives) 평가점수가 깎이게 하였다. 그러니 반품을 받느니 고객에게 반품 안 된다고 우기는 게 월급쟁이는 더 편할 수밖에 없는 일이다.

반품 프로세스에 관한 이야기를 하나 더 해보자.
'왜 꼭 서비스 기사만 반품 결정을 하는가? 그날 배달설치 하러 온 기사가 불량이면 바로 판정해 주면 되지 않는가?'라는 고객들의 불만이 종종 있었다. 맞는 말이었다.

반품 결정은 서비스 수리기사만 하니까, 배송 설치할 때 박스를 까고 불량을 발견하더라도, 즉시 반품이 안 되는 것이다.

이에 고객 VOC의 해결을 위해 추가 제도를 개선했다. 배달하고 설치 후 24시간 이내면 로지텍 배달설치 기사가 반품을 결정하고, 24시간 이후면 서비스 기사가 결정하는 것으로 개선했다.

의도는 배달 설치한 로지텍 기사가 당일 환경을 제일 잘 알 것이기 때문에 별도 서비스 엔지니어를 불러서 반품 결정을 하는 것이 비효율이라 판단했기 때문이다. 배송 당일 클레임과 반품 결정은 로지텍 기사에게 일임하는 곳으로 개선한 것이다. 사실 여기까지는 아무 문제가 없는 것처럼 보인다.

그런데 문제는 예상했던 것처럼 진행되지 않는 것에 있었다.

24시간을 기준으로, 회사 내부적으로 서비스와 로지텍이 핑퐁하는 사태로 변질하였기 때문이다. 그 중간에서 고객만 서비스와 로지텍으로 번갈아 알아보는 상황으로 발전했다.

결국, 반품에 대한 의사결정은 고객 편의가 중심이 되어야 한다. 일단 불편한 고객에게 양해를 구하며, 우선 불량 제품을 교환해 주어야 한다. 그리고 그런 불량의 원인이 제품 생산 시 라인의 불량인지, 배달 후 설치에 따른 설치 불량인지에 대해서는 우리 내부적으로 해결하면 되는 것이다.

우리 내부에서 책임질 사람 찾느라고 시간을 끄는 사이, 그동안 고객은 고스란히 피해를 본다는 건 말이 안 된다.

사용설명서에는 PC 잭 연결이 가능한데, 실제 TV에 연결 구멍이 없어요

'이건 대체 무슨 소리인가?'

설마 하면서 파악한 내용은 이러했다. 'TV를 구매했는데, 사용설명서에는 PC와 연결할 수 있다고 되어 있다. 그런데 막상 연결하려니 TV에 PC를 연결할 구멍이 없다는 것이다. 고객은 PC 연결을 위해 별도로 연결 잭까지 미리 구매했는데 말이다.'

TV 제조사업부에 확인 결과, 지금은 PC와 직접 연결을 하는 고객이 많지 않아서 연결 구멍을 막았다는 것이다. 그 구멍을 막음으로써 원가 0.8달러를 축소했다고 자랑하듯이 얘기했다. '그런데 사용설명서에는 왜 연결 가능하다고 썼느냐?'라고 물으니 '사용설명서는 제 소관이 아니라서 잘 모르겠는데, 수정을 안 한 모양이네요.'라고 너무 쉽게 답했다.

참 한심하다는 생각이 들었다. 내부에서는 초일류 초일류 하는데 바로 이게 우리들의 현실이다. 그 당시에는 블루투스라는 개념 정도로만 알고 있던 시기라, 고객 중에서 제법 많은 사람이 TV와 PC를 직접 연결해서 사용했다. 그럼에도 불구하고, 그냥 0.8달러를 절감하기 위해서 연결 잭 구멍을 막아 버린 것이다. 그리고 사용설명서는 수정도 하지 않고 말이다.

나중에 생각건대, 연결 잭 구멍 막는 비용 0.8불 절감을 했는데, 사용설명서 다시 찍는 비용은 2~3불이 상승했는지도 모를 일이다. 하여간 '자기 입장에서, 자기 눈으로만, 원가를 절감' 하는 것이다. 갈 길이 멀어도 한참 멀었다고 느꼈다.

컴퓨터를 구매했는데, 왜 박스를 무조건 회수해 가나요?

"아, 글쎄, PC를 당장 설치할 게 아니라서, 회사 창고에 보관을 의뢰했더니……. 무조건 박스를 회사로 회수해 가야 한다고 하더니, 박스를 뜯어서 회수해 가버렸어요. 그리고는 제품만 창고에 보관해 주고 갔습니다. 이게 어디 말이나 되는 소립니까?"

"PC를 새로 구매했는데, 나중에 이사할 때 사용하려고 박스는 두고 가라고 하니까 박스는 회수가 원칙이라고 무조건 가져갔어요. 제가 제 돈으로 그 제품을 샀으면 박스까지 제 것이 아닌가요? 왜 허락도 없이 가져가 버리나요?"

앞뒤가 말이 안 되는 위와 같은 VOC들이 사내 시스템을 타고 올라왔다. 과연 이게 사실일까? 관련 부서에 확인 작업이 들어갔다. 여러 부서를 돌고 돌아 찾아낸 사실은 이러했다.

그 당시 중간거래처에서 PC 제품을 특판가로 사서 시중에 유통되는 사례가 다반사였다.

그 원인은, 일반 소비자가 아니라 SOHO(small office home office)나 SMB(small & medium business) 등 특판 물량에 대해서는 제품가격에 할인이 더 들어감으로써 일반 PC보다 저렴하기에 가능했다.

그래서 실사용자가 아니고, 도매물량으로 재판매하는 것을 방지하기 위해 무조건 PC는 배달에서 끝나는 것이 아니라, 설치까지가 원칙으로 정했다. 그리고 설치가 끝나면 그 자리에서 박스를 회수해야만 되는 프로세스로 운영했다.

결국, 회사에서 본인들이 대량 납품에 할인까지 결정해놓고, 그 물량이 시장에 덤핑으로 나오니까 선의의 피해자는 생각지도 않고, 단순히 도매물량이 시장으로 인입되는 걸 방지하기 위해, 제품 박스를 회수해 가는 그런 어처구니없는 규정을 만든 것이다.

고객의 말처럼 제품을 구매한다는 건, 그 박스까지 물대에 포함된 건이다. 그걸 강제로 회수해 간다는 건, 고객 물건을 절도하는 거와 같은 이치다. 한마디로 입장을 바꾸어 생각해 보라. 회사 내부 프로세스 잡겠다고 고객은 안중에도 없는 날강도 같은 제도인 것이다.

특판 물량과 덤핑을 방지하는 건 회사의 일이다. 그런데 왜 회사 문제로 고객에게 손해를 입히냐는 것이다.

나는 이와 같은 사례들을 더 찾아봤다. 그리고 사내 모든 프로세스는 고객 중심으로 바꾸고자 노력했다. 회사가 수백억의 손실을 보더라도 고객에게 손해를 끼치면서 행하는 행동은 어떤 이유건 간에 무조건 중단해야 한다. 왜냐하면, 결국 손해를 보고, 상처를 입은 고객은 다시는 삼성브랜드 찾지 않을 거란 믿음에서다.

결국, 고객이 당사를 선택해야 만이 길게 봐서 지속 가능한 경영이 되는 길이다. 모든 건 역지사지.

고객의 입장에서 한 번 만 더 생각을 해보면 시각이 달라진다.

선택의 기준은, 오직 고객이어야 한다

매일 아침 현장에서 고객의 VOC를 체크했다. 그런 중에 이런

VOC가 있었다. '에어컨을 샀는데 실외기 커버가 없어요. 한 철만 쓰고 보관해야 하는데 커버를 안 주니까 비를 다 맞고 녹이 슬 거 같은데, 왜 실외기 커버를 안 주나요?' 에이 설마, 하며 사실인지를 확인했다. 결론은 사실이었다. 고객에게 제공하고 있던 실외기 커버가 왜 갑자기 빠졌는지 여기저기를 체크했다. 최종적으로 의사결정을 한 부서는 에어컨 사업부였다.

"실외기 커버를 왜 사전 고지도 없이 동봉 제품에서 빼기로 했죠?"

"사전고지가 없었는지는 여기서는 잘 모르겠고, 원가 절감 아이디어로 제안해서 뺀 거로 알고 있습니다."

"커버의 원가가 얼마죠?"

"네, 대충 1천 원 정도 하는 거로 알고 있습니다."

"그러니까 1천 원 아끼려고 생짜로 실외기 커버를 빼버린 거네요?"

"겨우 1천 원이라뇨? 저희는 원가 1천 원이 생명과도 같습니다. 이제 어디 더 줄일 데가 있어야 말이죠. 그런데도 원가는 계속 줄이라고 하니, 우리라고 별수 있나요?"

결국, 1천 원 때문에 고객에게 지급하고 있던 실외기 커버가 아무 말도 없이 빠졌다. 개발부서는 원가가 생명이니 우선 당장 급한 거부터 제거했는데, 그 안에 실외기 커버가 대상에 들어갔었다.

나는 제조사업부에 연락해서 최소한 고객이 택일하도록 만들었다. 그래서 고객이 실외기 커버가 필요하다고 하면, 판매할 때

2천 원을 더 받고 결제했다. 그렇게 배송 주문을 넣으면 물류 기사가 2천 원을 결제한 고객댁에는 실외기 커버를 챙겨서 나가는 프로세스로 개선했다.

어떻게 보면 어처구니없는 원인이다. 하지만 생산라인에 있는 개발자들은 원가 절감이라는 당면과제에 얼마나 큰 압박을 받고 사는지 알 수 있는 결과다.

하지만 모든 의사결정의 기준은 고객이 되어야 한다.
고객이 불편하다는데, 무슨 할 말이 있는가?
고객이 필요하다는데, 어떻게 행동을 할 것인가?

2. CS(Customer satisfaction) 사무국을 만들다

일류일수록 더 겸손하고 정교해야

삼성전자에서 1년에 판매하는 수량이 2천만 개 이상이 된다. 그런데 별거 아니라고 생각하는 0.1%가 비정도 영업이고 불친절 영업이면…. 그게 1년이면 2만 개나 된다. 그럼 하루에도 수백 수천 건씩 삼성전자에 대한 불만이 신문을 도배할 것이다. 왜냐하면, 일류회사의 불친절과 비정도 영업은 용납하기 힘들다고 고객은 생각하니깐….

따라서 고객 만족 영업은 일류에서 초일류로 갈수록 더욱 겸손하고, 더욱 정교해야 한다. 지금 조직의 매출이 조금 늘어난다고, 그리고 고객에게 최고의 서비스를 제공하고 있다고 자만하는 순간, 우리 스스로가 바로 공룡이 되는 거다. 공룡은 변화에 둔감해서 멸망한 거니까 말이다.

삼성전자처럼 국내 최고 기업은, 머리는 일류인데 발가락 끝은 언제든지 썩어들어갈 수 있다. 어디 판매만 그런가? 서비스 건수도 1년에 1천만 건이 넘는다. 그중에 0.1%만 실수해도 1만 건이다. 매일 수십 건의 고객의 서비스 불만이 튀어나오겠지? 상상만 해보라. 매일 수십 건의 클레임 고객을 상대하고 있는 게 얼마나 힘든 일인지……. 그래서 고객 만족은 끝이 없는 거다. 그게 삼성전자의 영원한 숙제이기도 하다.

삼성전자가 90년대 초만 하더라도 샤프와 소니를 보고 뒤따라 갔다. 그 당시는 비전의 대상이 존재했으니까, 그냥 앞만 보고 달렸다. 그런데 어느 순간 세계 일류기업이 되고 나서부터는, 필자뿐 아니라 많은 임직원이 프라이드와 교만 사이를 자주 헤매곤 한다. 회사가 커질수록 일류에 가까울수록, 더 겸손하고 정교해야 한다.

결국, 구매고객이나 서비스 수리 고객의 0.1%만 불만이 생기면 하루에도 수십 수백 명이 회사 내부로 클레임 걸 것을 명심해야 한다. 그럴 경우 아주 큰 일이 나고, 마치 전쟁이나 일어난 것처럼 호들갑을 떨 거다. 그게 0.1% 아니 0.001%의 고객에게 실수나 결례를 하면 일어날 수 있는 잠재된 리스크다. 그래서 그 당시 CS 경영은 고객 한 명 한 명에게 최선을 다하고 그들이 회사의 미래를 결정짓는 사람들이라는 것은 두고두고 기억해야 했다.

CS 혁신을 추진할 전담 조직을 구축하다

1등의 자리에 있었던 기업이 몰락한 것은 그들의 역량이 부족해서가 아니다. 한 분야에서 1등 자리에 있는 기업의 역량이란 하루아침에 만들어진 게 아니기 때문이다. 로마가 하루아침에 만들어지지 않듯이 하루아침에 무너지지도 않는다. 그래서 우리 속담 중에 '썩어도 준치'라는 말도 있는 것이다.

대부분의 1등이 무너지는 건, 눈높이를 초심 때처럼 고객에게 맞추어야 하는데, 훨씬 커진 회사의 규모를 유지하기 위해서 내부의 기준과 내부의 룰에 맞추기 때문이다. 특히나 고객이 사라진 기업 문화에서는 주위의 위험신호도 제때 간파하기 힘들어진다. 그래서 자신도 모르게 서서히 무너져 내리는 것이다.

2000년대 초 당시 삼성전자는 매출 50조 이상의 대형 IT 기업으로 변하는 중이었다. 2023년 현재 연 매출 300조 원을 기록하고 있는 삼성브랜드를 모르는 지구상의 나라는 거의 없다. 사실 지금의 해외 영업은 개인적인 스킬보다 브랜드에 의존한 경우가 다반사다. 하지만 이런 때일수록 스스로 마음을 다잡는 문화가 필요하다. 그 기준은 고객의 눈높이가 되어야 한다. 기업이 커질수록 자연히 고객은 더 멀어지는 경향이 있다.

지금 우리 고객 중심의 영업 혁신을 하는 것도 회사가 커질수록 일류에 가까울수록, 초심으로 돌아가야 하고 고객 중심에서 생각하고 판단하기 때문이다. 특히 이곳 한국이 삼성전자의 종주국이고, 본사 스탭도 한국에 근무한다. 이런 한국에서부터 기본을 다지고, 마인드를 다잡고, 고객을 생각함으로써 교만과 아집에서 벗어나야 향후 글로벌 초일류까지 퍼져나갈 것이다.

바로 이런 순간이 이루어지고 삼성전자에 더욱 고객과 시장 중심의 변화와 혁신이 필요하지 않겠는가?

우리는 고객을 제대로 알고 있는가?
고객은 우리 회사를 어떻게 생각하고 있는가?

매출이 커지고 덩치가 커질수록 중간중간에 고객 중심의 변화와 혁신을 통해 기업의 근본을 다잡고 매만지는 역할이 있는가? 그래야만 1등의 교만과 아집에서 벗어날 수 있다. 국내에서 그 역할을 해나가기 위해 국내영업 사업부장 직속으로 CS 사무국이란 조직이 만들어졌다.

고객 만족(Customer Satisfaction) 우수기업을 벤치마킹하다

나는 그 당시 4년 동안 삼성전자 국내영업에 CS 혁신의 뿌리를 심었다. 그 4년간은 내가 직장생활을 하면서 가장 열정적으로 일을 했던 시기였고, 조직의 구조를 변혁에 있어서 선봉에 설 수 있음이 자랑스러울 때였다. 그 4년 동안 과정 중 초기에 어떤 이론과 기준으로 CS 혁신의 깃발을 올렸는지를 얘기해 보려고 한다.

그중 맨 먼저 한 것이 고객 만족 우수기업 벤치마킹이었다.

1) S 호텔

먼저 CS 경영을 하기 위해 국내 여러 우수기업 벤치마킹을 다녀왔다. 그중에서도 맨 먼저 S 호텔의 고객 만족 경영에 대해 미팅하러 갔다. 호텔의 혁신팀장은 S 호텔의 CS라 해봐야 별다른 게 없다고 했다. 이미 사회에 나와 있는 그대로 하면 된다고 했다. 다만 딱 한 가지를 주의 깊게 보라고 했다.

"고객의 VOC를 제일 중요하게 생각하되, 그 VOC를 읽을 줄 아는 혜안이 필요합니다. 그러니까 VOC 분석은 책임자가 반드시 해주셔야 합니다."라고 몇 번이고 강조했다.

"예전에 호텔 수영장에 VOC가 들어왔는데, 물이 너무 차갑다는 것이에요. 우린 괜찮은 거 같았거든요. 그런데 그게 간격을 두고 자주 들어오는 거예요. 그래서 수온을 2~3도 높였습니다. 그랬더니 전혀 다른 VOC가 들어왔어요. 수영장이 무슨 목욕탕이냐고, 더워서 수영을 못하겠다는 거예요."

"어떻게 해서 그런 일이 일어났죠? 신기하네요."

"조사를 해보니 70대 노인들은 물이 차다고 하고요. 30대 청년들은 물이 따뜻하다고 한 거예요. 그래서 제가 결정을 했습니다. 우리에게 누가 중요하고 누가 안 중요하고는 없잖아요. 다 같은 고객이니까요. 하지만 그 순간에도 의사결정은 필요합니다. 그런 의사결정을 부서 책임을 맡은 분이 직접 하라는 겁니다. 사실 밑에 직원들이 곡해하여 VOC를 잘못 이해할 수도 있습니다. 그래서 VOC를 잘못 판단하게 되면 배가 산으로 갈 수도 있습니다. 저는 이 정도 말씀드리고요. 나머지는 E버랜드 같은데, 가셔서 배우면 될 거 같아요. 고객 만족 경영대상 십 년 이상 기업이잖아요."

호텔의 혁신팀장은 고객의 VOC를 최우선으로 관리하라고 했다. 모든 것은 고객의 말 속에 길이 있다는 말을 덧붙이면서, 그리고 VOC를 곡해하여 해석을 잘못하게 되면 회사 전체가 배가 산으로 갈 수 있다고 거듭 당부했다. 따라서 VOC를 중요시하되, 그의 해석은 정교해야 함을 배웠다.

그 이후 수영장 물 온도는 어떻게 했느냐고요?
미래 고객을 위해서 그리고 기업의 영속성을 위해서 수온을 조금 내렸다 합니다.

2) E버랜드

S 호텔 벤치마킹을 끝내고 다시 E버랜드를 찾아갔다. 그곳에서도 CS팀장이 설명해주는 여러 가지 가치를 소중하게 배울 수 있었다.

먼저, CAST 제도이다. E버랜드는 직원들을 캐스트라고 부른다. 직원들 모두가 연극무대에서 고객을 위해 연극을 하는 배우라는 의미이다. 그리고 그 직원들을 고객들이 캐스팅할 수 있도록 노력을 다하라는 의미도 있다고 했다. 이론이 감동적이었다. (그러나, 나중에 일본 디즈니랜드를 방문했더니, 똑같이 CAST로 부르고 있었다. 결국, E버랜드도 일본에서 벤치마킹해서 사용하고 있었음을 나중에야 알았다. 보고 배운다는 게 어디 나쁜 일인가? 보고 배워서 내재화시키면 그게 바로 혁신인 것이다.)

두 번째는 칭찬카드 제도이다. 조금이라도 칭찬받을 일이 있으면, 그 즉시 칭찬하라는 것이었다. 그리고 그 칭찬점수를 누계 집계하여 담당 임원이 한 달에 한 번 저녁 식사를 같이한다고 했다. 캐스트는 대부분이 비정규직 아르바이트다. 평균 근속은 3개월 수준이다. 그럼에도 친절과 칭찬에 열광하는 것이다. 나는 이 제도를 곧바로 받아들였다. 그리고 매월 판매-배달설치-서비스 접점 인력 30명과 사업부장 중식 자리를 만들었고, 표창장과 함께 격려금을 전달했다.

아참. 진짜 중요한 한 가지 팁.

처음에 상 준다고 삼성전자 접점 인력들을 그냥 불렀다. 그런데 배달설치 인력과 서비스, 판매 등 모든 접점은 본인이 그날 벌어서 그날 가져가는 구조로 되어있다. 따라서 서울로 상 받으러 다녀오면 하루 일당이 고스란히 날아가 버린다(정직원이 아니라서 출장비도 없고 고정 급여자도 아니다). 그래서 그들을 불렀을 때, 하루 일당은 별 건이라고 꼭 10만 원 봉투는 별도 준비했다.

기억하시라. 이런 세심함이 접점의 기를 살린다. 눈 가리고 아웅 하기 다반사다. 그리고 1년 누계 칭찬카드 포인트 우수자 12명을 선발해서 유럽에서 열리는 전자 쇼를 관람하게 했다. 아마도 그들이 유럽여행은 처음이었으며, 더구나 회사 출장비로 처음 가본 해외였을 거다. 물론 인당 거의 5~6백만 원이 든다. 하지만 그들은 다녀와서 5천만 원, 5억 원의 구전효과를 냈다. 돈은 접점의 열정을 사는 데 지급하면, 반드시 몇 배로 돌아오게 되어있다.

좀 우스갯소리 하나 덧붙인다. E버랜드를 가보면 캐스트들이 고객들에게 인사로 핸드롤링(손 흔들기)을 한다. 이 행동은 백화점 주차 요원한테서 배워왔다고 했다. 한 직원이 백화점을 다녀와서 아이디어를 냈는데, 실제 해보니 고객들이 너무 좋아한다는 반응이 나왔다고…….

그런데 캐스트는 딱 2박 3일 교육을 받고 현장에 투입된다. 그런데 왜 이들은 열심히 핸드롤링을 하고 반갑게 인사를 하는 걸까? 이게 굉장히 역설적이다. 캐스트를 채용할 때 돈을 버는 게 목적이 아니라 놀이동산에 아르바이트가 목적인 친구들 중심으로 뽑는다는 것이다.

이게 직업이고, 몇 년 동안 계속하면 단순 업무라서 무조건 싫증을 낸다 했다. 하지만 이들은 평균 3개월 정도의 아르바이트라 부끄럽지 않고 신나게 일한다는 것이다. 오히려 역설적이지 않은가?

여기서 현실적인 얘기를 하나 덧붙인다. 우리가 벤치마킹 갔을 때, 유난히도 더 친절함을 느꼈는데……. 그 이유는 다음과 같다.

"캐스트들은 척 보면 압니다. 평일에 정장 차림으로 놀이동산을 오는 사람은 딱 두 종류입니다. 실직자이거나 회사 관계자거나……. 그런데 젊은 직장인이 여럿 보이니까 회사 관계자로 보았을 겁니다. 그래서 혹시 칭찬카드라도 받을 수 있을까 봐 더 친절했을 수도 있습니다."

그러면서, E버랜드 실무 팀장은 접점의 CS는 지속적인 모니터링으로 개선해야 안주하지 않는다고 했다. 오늘 본 캐스트들이 더 크게 손을 흔들 듯이, 모니터링이야말로 적절히 잘 활용해야 한다고 했다.

3) 한국도로공사

다음은 한국도로공사를 방문했다. 그 이유는, 최근 들어 고속도로 휴게소와 톨게이트에서 돈을 받고 하는 아주머니들이 예전과 많이 달라졌다고 평판이 돌 때였다(그 당시는 하이패스가 없어서 무조건 사람이 손으로 결제해야 하는 구조였다).

휴게소는 화장실이 깨끗해졌고, 음식들도 수준을 높이려고 애쓰는 게 보였다. 그리고 톨게이트 근무하시는 분들도, 예전에는 말없이 돈만 받았는데, 인사치레를 계속하고 있음을 주위에서 들었기 때문이다.

"재작년에 공사 사장님이 새로 부임한 이후에, 공사라고 해서 무조건 대충하면 안 된다고 혁신을 주문했습니다. 그중에서 무조건 고객 중심으로 고객 편의성에 무게를 두면서 2년 동안 혁신 활동을 하고 있습니다."

"화장실은 대대적으로 회사 차원에서 개선하겠습니다. 미화원에게 시간 단위 평가표를 작성하게도 했습니다. 그리고 식당은 점포마다 고객만족도 평가를 하고 있습니다. 그리고 사전에 공지했습니다. 고객만족도가 떨어지면 퇴출을 시킬 수도 있다고 했습니다."

본인도 신이 나서 나에게 설명에 설명을 더했다. 얼마나 자랑스러울까? 한국 최고의 기업에서 벤치마킹을 나왔으니 말이다. 하지만 그의 설명을 들을수록 하루아침에 도로공사가 변한 건 아님을 느낄 수 있었다.

"그런데 식당은 그렇다 치고 톨게이트 아주머님들은 어떻게 친절하게 바뀌었나요? 예전에는 돈만 받다가, 지금은 '어서 오세요. 안녕히 가세요. 즐거운 하루 보내세요' 등 짧은 순간을 웃으면서 맞이합니다. 혹시 한 분 정도 직접 인터뷰를 할 순 없나요?"

나의 요청을 듣고서는, '조금만 기다리면 교대시간이니 한 분을 모셔올 거'라고 했다. 20여 분 지났을까? 한 분이 들어왔고 어느 순간 친절하게 바뀌게 된 연유를 질문했다.

"사실 저희가 친절한 건, 어느 순간일지 모르게 암행 검사가 나옵니다. 매뉴얼 대로 잘하고 있나 점수를 매기거든요. 그러니까 잘리지 않으려면 잘할 수밖에요. 처음에는 그렇게 시작했는데요. 저희가 3교대를 합니다. 급여는 2백이 채 안 되는 비정규직이니까 크게 많은 기대도 안 하고요."

"그런데, 통행증을 받고 거스름돈을 드리면서 '감사합니다. 오늘도 좋은 여행 되세요.' 했더니 고객분들이 너무 좋아하는 거예요. '아주머니 고맙습니다' 이런 말이 화답으로 날라 오잖아요. 고객들이 기분 좋아하니 우리도 덩달아 기분이 좋아지더라고요. 그리고 새벽에는 잠도 많이 오는데, 지방 톨게이트는 오가는 사람이 별로 없어요. 간혹 톨게이트로 사람이 들어오면 얼마나 반가운지요. 그러면 더 반갑게 인사를 하고, 고객들도 신이 나고 그랬어요."

아주머니 역시 신이 나서 웃음을 멈추지 않고 말을 이었다.

"처음에는 억지로 하다가, 지금은 자발적으로 인사를 해요. 명절에 한복 입고 근무하자는 것도 톨게이트 아주머니가 아이디어 낸 거예요. 우리는 좀 불편하지만, 고객들은 기분 좋아하잖아요."

비정규직에 월 180여만 원 받으시는 분이 대단한 열정이라고 느꼈다. 칭찬은 고래도 춤추게 한다. 그날 또 새삼 느꼈다.

4) 썬더스 농구단

다음은 삼성전자 소속의 썬더스 농구단 치어리더를 벤치마킹 갔다. 벤치마킹 중에 가장 기분이 좋았다. 어여쁜 치어리더도 만나서 얘기하고, 짬 내서 선수들이 훈련하는 농구장에서 직접 농구도 해볼 수도 있을 거 같았기 때문이다.

치어리더들은 거의 모두가 아르바이트라고 했다. 급여는 월 180~2백만 원 정도. 서울 연고인 치어리더들은 겨울에는 썬더스 치어리더가 되고, 다시 여름에는 두산베어즈 치어리더를 한다 했다. 대구는 그곳 치어리더들이 삼성라이온즈와 동양오리온즈 농구단을 1년 동안 번갈아 왔다 갔다 한다 했다.

그들은 모니터링도 없었다. 그저 열정만 있었다. 춤이 좋다고 했고, 관중이 좋다고 했다. 돈은 알바 수준만 받으면 상관없다고 했다. 여러 군데를 다니면서 간단히 인터뷰를 마쳤다.

하지만 고민이 더 깊어졌다. 이들처럼 돈은 약간만 받더라도 내가 좋아서, 스스로 좋아서 일할 수 있는 사업장을 만들 수 있을까?

CS 경영의 중심, 무조건 '고객은 옳다'

나는, CS 경영을 성공시키기 위해 고객 만족 관련 서적과 우수 사례를 다양하게 공부했다. 국내외 고객 만족 사례에 관해서 발행된 책이면, 거의 모든 책을 다 읽었다. 현행의 여러 우수기업에서도 배울 수 있는 CS는 무조건 배우고자 생각했다.

미국의 노스트롬 백화점의 양복 주문 및 호텔 객실까지 배달서비스, 사우스 웨스트 항공의 가성비를 뛰어넘는 친절서비스 등 실제 미국까지 가서, 그들의 서비스를 직접 체험해 보기도 했다.

그런 우수사례 벤치마킹 중 가장 으뜸은 미국의 스튜 레오나드 슈퍼마켓이다. 1969년 1호점을 시작으로 독립점포만을 고집한다. 미국의 일반적인 슈퍼마켓에 비해 상품 SKU가 10%에도 미치지 못한다. 하지만 신선식품과 냉장 냉동식품 분야에서는 4천 SKU로 일반 슈퍼에 비해 훨씬 다양하다.

그중에서도 스튜레오나드 매장을 방문하는 고객은 그들의 점포 입구, 4t이나 되는 큰 돌에 쓰인 룰(Rule) 때문이다.

Rule1 : 고객은 항상 옳다(Customer is always right)
Rule2 : 만약 고객이 잘못됐다고 판단되면 룰 1를 다시 읽어보라
      (If the costomer is ever wrong, reread Rule1)

이런 회사 방침을 정한 사람은 창업주인 스튜다. 이에 따른 일화가 있다.

스튜가 점포 문을 연 지 얼마 안 돼서 한 노부인이 어제 산 달걀이 상했다며 교환을 하러 왔다. 그러나 신선식품을 공급하는 것에 자신이 있었던 스튜는 절대 그럴 리가 없다고 고객을 설득했다. '우리 점포에서는 상한 달걀을 공급할 수가 없습니다. 아마도 고객님이 취급과정에서 문제가 발생했을 겁니다.' 스튜의 단호한 말에 노부인은 다음과 같이 불같이 화를 내며 매장을 나갔다.

"나는 당신의 달걀이 잘못됐다는 사실을 당신에게 알려주기 위해 12마일이나 운전해서 다시 왔소. 당신은 내 진심을 알지 못하오. 앞으로 난, 죽기 전에 다시는 이 매장에 들르지 않을 것이오."

그때 스튜는 깨달았다고 한다. 달걀값보다 더 비싼 비용을 지급하고서라도 상품의 잘못을 알려주기 위해 왔다는 것이 진실이라는 것을……. 그래서 노부인은 절대 거짓말을 했을 리가 없다는 것을. 나중에 뼈저리게 느낀다.

그날 이후 스튜는,
'고객을 의심하는 자는 장사꾼으로 가치가 없다.'
'고객의 말은 전부 옳다.'
'그리고 예외는 없다.'
라는 경영방침을 만들었다 한다.

고객보다 더 뛰어난 심판은 없다. 장사치나 영업맨은 그저 선수일 뿐이다. 본인들이 경기의 룰 마저 지배한다거나 승패를 좌우할 수 있다고 생각하는 순간 망한다. 선수는 무조건 고객에게 최선을 다해야 한다.

우리는 항상 스튜의 경영이념을 명심해야 한다.
나는 몇 번이고 다짐했다. '고객은 항상 옳다.'
그리고 국내 몇 군데를 더 벤치마킹했으며, 이와 같은 벤치마킹을 통해서 내가 도출했던 CS 7대 인자를 다음 장에서 간단히 소개하려 한다.

CS 7대 인자의 탄생
여러 군데 벤치마킹을 다녀와서 아래와 같은 7가지를 핵심 인자로 분류했다.

① CEO의 끊임없는 관심
② 중간관리자의 열정 - 미쳐야 한다
③ 실천하고 생활화하는 문화
④ 스스로 즐긴다 - 접점의 당사자
⑤ 지속적인 차별화
⑥ 모니터링의 상시화 - 점검 또 점검
⑦ 신상필상 - 칭찬을 아끼지 않아야 한다

다음 장에서 7대 인자 하나하나가 왜 도출되었는지 그 이유와 7대 인자의 실천 과정을 설명하고자 한다.

1) CEO의 끊임없는 관심

혁신이란 원래 끝이 없다. 그러나 끝이 없기 때문에 힘겨운 싸움인 것도 사실이다. 보통의 보스들은 본인의 경영철학을 제시하고 나면, 대부분 공허한 염불로써 끝날 가능성이 크다. 슬로건을 슬로건으로만 제시하기 때문이다. 이게 어디 말단의 직원들 잘못일까?

혁신이 중간에 멈추는 것은 딱 두 가지의 경우다.

① 먼저 보스가 지속해서 강조하며 챙기지 않을 때 그 속도는 무뎌진다.

② 보스의 욕심으로 인해 혁신의 문화가 완성되기도 전에 또 다른 혁신으로 토픽(topic)을 옮기려는 과욕 때문이다.

나는 사업부장에게 첫 번째를 거듭거듭 당부드렸다. 초기에 매출이 깨지거나, CS가 밥 먹여 주냐는 등 조직 내부에서 수많은 바이어스가 들어올 것이라 했다. 하지만 그럴수록 흔들리지 않아야 한다고 간청했다. 보스는 굳건해야 하고, 접점은 보스를 신뢰함으로써 그 뿌리가 더욱 단단히 박히기 때문이다.

CS 경영을 추진한 첫해의 키워드는 'CS 생활화'였다. 부제(副題)는 기본 지키기.

조직이 크다 보면 중간에 오버하는 중간 리더가 반드시 나온다. 부산 경남 지역을 책임지고 있던 J 상무도 그때 그랬다. CS를 시작한 지 3개월쯤 지나니까, 본인이 맡은 지역은 CS 기본 지키기를 마스터하고, 그다음의 숙련 단계로 넘어가고 있다고 했다.

"J 상무! 당신이 담당하는 지역은 기본 지키기가 잘 되고 있다고 생각하는가? 내가 보기엔 아직 첫걸음도 못 뗐다. 당신은 이미 또 말장난으로 다음 단계 운운하지 않는가? 모든 접점이 움직이는 시간이 3개월 만에 가능하리라는 것은 현장에 가보지 않아도 거짓말이다."

사업부장인 J는 여느 때보다 더욱 신중하게 접근하며 설득을 했다.

"지금부터 다시 지시한다. 다음 단계 운운하지 마라. 일단 무조건 인사만 해라. 그리고 매출 더 하라고 얘기도 하지 마라. 벌써 인사 끝났으니까 매출 챙기라고 하는 지사장들이 있던데, 절대 그렇게 하지 마라. 앞으로 부산 경남 쪽에 가서는 무조건 인사하고 친절한가만 체크할 것이다. 벌써 교만해지지 마라"

한마디로 전무가 J 상무를 찍어 눌렀다. 왜냐하면, 내가 보기에도 이제 갓 접점에서 CS 얘기가 시작되는 터에, 이미 오버해서 본인이 맡은 지역에서는 기본기가 다 끝났다고 설레발을 쳤으니 말이다. 이건 월급쟁이들의 기본 사고다. 아래에서는 이른 시간 내에 잘되고 있다고 보고를 하고, 윗선에서는 그걸 또 곧이 곧대로 기분 좋게 해석을 해버린다. 이런 결과 단기적 관점에서만 성과를 피력해 오던 것이 어쩔 수 없는 현실이다.

사업부장인 J는 그렇게 1년 동안 매출이라는 단어는 일절 꺼내지 않았다. 그리고 1년 동안 매장에서의 기본 지키기 5대 핵심항목인, '인조청용전'만 주문했다.

인사, 조회, 청소, 용모 복장, 전화 예절 5가지가 그것이다.
그렇게 1년 동안 모든 매장과 조직은 'CS 생활화'에 집중했다. 보통의 경우라면 절대 쉽지 않은 결정이었으리라. 하지만 삼성전자는 그 시간을 스스로 인내하며 견뎌냈다. 그게 삼성의 힘이다.

2) 중간관리자의 열정

조직이 커질수록 일사불란하게 조직을 이끌기는 쉬운 일이 아니다. 더군다나 조직이 어떤 특정의 목표를 가지고 움직이다가, 목표(타깃)가 바뀌면 제일 안 바뀌고 저항하는 집단이 중간관리자이다. 왜냐하면, 수구적이며, 본인들의 특권을 내려놓기 싫은 건 인지상정이기 때문이다. 그래서 중간관리자들에게 접점의 인력들보다 더 미치고 동참하는 열정을 주문했다. 하지만 처음부터 말처럼 쉽게 움직이지 않았다.

그 첫 번째가 임원회의 시 매출 보고를 하지 말자는 것이었다. 다 죽은 숫자를 잡고 얘기해 봐야 부질없는 일이라는 것. 이와 같은 메시지는 중간관리자들에게도 똑같이 주문했다. 앞으로 고위층이 매장에 방문하면, 매출은 보고하지 말고 고객 만족을 위해 무슨 활동을 했는지만 보고해 달라 했다.

물론, 처음부터 이 말을 믿는 지점장들은 단 한 명도 없었다.

그래서 초반에 강수를 두었다. 아무리 말로 해봐야 믿을 사람이 극히 적을 거라는 생각을 미리 하고 있던 터였다. 고객만족도 지수가 낮은 점포 보직장 3명을 해임했다. 매출의 고저를 막론하고 CSI(customer satisfaction index) 점수만으로 보직을 거두었다.

그리고 전체 280여 디지털프라자 직영점포 중 CSI 지수가 낮은 지점장 40명을 연수원에 불러서 4박 5일 강도 높은 정신훈련을 진행했다. 교육 이름은 '비전 스쿨'로 명명했다.

그러자 선임 부장 중 4명이 속된 말로 쪽팔린다고 사표를 냈다. 당시 그 4명의 사표는 바로 수리됐다. 그때부터 고객 응대는 장난이 아닐 수밖에 없었다. 매출의 고저가 아닌 고객만족도 지수만으로 평가하겠다는 말을 믿을 수밖에 없었다. 그날부터 매장은 하루가 다르게 빠르게 변했고, '비전 스쿨'은 부진자 교육이 아니라, 280명 전 지점장이 6개월에 걸쳐 모두 이수하는 교육으로 전환했다.

드디어 중간관리자들이 바뀌기 시작했다. 하루의 매출보다 하루의 고객 만족 사례를 찾기 시작했다. 지점장이 바뀌니 부(副)지점장이 바뀌고, 매장의 전 직원들이 변화하기 시작했다.

3) 실천하고 생활하는 문화

CS 활동이 기치를 올릴 즈음, 로지텍과 서비스에 셀(cell)이라는 분임조 활동을 조직했다. 분임조 활동 시에는 작지만 약간의 비용도 지급하며 다과 시간도 병행하게 친밀도를 다졌다.

셀 활동에서 나온 첫 번째 아이디어가 '속초 OO약수터' 사례였다.

로지텍 배송기사들이 아침에 다과를 먹으며 Cell 활동을 하던 중에, 한 배송기사가 제안한 아이디어를 강릉 분임조는 채택했다. 그 아이디어의 시발점은, '우리 설치기사들이 고객에게 별로 해 줄 게 없으니까, 삼성전자 제품을 구매해 주셔서 고맙다는 편지라도 드리자.'라는 내용이 골자였다.

조그만 축하 엽서에 친필로 그날 배송할 댁(보통 12~14가구를 방문한다)에 감사의 마음을 전하는 편지를 출발 전에 작성했다. ○○약수터 식당 여사장님은 그 카드를 읽고서 정말 고맙다는 생각에 디지털프라자 속초점으로 와서 그날 배송 온 기사를 칭찬하고 싶다고 하신 분이다.

"에어컨 배달설치를 모두 끝마치고, 우물쭈물하면서 카드를 하나 내놓더라고……. 나중에 읽어보라 그러데. 그래서 내가 그 양반이 가고 나서 읽어 봤지. '삼성 제품을 구입해 주시고 사용해 주셔서 정말 감사합니다. 사장님 덕분에 제가 설치를 할 수 있는 기쁨을 가질 수 있어 고맙습니다. 사용하시다가 불편한 게 있으면 아래 번호로 연락을 주세요. 오늘도 좋은 하루 보내세요.' 아, 내가 얼마나 가슴이 찡했겠어. 설치를 할 수 있는 기쁨이래. 원래는 내가 고맙다고 해야 하잖아. 돈 지불했다고 다 되는 건 아니야. 나도 30년간 장사를 해봐서 아는데, 이 양반은 진심으로 그걸 썼다는 게 느껴지더라고……."

그날 이후 다양한 분임조들의 셀 활동에서 수많은 아이디어가 쏟아져 나왔고, 모든 사례가 고객 만족 활동의 기폭제가 되었다.

4) 스스로 즐긴다

　로지텍 기사 중에 6개월 평균 100점을 받은 CS 마스터가 있었다. 그가 그 당시 당대에 배달기사들 사이에서 '인간이 아니라'라고 회자되었던 송태O 기사다. 송 기사는 CS 경영을 시작한 이후 로지텍에서 발군의 CS로 고객 만족을 이끌었던 CS 마스터다. 송 기사는 한 편의 우수사례로 출발해서, 70점도 안 되던 로지텍 회사의 CS 만족도 점수를 1년 만에 90점 이상으로 이끌어 준 촉매제 역할을 했던 인물이다.

　그가 처음 +1 서비스를 한 것은 신발장 청소였다. 로지텍 배달설치는 2명이 한 조로 설치를 나간다. 그 이유는 냉장고나 TV 등 대형 제품의 경우 혼자 배송 차량에서 고객댁까지 이동하기 위해서는 꼭 2명이 필요하기 때문이다. 그리고 제품 이동이 끝나면, 한 명은 여유 시간이 조금 남는다. 송 기사는 그 점에 착안했다. 그래서 본인이 제품을 설치할 동안 나머지 기사에게 신발장을 정리해주고, 방향제까지 뿌려주는 작업을 병행했다. 의외로 고객의 반응이 좋았다. 돈을 더 받는 것이 아닌데, 추가로 수고를 해주니까 고객들은 고마워서 매우 만족으로 평가하며 구구절절 칭찬이 덧붙어졌다.

　여기에서 끝난 게 아니다. 본격적으로 서비스의 격을 올리기 시작한다. 다음에 도입한 게 에어컨 필터 청소이다. 정확히 20분 정도 소요된다고 했다. 그러나 에어컨 필터는 대부분 가정에서 자주 '청소하지 않는다.'에 착안했다. 지난여름에 에어컨을 사용하고 나면 거의 모두가 그냥 외부만 닦고 에어컨에 커버를 씌워서 보관에 들어간다. 에어컨 필터 청소에 대한 반응은 가히 폭발적이었다. 본인이 하기 귀찮은 업무이고, 하지만 꼭 필요한 업무이기에 고객들의 칭찬이 늘어 갔다.

송 기사는 여기에서 멈추지 않는다. 그래서 그다음에 착안한 것이 즉석복권이다. 이왕 서비스해 주는 김에 고객들에게 재미와 만족을 동시에 드리자는 아이디어에서 출발했다. 송 기사는 맨 먼저 고객댁을 방문하면 설치를 시작하기 전에 고객댁을 요모조모 살핀다. 그리곤 세탁조 청소, 에어컨 필터 청소, 청소기 등 소형가전 점검, TV. 컴퓨터 배선정리 등 4가지로 서비스를 구분했다. 그리고 고객이 직접 즉석복권을 긁게 했다. 그러면 긁어서 나오는 서비스에 따라 +1 서비스를 시행했다.

여기까지 보면 보통의 서비스다. 그런데 여기에는 숨겨진 비밀이 하나 더 있다. 즉석복권 카드 위에는 하트, 다이아몬드, 네 잎 클로버, 스패이더 등 4가지 그림이 있고, 이 그림에 따라 서비스의 행태는 지정되어 있다. 그리곤 고객댁 주변을 맨 먼저 살펴본 다음, 고객이 최우선으로 필요한 부분이 무엇인지 사전에 파악하고 그 서비스를 드리는 것이다.

예를 들면 세탁조 청소가 필요해 보이면 네 잎 클로버가 있는 즉석복권을 드렸고, 고객이 그 복권을 긁으면 세탁조 청소를 해 주었다. 한마디로 맞춤 서비스를 해 드리면서 고객의 행운과 연결시켰다.

이미 설명한 바와 같이 삼성전자 로지텍 물류 기사는 지입 차를 가지고 와서 설치물량 베이스로 수수료를 받는 시스템이다.

본인이 삼성전자 소속도 아니거니와 로지텍 소속도 아니었다. +1 서비스를 하는 시간에 물량 1건을 더 설치하면 더 많은 수입을 낼 수 있다. 그럼에도 이렇게 미쳐서 스스로 자가발전을 한 것이다.

'접점의 마음은 절대 돈으로 살 수 없다. 심성을 사야 한다.'

이 말은 접점 인력들을 만날 때 이따금 나타나 가슴을 때리곤 했다. 송 기사와 헤어지고 돌아오는 길, 다시 한 번 그 문구가 가슴을 짓누르는 아름다운 밤이었다.

5) 끊임없는 차별화

나는 CS 교육을 할 때, 항상 에스컬레이터 론(論)을 피력했다. CS의 초기 기획부터 마스터플랜을 모두 작성했지만, 실제 적용을 하려고 보니, 결국 주체는 고객 접점 인력이고, 그들이 한 발 한 발 움직여야 전체가 움직이게 되어 비로소 발전된다는 걸 깨달았다.

그래서 세운 이론이 에스컬레이터 이론이다. CS는 한 방에 수직으로 올라가는 엘리베이터가 아니다. 바닥에서부터 전 임직원이 한 단계 한 단계 힘을 모아 서로 밀어주어야만 서서히 한 단계씩 올라가는 에스컬레이터. 속도는 느리지만 언젠가는 맨 위로 올라설 수 있다고 했다.

경쟁사나 외부업체와 GAP을 벌리기 위해서는 지속적인 차별화가 필요하다. 그런데 그 차별화는 스탭에서 나온 아이디어를 강요해서 만들 수는 없다. 지금까지 설명한 바와 같이 고객 접점의 개개인들이 새로운 아이디어로 고객 만족을 발전시켜 나갈 때, 비로소 경쟁사는 따라올 수 없는 수준에 이르는 것이다.

'매우 만족'과 '만족'은 분명한 차이가 있다. 7점 척도 기준으로 매우 만족은 100점이다. 그러나 만족은 83.3점이다. 무엇이 이 차이를 내는가? 그냥 배달설치만 완벽하게 하면 '매우 만족'을 받거나 혹은 깐깐한 고객에게는 '만족'을 평가받는다. 그러나 앞서 이야기한 로지텍의 S 마스터의 경우는 그들 스스로가 미쳐서 +1 서비스에 열정을 불태웠다. 누가 매우 만족인 100점을 감히 주지 않을 수 있겠는가?

결론적으로, 지속적인 차별화가 CS 7대 인자 중 5번째인데, 그 차별화는 고객 접점 인력들이 개개인의 열정으로 만들어 낸다. 스탭에서 그 어떤 아이디어나 기획으로는 따라가지 못하는 영역이다. 앞 장에서 물류 기사인 S가 활동했던 사례들이 과연 스탭의 아이디어에서 나올 수 있겠는가?

접점의 열정은 생각보다 더 크고 위대하게 출현된다. 단지 스탭에서 할 수 있는 건 그들을 칭찬하고 격려하고, 그들의 아이디어를 정리하고 정형화해서 횡전개에 유리하도록 사례집을 만드는 수준이다.

5번째 인자는 '지속적인 차별화'는 접점에서 그들이 스스로 차별화시켜 나간다.

이게 결론이다.

6) 모니터링의 상시화

서비스에서 파견 나와 CS 사무국에서 같이 근무하던 K 부장에게 내가 물었다.

"이렇게 목숨을 다해서 하고 있는데, 발전 속도는 더딥니다. 그리고 발전의 수준도 정확히 잘 모르겠고요. 어떻게 해야 할까요, 무슨 방법이 없을까요?"

서비스 K 부장이 내게 말했다.

"우리 서비스는 CS 인덱스를 생명으로 여기고 있습니다. 그리고 이런 작업을 수십 년간 해오고 있고요. 내가 서비스에서 근무하면서 느낀 점을 토대로 제안을 하자면, 지금 판매-배달-서비스 통틀어서 접점 인력이 거의 2만 명이 넘습니다. 초기에는 그들을 전부 랭킹화 해보세요. 회사별로 하면 되겠지요."

"서비스에서도 초기에 그리했습니다. CS 점수로 매월 1등부터 7천 등까지 순위가 나오고 그걸 사무실 벽에다 붙이기까지 했습니다. 그런데 나중에 가면 직원들을 순위화한다고 이의를 제기합니다. 그때는 그때 가서 또 조정하시고요."

나는 그 아이디어를 채택하기로 했다. 우선으로 CS에 불을 댕기고 싶은 욕심도 있었다. 하지만 그게 전부는 아니었다. 며칠을 고민해 보고 고민해 본 결과, CS 점수 모니터링을 하면서 고객들이 직접 얘기하는 소리를 듣고, 그걸 다시 CS 경영에 반영해야겠다고 판단했다.

그날 간단히 1장으로 보고서를 작성해 국내영업 사업부장에게 보고했다. 마침 사업부장도 그 비슷한 지시를 내리려고 했는데, 이렇게 미리 가져와 주어 고맙다고 했다. 사업부장은 10분만에 시스템 구축비 5억에, 인력 운영비 10억 해서, 매년 15억 정도가 들어가는 의사결정을 바로 했다.

시스템이 구축되고 판매, 배달설치, 서비스 전 고객에 대해 직접 전화를 걸어 '만족과 불만', '좋은 점과 개선점'을 청취하고 기록했다.

우수기업 벤치마킹을 처음 갔을 때, 방문한 기업 대부분이 강조했던 바가 모니터링이었다. 모니터링은 반드시 필요하다. 그러나 철저히 객관적이고 공정해야 한다. 그게 그들이 강조했던 사항이었다.

7) 신상필상 - 칭찬을 아끼지 않아야 한다

이미 수차례 언급했지만, 고객 접점을 움직이는데 가장 중요한 핵심이 칭찬이다. E브랜드 벤치마킹을 다녀와서 칭찬카드를 도입했다. 그리고 조금만 우수한 사례가 발견되면 사업부장 시상을 하였다. 상금은 10만 원. 상장 케이스와 상장 인쇄비 2천 원. 결국, 10만 2천 원이면 고객 접점 인력들은 상장과 부상을 받는다. 나는 사업부장의 이름으로 이 상을 무자비하게 뿌렸다. 그들은 돈보다는 사업부장 상장이 더 소중했을 것이다. 단순히 10만 원을 받는 것보다 10배 아니 100배의 가치로 다가왔을 것이다.

안양에 있는 점포를 방문한 적이 있다. 그런데 매장 입구에 이젤을 만들어서 그 점포에서 받은 칭찬카드를 전시하고 칭찬내용을 공유하고 있었다(참고로 칭찬카드는 왜 칭찬을 받는지 구체적으로 친필로 써서 증정하게 했다. 칭찬 내용이 없거나, 친필이 아니면 무효화 했다. 그리고 고유 넘버링으로 식별번호도 카드에 인쇄했다).

그러면서 지점장이 하는 말이,

"이 이젤을 보고 고객들 반응이 더 좋습니다."

"이 점포는 친절해서 상도 많이 받는가 보네."

앞에서도 언급했지만, 매월 칭찬카드 우수자 20명을 본사로 불렀다. 그리고 사업부장이 함께 하는 중식은 태평로 빌딩(S 호텔 운영식당)에서 최고급 중식 요리를 대접했다. 그들의 입은 날개를 달아 전 사원들에게 전해졌고, 본인들도 식사 한번 하러 가야겠다고 칭찬카드를 갈구했다.

어떤 변화가 있었냐고요?

예전에는 임원들이 매장이나 서비스센터에 오면 엄청나게 싫어했어요. 군대에서도 사단장이 방문하면 청소부터 시작해서 별 것 다하잖아요.

그런데 그게 바뀌었습니다. 임원들이 왜 우리 매장에 안 오시냐고……. 꼭 좀 와 달라는 항의성 전화가 많아졌습니다. 왜냐하면, 직원들에게 칭찬카드가 필요했거든요.

그리고 연말 시상으로 그해 봄 독일에서 열리는 가전 쇼에 12명을 선발해 벤치마크 기회를 주었다.

3. 혁신은 하루아침에 이루어지지 않는다

구호만으로는 아무것도 안 바뀐다

맨 첫 장에 소개했던 L 백화점 사건 이후로 혁신을 하기 위해 사전에 원칙과 전략 등이 명확하지 않으면 안 된다고 느꼈다.

'중국 송나라 때 개혁가였던 왕안석은 부정부패에 시달리던 나라를 바로 세우고자 개혁을 시도했습니다. 수구세력을 처내고 초지일관 혁신에 전념했지만 결국 실패했어요. 왜 실패했겠어요?' 나는 이런저런 얘기로 여러 임원에게 설득했다.

'왕안석은 제대로 한다고 했지만, 황제인 신종은 늘 불안했어요. 왜냐하면, 개혁에 반대하는 수구세력의 저항도 만만찮았거든요. 결국, 신종은 정강의 변까지 겪으면서 개혁을 포기하게 됩니다'

왕안석이 실패한 요인은, 내부의 반발이 심할 것을 알면서도 명확한 목표와 일관된 방향 제시, 그리고 흔들리지 않은 중심 등을 관료와 백성들에게 보여주지 못했다. 이런 혁신의 원칙이 사전에 충분히 세워지고 나서 개혁에 나섰어야 했었다. 그냥 모든 것을 고쳐보자는 것은 망망대해에서 섬을 찾는 것만큼 희박하고, 무작정 칼을 휘두르는 것 같은 이치였다.

조선 중기 조광조의 사례도 왕안석과 비슷하다. 결국, 수구세력의 반발로 왕이 조광조를 오히려 쳐 내쫓는가? 영업 혁신도 마찬가지일 것이다. 밀어내기는 하지 말자고 말만 하면 그게 바뀌겠는가? 몇십 년 동안 몸에 밴 것인데 말이다. 왜 밀어내기를 하게 되었고, 그를 개선하려면 무엇이 필요하고 그렇게 하지 않기 위해서는 어떤 원칙들이 필요하다고 명확히 하고 가야 한다는 것이 접점과 공감대를 형성해야만 하다.

거대한 강줄기를 바꾸려면, 돌 몇 덩이를 옮겨봐야 공염불에 불과하다. 강의 물줄기를 바꾸려면 물이 솟는 원류를 비틀어야 한다. 그래서 혁신이란, 어설프면 아니함만 못하다. 따라서 전 조직이 일사불란하게 움직일 수 있는 '명확한 목표와 방향 수립'이 중요한 이유다.

그게 탄탄하지 못하면 구호와 염불만 남는다.

원류를 알아야 개선이 된다

'밀어내기를 왜 할까요?'라고 질문을 하는 것은 참으로 어리석다. 그도 원인이 있을 것이다.

예를 들면, 매출 목표가 높고 영업은 달성해야 하는 조직이니

까 하는 것이다. 그럼 다시 질문이 일어난다. '그럼 왜 목표 매출을 높게 세팅하죠?'

이건 영업만의 문제가 아니다. 제조회사라면 생산계획에 따라 같이 물리기 때문에 생산량을 조절하지 않고는 판매목표를 조정할 수 없다.

'그럼 왜 생산목표를 높게 책정했을까요?'라는 질문에까지 이르게 된다.

제조는 생산 오버헤드 감안하고 생산이익률 감안해서 생산량을 결정하게 된다. 결국, 물건을 사고파는 중심은 고객 접점인데, 생산량을 공장에서 결정하고 있는 거다. 결국, 수요예측이 생산량의 바로미터가 되어야 하는 건데, 생산 O/H가 생산량의 기준이 되는 것이다.

여기까지 원인분석이 되면 수요예측을 정교하게 할 수 있는 프로세스를 찾아야 한다. 영업 단에서 수요예측이 정확하지 않으면, 결국 생산 기준으로 목표가 책정될 수밖에 없다. 어쩌면 높은 영업목표가 수요예측을 제대로 못한 영업인 스스로들이 만드는 것인지도 모르는 일이다.

혁신하기 위해서는 무조건 왜?

라는 질문을 3번 이상 물어서 문제의 원류가 무엇인지 찾아서 개선하는 방식으로 일을 해야 한다.

나는 어떤 사례가 문제점을 발생시키면, 그 이유가 무엇인지 최소한 3번 이상 묻고 따지는 습관을 들였다. 지금도 변함없이 똑같다. 그래서인지 현재까지도 문제나 현안의 겉모습보다는, 언제나 본질을 더 보고 싶어 하는 습관이 몸에 뱄다.

큰 강물도 거슬러 올라가면 조금만 옹달샘에서 시작된다. 그게 원류다.

현장과의 괴리를 줄이는 게 혁신

그 당시 나는 CS 사무국장으로서 고객 관점의 판매-서비스-배달설치 전반에 걸쳐서 혁신을 추진했다. 그리고 5개월 정도가 흘러갔다. 모든 접점에서 다들 개선을 잘하고 있다고 했다. 과연 현실이 어떤지 점검하기로 하고, 진짜 고객댁에 몰래카메라를 설치하고 직접 배달설치와 애프터서비스 환경을 살피기로 했다. 그때는 여름 초입이 진행되던 시점이었고, 배달받기로 한 제품은 개인용 컴퓨터를 포함해서 실제 고객댁 네 군데를 컨택했다.

그중 하나의 사례는 다음과 같았다. 일단 로지텍 물류 기사는 유니폼도 없이 러닝셔츠(일명. 난닝구)에 맨발로 슬리퍼를 신고 매장 댁을 방문했다. 가히 충격적인 모습이었다. 고객이 맨발로 들어오는 기사에게 한마디 했다.

"그렇게 맨발로 오시면 거실 바닥이 땀에 다 묻을 거 같은데, 양말이라도 신고 오지 그랬어요?"

"에이 죄송합니다. 그런데 여러 고객 집을 다니느라 양말을 신으면 한두 켤레가 드는 게 아니라서 그냥 벗고 다닙니다. 근데 이런 거로 시비 거는 고객은 거의 없습니다. 사모님이 좀 특이하네요."

 항의가 시비로 바뀌고, 고객의 소리가 잔소리로 들리는 모양이었다. 그리고는 PC를 설치하지도 않고 거실에 내려놓고 돌아서 나가려고 했다.

 "아저씨, 이걸 설치해 주셔야 우리가 쓸 수 있잖아요? 설치를 안 해주고 가시면 어떡해요."

 "아, 이상한 분이시네. 이런 PC 같은 건 원래 주인이 직접 하는 거예요. 우리는 배달만 하는 거고요."

 그런 대화가 카메라에 그대로 녹화가 되었고, 나는 임원회의 시간에 그 영상을 틀었다. 그리고 그 회의가 끝나기도 전에 로지텍 대표이사는 무작정 회의실을 나갔다. 그날 저녁에 로지텍 대표이사가 내게 직접 전화를 했다. 너무 부끄러워 그 자리에 있을 수 없었노라 했다. 현장에서 잘하고 있다는 소리만 들었지, 설마 저 정도일 줄은 꿈에도 생각하지 못했다고 했다. 30년 직장생활 중 가장 부끄러운 하루였다고 눈물을 글썽이셨다. 나도 슬픔이 내 가슴 구석까지 쫙 퍼졌다.

 그날 이후 로지텍이라는 회사는 무섭게 변해갔다. 이런 게 바로 혁신의 시발인 것이다.

 아, 위의 문제점은 어떻게 해결했느냐고요?

 왜? 라는 걸 3번 이상 물어서 문제점을 뽑아냈습니다.

 우선 러닝셔츠를 안 입고 온 이유는 유니폼을 1년에 한 벌 주는데, 여름에는 빨래가 잦아서 그냥 잘 안 입는 게 보편적이라고 말들을 하네요.

그래서 유니폼을 연초에 두벌, 분기당 1벌씩 추가로 제공했고요. 맨발로 입장하는 것을 개선하기 위해서는, 양말 위에 덧대 신는 덧신을 무상으로 물류센터에서 제공하는 것으로 바꾸었습니다.

그리고 단순 배달 업무는 배달만이 아니라, '배달설치'로 바꾸었습니다.

원래 배달하고 설치까지 하는 게 정상프로세스였는데, 한 번 더 프로세스로 명확히 짚었습니다.

그리고 고객에게 전 접점에 걸쳐서 CS 만족도를 체크해서 고객에게 불편사항은 피드백 받을 수 있는 프로세스로 마무리했습니다.

직접 눈으로 점검하라

S 전무가 전속유통 관장을 맡고 있을 때의 일이다. 본인 자리로 좀 오라고 비서에게서 전화가 왔다. S는 CS를 맡은 내게 의미심장한 말을 했다. 그때가 CS 경영에 대해 막 기치를 올렸던 첫해 여름쯤이었다.

"김 차장아, 내 말 좀 들어봐라. 웃기지도 않는다. 내가 어제 대구 H 점포에 갔었거든. 아침 10시 반 매장 오픈 시간에 맞춰서 조회나 볼까 해서 갔어. 근데 문이 안 열려 있는 거야."

"그래서 내가 무작정 기다렸지. 11시 가까이 되니 누가 와서 문을 여는 거야. 그래서 내가 그랬지. 10시 반이 오픈 아니냐고? 그랬더니 죄송하다며 오늘 좀 늦었다고 그러는 거야. 그래서 매장 안에서 기다리니, 점장이 11시 15분에 나타나는 거야."

S는 재미있으면서도 어이없다는 표정으로 이야기를 이어갔다.

"점장아, 10시 반이 오픈인데, 넌 왜 11시 15분에 출근하니? 그랬더니 오늘 집에 일이 있어서 좀 늦은 거라고……. 죄송하다고 그러는 거야. 그래서 내가 바로 매장을 나왔지."

그런데, 진짜 웃음을 터트리며 어이없는 이야기가 있다면서……. 다시 말을 이었다.

"내가 그다음 날 10시 반에 또 갔거든. 그랬더니 세상에. 또 문이 닫혀 있는 거야. 걔들은 설마 오늘 또 오겠나? 했겠지. 그날도 점장이 11시 돼서야 기어 나오는 거야. 내가 그 자리에서 불같이 화를 냈지. 넌 진짜 나쁜 놈이라고. 어느 한 사람이 아니라 점포 문 자체를 11시에 열면 일찍 온 고객들은 어떡하냐고……."

그리고 그날 대구지역 지사장에게 전화를 걸어서 지점장을 보직해임 시켰다고 S는 어이없었다는 표정을 지으며 나에게 말했다.

"봐라, 열심히 하고 있고, 잘하고 있다고, 보고는 올라오는데, 이게 현실이다. 정신 똑바로 차려야 한다. 나도 열심히 현장에 가 보꾸마."

난, 그날 사실 엄청난 충격을 받았다. 매장을 늦게 여는 건, 소매영업에서는 정말이지 있을 수 없는 일이다. 그런데, 그런 일이 지방 사업장에서는 실제 일어났다. S 전무 말대로 정신 바짝 차리지 않으면 일순간 망한다. 말로써 하는 혁신은 누구나 할 수 있다. 그러나 마음에서 우러나고 몸에 밴 혁신은 철저히 다져져야만 가능하다. 나는 그날 이후 보다 더 면밀한 자세로 접점의 바닥까지 훑어 나갔다.

판매점 몰카 이야기

대구 H 점포의 사실을 접하고, 난 적잖게 충격을 받았다. 상부로 보고되는 것과 현장에서의 실상은 괴리가 있음을 깨달았다. 그래서 실제 현장이 어떻게 이루어지고 있나 체크를 해보기로 했다. 카메라 직원과 동행하여 전주 모 점포에서 아침 출근 시간과 조회 동영상을 촬영하기로 했다. 물론, 직원들은 사전에 모르는 몰카로 진행했다.

그다음 날 아침 일찍 매장 정문을 두고 카메라를 설치했다. 그리고 1시간이 있으면 직원들이 출근하는 시간이다. 실상은 대구보다는 조금 나았지만, 표준 매뉴얼 대로 이루어지지는 않았다. 우선 지각자가 있었다. 대구의 사례처럼 전 직원이 늦는 건 아니지만 일부 직원은 여전히 늦게 출근했다.

다음은 아침, 조회시간이다. 표준 매뉴얼은 조회를 지점장 주관하에 진행하게 되어 있다. 어제의 불만 고객이나 고객 케어, 그리고 주요 정책 설명, 마지막으로 인사 친절 교육까지 이어져야 한다. 그러나 실상은 조회하지 않았다. 일부는 청소하고 있었고, 일부는 정책을 보는 등 모두 개인적인 업무에 몰두했다. 그 모든 상황을 몰래카메라에 담았고, 마지막에는 표준 매뉴얼 대로 왜 하지 않는지 직원 인터뷰도 실었다.

"조회 제대로 하는 점포 없어요. 회사에서는 하라고 하는데 사실 누가 일일이 그걸 다 지키나요? 다른 점포도 가보세요. 아마 아무도 안 할걸요?"

그리고 그 영상물을 54명의 임원이 참석한 회의시간에 틀었다. 매장을 담당하고 있던 C는 어쩔 줄 몰라 했다. 그날 회의 참석한 판매 측 임원들이 파랗게 질렸다. 그 사건 이후 디지털프라자 대표였던 C는, 혁신의 불꽃 속으로 본인의 몸을 직접 던졌다.

담배를 끊는 방법

여러분은 담배를 끊는 방법이 뭐라고 생각하나?

제가 생각하기에는 담배 끊는 거랑 혁신하는 거랑 비슷하다. 담배를 이번 주 10개비, 다음 주 5개비, 그리고 한 달 이후에는 끊기. 이런 식으로 하면 담배를 끊을 수 없다. 그냥, 마음먹은 날부터 딱 안 피우는 게 담배를 끊는 가장 좋은 방법이다.

혁신도 다르지 않다. 조금씩 변화를 보자고 생각하면 절대 바꿀 수 없다. 하루아침에 모든 걸 자르고 껍데기를 벗기고 완전히 변화를 시켜야 혁신이 성공한다. 단 한 번에 걸쳐서 단기간에 진행하는 것이다. 기간을 정해두고 서서히 진행해 나간다면 오히려 죽도 밥도 안된다는 걸 여러 사례를 통해 배웠다. 혁신의 저항은 잠깐 숨어 있다가도 언제든지 서로 힘을 합쳐서 튀어나오기 때문이다. 그러다가 오히려 역공에 당하기 십상이다.

내가 생각하는 혁신은 이것저것 양해나 핑계 다 들어주면 절대 못 한다. 담배 끊듯이 하루아침에 안 하는 것이 가장 혁신에 접근하는 첩경이다. 그리고 모든 혁신의 기준은 고객이어야 한다. 고객에게 유리하면 무조건 시행하고, 고객이 불편하면 무조건 개선해야 한다.

나는 고객들의 VOC를 통해서 CS 혁신의 문제점들을 뽑아서 매주 임원에게 발표했다. 누구도 쉽게 반발을 하지 못한다. 왜냐면 총 15만 건 중 수십 수백 명이 그렇게 얘기하고 그렇게 느꼈다는데, 반박할 재간이 있겠는가?

그 시점부터 삼성전자 국내영업은 매주에 점검하는 주간 매출 임원회의 대신 CS 혁신 주간회의로 대체 되었다. 그리고 고객 접점에서 고객이 불편을 느끼는 VOC를 중심으로 시스템과 프로세스를 개선하여 나가는 회의로 발전시켜 나갔고 4년 내내 단 한 번도 빠지지 않고 CS 주간회의를 계속했다.

4. 경영은, 프로세스의 관리이며 혁신의 연속이다

지나간 숫자에 얽매이지 마라

임원회의 시간이었다. 현업 지사장 임원이 지난달 영업실적과 차월 계획을 발표했다. 그러자 사업부장은 다음과 같은 질문을 했다.

"왜 이런 걸 발표하죠? 아니 이미 지난 숫자를 이 자리에서 발표한다고 해서 숫자가 달라지나요?"

의외의 질문이었다.

"오신 지 한 달밖에 안 되어서 잘 모르시는 모양인데, 임원회의 시간에 전월 실적과 차월 계획을 사업부장 이하 전 임원들이 공유하는 장입니다. 그래서 발표하는 겁니다"

그중에 선임급 임원이 답을 했다.

"아니 시스템에 다 나오는데, 굳이 지난 실적을 왜 서류로 발표하는지 모르겠네요. 실적은 시스템으로 볼 테니까, 다음부터는 발표하지 마세요. 대신 고객 만족을 위해서 내가 무엇을 했는지 그런 사례들을 발표하는 시간을 가지도록 합시다"

갑작스러운 변화에 회의 참석자들의 낯빛이 변했다. 무슨 의도로 이렇게 하는 거지? 궁금해하는 눈치였다. 대부분 참석자는 긴가민가했다. 사업부장은 이미 나에게 고객 만족 중심으로 프로세스를 바꾸어 달라고 주문한 터였다. 그는, 한국 시장뿐만 아니라 삼성전자의 해외 영업도 거래선에 재고만 넘기면 그만이라는 분위기가 많다고 했다. 더구나 한국 시장은 생산자 시장이라 그게 타 국가보다 더 과한 수준이라고 판단했다.

보스가 숫자를 보기 시작하면 밀어내기를 못 끊는다. 그러니 보스부터 숫자보다는 미래를 위한 혁신으로 영업체제를 만들어야 한다. 거래선에 재고를 옮기면 끝나는 영업에서 고객댁에 제품을 설치함으로써 매출을 완성하는 체제로 만들어야 했다. 그때 당시 마케팅팀에 대리 여직원이 있었는데, 그 직원은 남들보다 1시간 일찍 출근해서, 전일(前日) 자 판매실적을 매일 아침 출력해서 매출 속보로 보고했다. J는 그 속보자료도 뽑지 말라고 했으며, 그 대리에게 출근도 다른 직원과 동일한 시간에 할 것을 주문했다.

막상 판매속보를 뽑지 않으니 답답한 건 부서장이나 임원들이었다. 생각해 보라. 매일 아침에 그걸 봐야 하는데, 어느 날부터 그 자료가 배달되지 않으면 어떻게 되겠는가? 일부 부서장은 본인 직원에게 몰래 뽑기도 했으나, 보스 스스로가 절대 뽑지도 않고 보지도 않으니······. 잘못 걸리면 죽을지도 모른다 생각해서,

서서히 판매속보를 출력하는 사람들은 사라졌다. 그러다가 완전히 없어졌다.

CS 사무국을 중심으로 한국 시장 영업을 밀어내기(Sell-in) 영업에서 고객이 선택하는 풀(pull) 영업인 Sell-out 영업으로의 전환을 밀어붙였다. 그때부터 밀어내기 영업은 비정도로 규정했다. 재고만 옮기는 영업을 하지 못하게 했다. 이런 결과 H마트의 수주 구조가 매월 말일 중심에서 이븐하게 주문이 들어오는 체제로 전환되었다.

물론 6개월 정도의 인내는 필요했다. 이런 결과 월말에 재고 이동을 위한 추가 장려금 등이 들어가지 않고 이후 재고 소진을 위한 실판매 장려금도 쓸 필요가 없으니 비용은 현격히 줄었다. 중기적 관점에서 영업이익은 더 크게 늘었고, 모든 지표는 선순환 체제로 바뀌었다.

나뿐만 아니라 그때 참석한 모든 임원이 다들 놀랐다. 매출실적 보고를 받지 않겠다는 건 영업을 포기하는 행위와도 같기 때문이다. 더욱 놀라운 것은, 4년 내내 회의 석상에서 매출 숫자를 발표하지도 않았고, 고객 만족 활동으로 무엇을 했나, 사례만 발표했다. 지금 생각해도 거의 신기에 가까운 일이다.

왜, 왜, 왜! 최소 3번은 파야 한다.

삼성전자서비스 기사와 물류를 책임지는 로지텍 기사들이 제품에 대해 잘 모른다는 VOC가 일부에서 나왔다. 대충의 내용은 아래와 같다.

고객 한 분이 휴대폰 서비스(그 당시 일명 미니스커트 폰)를 받으러 갔단다. 서비스센터에 있던 엔지니어가 말하기를,

"이게 최신에 나온 미니스커트 폰인가 봐요. 이야- 디자인 예쁘네요. 저도 이 제품 지금 처음 봅니다"

이 말을 들은 고객이 본사 VOC 창구에 '제품도 처음 보고 서비스 매뉴얼도 없더라.'라고 클레임을 제기했다. 이럴 경우 통상적인 해결책을 보면, '제품 공부를 더 시켜서 내보내라'라고 지시하고 만다. 그러나 왜 기사들이 제품을 모르면서 직접 고객을 만나는지, 과연 그런 일이 있을 수 있는지 한 번만 더 생각해 보면 정말 끔찍한 일이다.

처음 원인과 해결책으로 나온 것이, 고객을 만나는 기사들이 신제품 공부를 하지 않아서 고객에게 설명을 잘하지 못한다는 것으로 결정됐다. 그래서 신제품이 나오면 사전에 무조건 교육을 하자는 것으로 프로세스를 보강하는 쪽으로 개선안을 잡았다. 하지만 여기서 멈추면 아무것도 바뀌지 않는다. 사실 이의 해결책만으로는 위 VOC가 전혀 납득이 가지 않기 때문이다. 다시 원인을 더 파악해 보자고 주문했다.

그래서 다시 2차 원인을 찾아 들어갔다. '그럼 왜 기사들이 제품 공부를 안 할까?'였다. 사실 교육시간은 기사들 수입을 보장하는 데 아무 도움이 되지 않는다는 것을 알았다. 결국, 배달기사는 배달해야만 수입이 발생하고, 서비스 기사는 제품을 수리해야만 월급을 받을 수 있는 구조다. 그래서 아무도 교육에는 관

심이 없었다.

그래서 교육 이수하는 조건으로 그날의 일당을 지급하는 것으로 해결방안을 찾았다. 하지만······. 그래도 그게 최종 정답이 아니라고 생각했다. 이것 가지고는 VOC의 근본을 이해할 수 없었다.

다시 추가로 더 자세하게 조사했다. 이에 내가 직접 접점에 나가서 직접 조사를 했다. 그래서 내린 진짜 원인은 내부에 있었다. 신제품 론칭 전에 서비스와 로지텍으로 신제품을 보내서 사전 교육을 해야 하는데 그렇게 되면, 신제품 정보가 사전에 외부로 유출될 수 있어서 언팩 전에는 누구에게도 신제품을 보여주지 않는 것이 회사의 기준이었다.

그런 결과 서비스 수리하는 기사조차, 처음 보는 신제품을 한 번도 뜯어보지 않고서 고객의 폰을 보고 나서야, 첫 수리를 했었다. 물론 로지텍 기사도 처음 보는 냉장고, 에어컨을 고객댁에 가서야 크기와 특징을 직접 느끼며 설치해야 하는 구조였다.

누가 이런 회사를 일류라고 말할 수 있겠나. 결국, 회사의 기준대로 하면 손해는 고객이 보는 것이다. 우리 제품을 사는 고객이 왜 자기 돈 주고 서비스도 제대로 받지 못하는 손해를 봐야 하는지 이해할 수 없었다.

이의 개선을 위해서 대대적인 작업에 착수했다.

1차는 신제품 교육 자격증을 만들어서, 자격증이 없는 기사는 고객을 컨택하지 못하도록 프로세스를 보강했다.

2차는 교육시간도 일정 부분 수입을 보장해 주며 자발적으로 참여할 수 있도록 보강했다.

3차는 보안보다 중요한 게 고객에 대한 애프터 캐어로 진단했다. 그날 이후 모든 신제품은 매장에 깔리기 전에 반드시 서비스와 로지텍으로 실습용 제품이 먼저 들어오고, 그 신제품을 언팩 이전에 서비스와 로지텍 기사가 직접 뜯어보고 체험하는 프로세스를 만들었다.

이처럼 단순히 공부만 시킨다고 했으면 이 문제는 영원히 해결되지 못했을 것이다.

왜,
왜,
왜를

최소 3번은 해야 진짜 문제와 원인이 무엇인지 알 수 있다. 그리고 무슨 문제든지 원류를 해결하지 않으면 임시방편밖에 되지 않는다.

원류를 찾아 흐름을 비틀어라

영업에는 왕도가 없다. 오로지 고객 중심으로 사고하는 것만이 가장 빠른 영업방식이다. 당시 삼성전자는 국내 최대 양판점인 H사를 주 거래선으로 하고 있었다. 단일 거래선으로는 매출이 가장 큰 Pipe line이었다. 당시 수준으로 연간 1조에 가까운 매출을 책임지고 있었으니, 그 무게감은 회사에서도 버거운 수준이었다.

그런데 H사와 거래함에서 고질적인 문제가 잠재되어 있었다. 단기 매출 밀어내기 영업이 만연하였고, 이러하니 H 거래선에는 팔아봐야 결국 남는 게 없는 장사였다.

왜 이런 영업이 되는가 하면, 결국 밀어내기가 그 원인이다. 밀어내기 영업은 월말에 거래선 창고로 재고를 밀어 넣을 때 돈이 들어가고(그것을 흔히 Sell-in을 위한 추가 비용이라 한다). 그리고 나중에 거래선에 재고가 많아지면 그 물건을 고객 손에 넘기기 위해 또 추가 비용이 들어간다(이걸 Sell out 비용이라 한다). 이래서 결국 이중으로 돈이 들어가면서, 거래선에 재고는 늘고, 메이커의 손익은 깨지는 악순환이 계속된다.

그런데 왜 이런 걸 알면서도 계속하는 걸까? 영업은 매월, 매월 목표 대비 마감이라는 숫자로 결과를 대변한다. 그래서 잠시만의 소나기를 피하려고, 일단은 거래선으로 재고를 옮기는 작업을 하는 것이다. 물론 삼성전자 외 다른 업종에서도 임시방편임을 알고서도 '영업 관행'이라는 이름으로 지속되고 있다.

하여튼, 국내영업 사업부장이 부임하고 나서 맨 처음 주장했던 것이 '밀어내기 근절'이었다. 보통의 사람들은 그냥 단순히 '밀어내기는 하지 마세요, 절대 하면 안 됩니다'라고 겉으로는 얘기하면서, 매출 달성에 대해서는 밀어내는 걸 암묵적 동의하기 일쑤였다. 전에도 말했듯이 마름들이 끌고 가는 회사란 것이 대부분 1년 단위가 성과에 치중하지 못하면 잘리게 된다. 그러다 보니 한 달 한 달이 중요할 수밖에 없다. 그래서 그 누구도 매출에 관한 한 홀가분한 이가 없는 것이다.

그러나 사업부장은 이전의 분들과는 완연히 달랐다. H사를 담당하는 임원에게 다음과 같이 지시를 했다. "오늘부터 H사 직원은 만나지도 말고, 전화도 하지 마라. 그리고 매출 안 해도 좋으니, 거래선에서 주문이 들어오면 받고 일부러 우리 쪽에서 매출을 더 내려고 생각지 마라"

처음에는 임원들이 설마 설마 했다. 어느 날 우리 임원 중 한 명이 H사 임원과 전화 통화를 하고 직접 만났다는 사실을 알게 된 사업부장으로부터 불호령이 떨어졌다. 마감 매출에 대해 의논을 했던 그 임원은 속된 말로 잘릴 뻔했다. 그 이후로도 네고 하려면 만나지 말라는 지시는 유효했고, 그다음부터는 아예 거래선에 인사조차도 건넬 수도 없었다. 물론 거래선에 그런 식의 일방적인 영업을 하는 것은 상도의에 어긋나는 일을 알면서도, 하도 거래선 바이어를 만나서 매출 더 해달라는 사정과 구걸을 하니까, 사업부장은 이참에 아예 만나지도 말라고 선언을 한 것이다.

이런 참에 나는 프로세스를 건드렸다. H사의 주문은 밀어내기 사이클에 따라 매월 마지막 주차에 주문이 몰리는 패턴을 따르고 있었다. 마지막 주차 물량이 1개월 전체 물량의 52~53%를 차지했다. 월초 월중에는 오더를 내지 않고 기다리다가 월말에 추가정책을 더 주면 매입 주문을 하는 그런 구조였다. 그런 구조가 오히려 정상으로 통했던 시절이었다.

'고객이 물건을 살 때, 기다렸다가 매월 말에 사러 오지 않을 것이다. 한 달 동안을 보면 일별로 평균적으로 꾸준히 구매가 일어날 것이다. 그러나 우리 스스로가 밀어내기 관성 아래 주문과 출하만 마지막 주에 일어나는 것이다. 그래서 매월 마지막 주에만 주문이 들어온다.'

따라서 지금부터 1주 차~2주 차~3주 차~4주 차의 주문과 출하가 각기 25% 수준으로 이븐하게 이루어지도록 만들어야 했다. 이렇게 되는 것이 정상화되는 길이다. 그래서 그 이후로는 주간 단위로 25% 수준의 주문 진척도를 관리했다. 내가 직접 매주 자료를 뽑아서 임원에게 보고했다. 아무것도 아닌 말이지만 영업하는 쪽에서는 쇼킹한 사건이었다. 평생 이런 걸 요구한 건 처음 접하는 일이었다.

이렇게 관리를 하고 나서부터 서서히 4주 차 물량이 줄어들었다. 그리고는 3개월이 지나기도 전에 정확하게 주 차별 비중이 20~25% 내외로 이븐(even)한 상황으로 돌변했다. 물론 밀어내기를 위해서 셀인 비용을 쓰지 않아도 됨은 물론이고, 거래선에 유통재고가 많아 셀아웃 비용을 추가로 쓰지 않아도 되었다.

이런 정책의 변화로 인해 결국 회사 손익은 개선되기 시작했다. 특히나, 셀인에 대한 고민만 하던 것에서, 어떻게 고객에게 물건을 잘 팔리게 해서 거래선 재고를 줄일까? 하는, 셀아웃을 늘리는 방향으로 사고를 돌리게 되었다.

'작은 돌멩이와 몇 개의 바위를 치운다고 물줄기를 바꿀 수가 없다. 물줄기를 바꾸려면, 그 물의 근원으로 타고 올라가서 그 원류를 비틀어야 한다. 그러면 자연히 물줄기는 바뀌게 되는 것이다.' 나는 지금도 이 말에 충실하고 산다. 원류를 바꾸어야 진짜 변화가 온다.

여러분!
문제점이 있으면 반드시 원류를 찾으세요. 그리고 흐름을 비트세요.

결과에는 반드시 이유가 있다

다른 사례를 하나만 더 들어볼까 한다. 서비스 기사가 고객댁을 방문하기 전에 사전 방문 시간을 확정하는 전화를 먼저 드리는 것이 프로세스이고, 접점 MOT(moment of truth)이다. 그런데 이상하게 사전 전화도 없이 방문한다는 고객 불만(VOC)이 나오는 것이었다. 이 경우도 통상적이라면 전화를 하지 않은 직원을 혼쭐나게 교육하라는 것이 일반적인 해결책이다.

그러나, 사전방문 전화를 하지 않은 서비스 기사와 면담을 해보니 그의 대답은 아주 다른 데 있었다.

"솔직히 말씀드려도 되나요? 대부분 기사는 저와 비슷할 건데요. 우리가 월 2백만 원도 못 받는데 승용차 기름값에 휴대폰 요금에 남는 게 없습니다. 서비스 수리기사 중 기혼자는 거의 없습니다. 그만큼 급여가 작거든요. 근데 여기에 휴대폰 요금 월 10만 원은 솔직히 부담스럽습니다. 저만 쓰면 한 달에 5만 원이면 되는데, 방문 전화를 하면 월 10만 원이 나오더라고요. 그래서 고객한테 욕 한 번 먹고 전화 안 하는 게 돈 버는 거로 생각했습니다. 죄송합니다."

이미 아침에 한 번 통화 했는데, 굳이 한 번 더 할 필요가 있는가, 라는 것이었다. 그리고 사전 통화를 안 하면 휴대폰 요금을 월 5만 원 이상 절약할 수 있다는 게 서비스 기사의 솔직한 의견이었다(그러나, 아침에 통화할 때 시간이라 실제 방문하는 시간은 달라진다. 30분에서 1시간씩 차이가 나기도 한다. 그러면 사전에 양해를 구하는 게 얼마나 정상적인 일인가?).

나는 사무실로 돌아와서 서비스 엔지니어 평균 급여를 뽑았다(그 당시는 서비스 기사는 본사 소속이 아니라 협력사 개인 사장님 소속이었다). 월 189만 원. 이 적은 돈으로 자동차 할부금, 기름값, 휴대폰 요금 등을 지불하는 것이었다. 그의 이야기가 터무니없는 게 아니었다. 결국, 사전방문 전화를 안 하는 것은 교육이 안된 것이 아니라, 전화 요금이 아까워서가 진짜 원인이었다. 이러한 문제점을 개선하기 위해, 서비스 기사 급여는 최소 월 2백 이상 맞추었고, 휴대폰 요금을 월 5만 원씩 보조금으로 서비스 기사에게 별도로 지급하게 했다.

그 이후 사전방문 전화를 드리는 것이 필수 프로세스로 자리 잡을 수 있었다. 이렇듯 우리는 회사에서 여러 가지 현안들을 만난다. 현안 해결을 위해서는 반드시 왜, 왜, 왜 3번은 파고 들어가야 하고, 원류를 개선하지 않으면 그 문제는 영원히 개선되지 않는다.

왜,

왜,

왜

3번을 더 고민하고, 진짜 근본 원인을 개선하세요.

말을 아껴라. 고위층의 한마디는 독이 될 수도 있다

　삼성전자는 판매 직영점으로 디지털프라자를 운영하고 있다. (지금은 매장명이 삼성스토어로 변경) 그런데 전자 고위층들이 매장을 방문하면, 방문하는 사람마다 지적하곤 한다. 그렇게 하다 보면, 매장에서는 영혼과 철학도 없이 지시대로만 움직이는 소극적 형태로 변하게 된다. 왜냐하면, 수정사항이 나오게 되면, 현장의 인력들은 '괜히 죄송하다. 잘못했다.'라고 반성을 해야 한다. 그리고 그 지시에 따라 매장을 고쳐 놓으면, 더 높은 사람이 와서 또 바꾸라고 하기 때문이다. 결국, 가장 고위층이 시키는 대로 하는 게 바로 정답으로 굳어지는 것이다.

　나는 그 시절 차장이었는데, 사업부장과 지방 출장으로 여러 군데 매장을 모시고 다니곤 했다. 그런데 의문이 하나 생겼다. 그래서 참다가 참다가 다음과 같은 질문을 했다.

　"사업부장님! 사업부장님은 왜 매장에 가서 잘못된 점을 지적하지 않으세요? 역대 보스 중 유일하게 사업부장님만 지적이 없으신 거 아세요?"

　그러자 사업부장은 내게 이런 말을 했다.

　"김 차장! 매장은 그런 걸 전문으로 관리하라고 샵 디자이너(Shop designer)를 뽑았잖아? 그럼 디자이너가 어련히 알아서 잘하겠어? 그런데 디자인의 '디'자도 모르는 돌팔이인 내가, '이래라저래라' 그러면 배가 산으로 가게 될 거야. 더구나 계급장 있는 사람들은 모두 와서 다 한마디 할 거 아닌가? 그게 일 잘하는 건 줄 알고 말이야. 그런데 계급장 있는 사람들 모두가 사실 돌팔이야. 전공을 해보지도 않았잖아. 그럼 매장이 돌팔이 매장이 되는 거야. 하하하."

"그래서 나라도 한마디 안 하면, 나보다 계급 낮은 사람들은 아무도 말을 쉽게 하지 않겠지? 그래서 일부러 잔소리를 안 하는 거야."

순간 나는 굉장히 띵했다. 지금까지 이런 분은 뵌 적이 없었기 때문이다. 대부분 고위직이라는 분들은, 본인이 고위직인 이유를 잔소리와 지적에서 찾는 것이 인지상정인데 말이다. 이어서 그는 다음의 말을 했다.

"예전에 S 전관(지금은 SDI)에 C 생산기술연구소장이 있었어. 이분이 어느 날 퇴근을 하는데 지나가는 말을 했다지. '직원들 파티션이 너무 낮은 거 아닌가? 프라이버시도 생각해야지'라고 혼잣말을 하면서 퇴근했대요. 그랬더니 그다음 날 파티션이 올라갔다는 거야. 그래서 그다음 날은 또 퇴근하면서 '어, 파티션이 어제보다 올라간 거 같네. 팀원들이 서로 잘 안 보여서 소통이 어렵겠다.'라고 했더니, 그다음 날 다시 파티션이 아래로 내려가 있더라는 거야."

"그 소장께서 저녁 식사 자리에서 이 일을 언급하시는 거야. 높은 사람일수록 말을 정말 조심해야 한다고……. 실제 위와 같은 일이 있었다고 사례를 얘기하더라."

그날 이후 사업부장은 웬만하면 말을 아끼려 노력한다고 했다. 사실 정확히 맞는 말이다. 밑에 사람들이야 고위층이 말을 툭 던지듯 하면, 모든 게 다 지시로 바뀌지 않는가? 그러니까 높은 사람일수록 정말 말을 조심해야 한다. 아껴야 했다.

나는 훗날 임원이 되고 나서도 '말을 아껴야 한다'는 말을 영원한 진리로 가슴에 안고 살았다. 디자인이나 내 전문 분야가 아니면 되도록 말을 아끼려고 노력했다.

'돌팔이가 무얼 안다고 전문가 영역에 끼어드는가?' '지나가는 말 한마디가 아래 직원들에게는 지시로 변하고 보스의 눈치만 살피게 된다.'

독자 여러분들도 나중에 계급이 높아질수록 정말 귀담아들어야 할 부분이다.

경영은 프로세스의 관리

필자가 30년간 삼성전자를 다니면서, 회사에서 배운 단어 중 가장 좋아하는 구절 하나를 소개할까 한다. 내가 입사했을 때는 삼성전자가 4개 부문으로 나뉘어 있었다. 그때 가전 부문장이 Y 부사장이었다. 그리고 내가 입사했던 그다음 해에 대표이사 부사장으로 진급하여 직원들은 그를 Y 대표라 호칭했다.

Y 대표는 그 이후에 부회장으로 진급을 했고, 삼성전자 최장수 CEO가 되어 전자 전성기를 주도했다. 그는 부문장일 때나

CEO였을 때나 주야장천 혁신을 강조했다. CEO 시절에 길이 남을 명언을 남겼다.

'경영은 프로세스의 관리이며 혁신의 연속이다.' 나는 지금도 이 한 구절에 회사 경영이 모두 들어 있다고 생각한다. 회사는 시스템과 프로세스로 일해야 한다. 어느 특정 개인기나 화술에 의존해서는 안 된다. 회사가 크면 클수록 시스템과 프로세스가 회사 관리의 전부다. 그러므로 회사의 원인과 문제점 그리고 개선사항 전반에 걸쳐서 프로세스화 시켜야 하고, 그렇게 구축된 프로세스는 시스템화하여 조직 핏속에 녹아들어야 한다. 그게 회사의 연륜과 가치가 되는 것이다.

Y는 회사의 영속성은 혁신의 연속에 있다고 강조했다. 혁신이란 한자로 가죽까지 새롭게 벗기는 일이다. 하지만 그 가죽조차도 매번, 매년 벗기고 또 벗기지 않으면 그 기업은 도태하고 만다.

하지만 혁신은 오롯이 CEO만의 몫이 아니다. 회사에 속한 모든 사람과 모든 조직이 프로세스 혁신과 그 혁신을 통한 기업의 영속성에 가치를 두어야 한다.

회에서 튀김까지

앞서 여러 차례 언급한 사업부장과 나는 4년 동안 같이 혁신을 했고, 사업부장은 술을 즐기시던 미주가(美酒家)였다. 내가 기억하는 것 중 가장 백미는,

"난 월요일에 출근 차를 타고 회사 갈 때 제일 기분이 좋은 거

같아. 주말에는 가족이랑 있어서 술을 못 먹게 하는데, 회사 출근하면 3일 만에 다시 직원들을 만나서 좋고 저녁에 식사라도 할 수 있으니 그 생각만 하면 웃음부터 나고 기분이 좋아져."

물론 후배들 들으라고 조금 과한 수준의 농담 반 진담 반이지만 이 얼마나 재미있고 아름다운 표현인가?

대부분 사람은 월요일에는 회사 가기 싫어 죽겠는데, 새로운 한 주의 첫 출근을 기분 좋고 힘차게 할 수 있는, 사업부장 나름의 스스로에 대한 동기부여였다. 내가 지금 생각해도 아주 괜찮은 비유다. 그날 이후 나도 월요일 출근 아침에는 무슨 좋은 일이 기다릴까, '오늘은 누구랑 또 한잔을 마실까?'라고 스스로 세뇌하곤 했다. 사업부장은 술은 무조건 소주를 좋아했고, 안주는 바다 음식을 즐기셨는데 그중에서도 단연 으뜸이 생선회였다. 생선회를 먹을 때면 꼭 생선회가 튀김, 매운탕으로 변하는 얘기를 자주 언급했다.

"제조업체에서 가장 중요하게 관리해야 할 것이 재고다. 회사 경영에서 재고는 곧 죄악이고, 재고를 양산하는 것은 범죄행위와 같다."

그러면서 거래선 경영주들의 마음가짐을 덧붙였다.

처음 부임하고 대리점에 가보니, 개인 창고에 재고가 가득하더라. "왜, 재고가 이렇게 많으냐?"라고 물었더니 대리점 사장이 이렇게 답하더라.

"재고가 든든해야 잠이 잘 옵니다. 재고가 많아야 판매 실기를 안 하거든요. 창고에 쌓인 재고를 보고 있으면 저게 다 내 돈이라는 생각이 듭니다."

"재고가 많으면 부실화 가능성이 크고, 그리되면 전부 손실이지 않습니까?"

대리점 사장에게 질문했는데, 다음과 같은 답을 다시 받았다 했다.

"사업부장님은 잘 모르시나 본데요. 재고는 태어날 때부터 다 주인이 있습니다. 누가 사가도 언젠가는 사 가게 돼 있습니다. 걱정하지 마세요."

사업부장은 그 일을 두고두고 회자하면서 그동안 얼마나 잘못된 관리를 해 오고 있었는지 지적을 하면서 다음과 같은 비유를 했다.

"생선 한 마리가 있다고 치자. 지금 이걸 생선회를 만들어서 팔면 오만 원을 받을 수 있다. 맞는 말이지?"

"그런데 시간이 흘러 신선도가 떨어져 회를 만들 수 없으면 '지리(맑은탕)'를 만들어야 하고, 만약에 지리도 못 만들 정도로 선도가 가면 양념을 잔뜩 넣어 '매운탕'으로 조리해야 해. 이러면 1만 원짜리가 되는 거야. 근데 말이다. 매운탕조차도 안 되면 '조림'으로 해야 먹을 수 있고, 조림으로도 만들기 힘든 재료가 되면, 끓는 기름에서 튀겨 낸 '튀김'으로 만들어 먹어야 해. 이리 되면 돈을 못 받고 스끼다시로 넣어야 하는 거야."

맞는 말이다. 신선도가 떨어질수록 위와 같은 순서의 조리 방법으로 변해야 하고, 손님에게서 받을 수 있는 가치도 동시에 떨어지는 것이다. 왜, 재고가 죄악인가? 재고는 가지고 있기만 해도 가치가 떨어지고, 더구나 오래될수록 무조건 신선도가 나빠져 언젠가는 헐값에 처리해야만 한다. 이 때 장부가치와 실제 가격의 갭(GAP)이 전부 부실로 나타나는 것이다. 이게 경영의 기본이고 기본인데, 이런 걸 잘 모르는 영업사원들이 많다. 그렇게 생각하는 거래선도 아직 많다.

나는 지금도 생선에서 튀김까지의 비유를 곧잘 되새겨 보곤 한다. 재미있기도 하고, 생각하면 할수록 얼마나 맞는 말인가? 내가 다니던 삼성전자는 재고는 곧 죄악이라고들 했다. 그렇게들 재고에 대해서는 무서움을 강조했다. 하지만 그건 어디까지나 말뿐이다. 영업 현장에서는 한달 한달 실적을 마감해야 하고, 소매 장사가 잘 안될 때는 거래선에 유통재고를 늘리는 걸 당연지사 하는 분위기다. 재고를 죄악시하는 삼성전자가 이 수준이면 하물며 다른 기업도 어지간할 것이다.

만약 독자 여러분들도 제조업체에서 근무하거나 유통업체나 혹은 어느 직종에 종사하거나 마찬가지로, 위에서 언급한 생선회와 튀김까지의 사이클을 기억하고, 재고가 얼마나 나쁜 존재인지 인식하는 계기가 되었으면 한다.

재고는 죄악입니다.

5. 영업에서 '원래'라는 말은 원래 없다

영업은 정성과 설득, 딱 2가지

필자가 본 영업은 딱 두 가지이다. 그중 한 가지는 '정성'이다. 지성이면 감천이라고 하지 않는가? 정성을 다하는 데에는 어느 영업도 통하는 법이다.

다른 한 가지는 '설득'이다. 사실 좋은 말로 할 때 설득이지, 나쁜 말로 하면 사기다. 사기꾼은 사기를 칠 때 상대방에 대한 설득이 제일 중요하다. 상대방이 사기꾼의 말에 넘어갔을 때 비로소 계약이 이루어진다. 그래서 설득력이 없으면 사기도 칠 수가 없는 것이다.

'정성과 설득'에 대한 두 가지 사례를 얘기해 보고자 한다.

정성의 영업, S 생명 영업 여왕의 노하우 이야기

그 당시 삼성전자 국내영업 관련사(서비스, 로지텍 포함) 임원이 총 54명이었다. CS 혁신을 주장하던 초창기에 혁신의 성공을 위해 모든 임원의 마인드 전환이 필요했다. 그래서 월 1회 임원회의 시간에 매번 특강을 마련했다. 그날은 S 생명의 연간 판매 1위인 여왕의 노하우 전수 시간이었다.

O 여사가 말하는, 오늘날 영업 대상이 된 배경은 별거 아니라고 했다. 본인도 원래부터 영업을 잘한 게 아니라, 아주 어리석었던 초짜 시절이 있었다고도 했다. 그러다가 우연히 한 명의 고객이라도 지극정성을 다하면 변화가 올 수 있다는 계기가 있었는데, 그 사례를 얘기해 주었다.

"제가 처음에 보험 팔려고 하는데, 정말 안되더라고요. 어디 매번 아는 사람에게 부탁할 수도 없고 막막했어요. 그런데 그때, 지점장이 나에게 주소를 하나 주는 거예요. OO기업 회장님댁인데, 영업을 한번 해보라는 거예요. 무조건 주소만 들고 찾아갔습니다. 그게 아침 10시쯤이었을 거예요. 그래서 초인종을 누르고 OOO 회장님 뵈러 왔다고 했죠. 그랬더니 글쎄……. 회장님은 아침 일찍 외부에 나가시고 안 계신다는 거예요."

그녀는 그때 참 난감했다고 생각했다. 무작정 찾아온 줄은 알았지만 만나서 어떤 얘기 할까만 생각했지, 만나지도 못할 거란 생각은 못 했다고 했다.

"제가 다시 물었죠. 몇 시쯤 오면 OOO 회장님을 뵐 수 있냐고요. 돌아온 답은 아침 8시 전에 와야 한다 그러더라고요. 그래서 그다음 날은 8시에 찾아갔어요. 그랬더니, 역시나 외출하시고 안 계신다고 하더라고요.

하도 열 받아서 다음날은 7시에 갔어요. 집 앞에서 노인 한 분이 마당을 쓸고 있었어요. 그분에게 회장님 계시느냐고 물었더니, 한참 전에 외출했다고 그러더라고요. 정말이지 어이가 없었어요. 기가 막히고요. 그래서 그다음 날 또 갔죠. 그랬더니 어제 그 노인분이 또 마당을 쓸고 있었어요. 그리고 회장님을 찾으니 또 외출하고 안 계신다고 하더라고요. 그때부터는 화도 나고, 오기도 생기고 그러더라고요. 그래서 그다음 날은 6시 반부터 그 댁 앞으로 갔어요.

그다음 날도 그 노인분이 마당을 쓸면서 외출하고 안 계신다고 하더라고요. 그래서 매일 그 시간에 갔는데, 정확히 아홉 번째 방문했을 때였어요. 마당을 쓸던 노인분이 집 안으로 들어오라는 거예요. 그래서 집으로 들어갔는데, 글쎄 그분이 내가 찾던 바로 그 회장님이라지 뭐예요. 얼마나 반갑고, 한편으론 당황스럽던지…….

그런데 회장님이 무슨 일로 왔냐고 하시면서, 자기 평생에 아홉 번 찾아온 사람을 처음 봤다면서 얘기해 보라고 하더라고요. 그래서 보험 권유하러 왔다고 했더니, 바로 가입을 해 주셨어요. 그것도 제가 지금까지 평생 영업했지만, 가장 큰 금액으로 가입한 분이 바로 그 회장님이에요."

그녀는 영업은 비결이 없다고 했다. 그날 그 한 건의 계약 건이 오늘날 본인을 만들었다고 했다. 그녀는 영업의 첫째는 정성이라 했다. 정성은 감동으로 돌아온다 했다. 그리고 다음은 자신감이라 했다. 내가 우리 고객에게 정말 좋은 미래 설계를 해주고 있다는 자신감이 중요하다 했다. 그냥 보험 한 건 판다고 생각하면 절대 성공할 수 없다고 했다.

그렇게 영업 여왕의 강의가 끝나고, 그날 참석한 54명 임원은 일제히 손뼉을 쳤다.

고객 감동의 원리, 지성이면 감성

CS 경영이 불붙기 시작했다. 매월 임원간담회는 우수사례를 발표하는 시간으로 정했다. 칭찬만이 고래도 춤추고 한다는 걸, 이제는 모두가 알아가고 있던 때였다. 그날은 판매를 책임지고 있는 디지털프라자에서 발표했다. 발표자는 이번 우수사례를 직접 경험한 지점장 본인이었다.

"3개월 전부터 대표이사 지시에 따라 '발품 캠페인'을 하고 있거든요. 어디든지 많이 뛰어보자는 취지 아래 전 직원이 발품에 동참하고 있습니다. 저도 시장 상인들과 가까운 미장원 등 안 가본 데가 없을 만큼 누비고 있습니다."

"그중에 최근에 일어난 사건에 대해 오늘 얘기해 보려 합니다. 한 날은 제가 점심을 먹으러 중국집에 들어갔거든요. 짜장면을 한 그릇 시키고 주변을 둘러보는데 에어컨이 없는 거예요. 이제 날씨도 서서히 더워지는 시기였거든요."

지점장은 요즘 고객 만족 우수사례를 많이 보고 들은지라, 본인도 정성을 다하면 이룰 수 있다는 걸 보여주고 싶어서 더욱 관심이 갔다고 했다.

"그래서 제가 그다음 날부터는 유니폼을 입고 짜장면을 먹으러 갔습니다. 매일 짜장면만 먹고 영업 얘기는 하나도 안 했습니다. 무조건 짜장면 한 그릇 먹고는 나왔습니다. 제게는 처음부터 작전이 있었죠."

그리고 본인 나름의 작전도 구사하고 있었다.

"매일 점심으로 짜장면만 먹었거든요. 왜 그랬냐 하면, 주인아저씨에게 각인을 시키려고 그랬습니다. '저 양반은 무조건 짜장면만 먹는다. 매일 와서 짜장면 먹는 사람.' 딱 28일째 되던 날, 중국집 사장님이 저에게 와서 그러는 거예요."

"저기 혹시 저 건너편 디지털프라자에서 오신 것 같은데, 그 매장에서 에어컨도 파나요?"

드디어 짜장면집 사장이 먼저 지점장에게 말을 걸었다. 너무 감동스러운 순간이었다고 자랑했다.

"네, 당연히 에어컨 팝니다. 더군다나 사장님은 제가 단골 짜장면집이라 특별히 할인을 더 해드릴 수 있습니다. 라고 했더니 바로 구매하시더라고요."

지점장은 신이 나서 얘기를 이었습니다. 본인이 28일 연속으로 짜장면을 먹은 사나이라고 말입니다. 중간에 조금 힘이 들기도 했답니다. 그러나 그럴수록 마음을 고쳐먹고 짜장면을 정말 맛있게 먹었답니다. 그리고 28일째 되던 날 드디어 결실을 맺은 것입니다.

　나중에 그 중국집은 에어컨을 구매한 이후, 냉장고와 TV도 구매했다. 결국, 짜장면 한 그릇의 정성이 고객을 감동시킨 것이다.

설득의 영업, TV 판매왕 이야기

　삼성전자 디지털프라자에는 TV 판매왕이 한 명 있다. 그는 내가 맡은 조직에서도 1년여 같이 일을 하다가 지금은 점포 지점장으로 나가 있는 친구 이야기다. 그는 고객분들을 즐겁게 해주기 위해서 '한국웃음연구소'에서 합숙을 하면서 별도 교육까지 받았다. 여기에서 체계적으로 유머와 위트를 배우기 시작했다. 이런 노력의 결과로 탄생한 것이 그의 주옥같은 멘트들이다.

　"이거 너무 비싼 것 같은데 좀 깎아주세요."

　라고 고객이 요구하면,

　"네, 잠깐 톱 가지러 갔다 올게요. 모서리 왼쪽을 깎아 드릴까요? 둘 다 깎을까요?"

　이렇게 멘트를 받아치면, 한순간에 이슈가 가격에서 웃음으로 전환하게 된다. 차를 권할 때도 멘트를 놓치지 않는다.

　"고객님, 노골노골 말아드리는 녹차와 둥글둥글 말아드리는 둥글레차가 있습니다. 어느 것을 드릴까요?"

　그의 좌우명은 '웃는 내가, 행복한 내가, 매우 만족한 고객을 만든다.'이다. 여기에서 그치지 않고 실제 제품을 상담할 때는 그만의 노하우가 쏟아진다. 그게 바로 고객에 대한 설득 작업이다.

예를 들어 50인치 TV를 사러 오는 고객이 있다고 하자. 그럴 때 이 지점장은 먼저 고객이 원하는 50인치의 장단점과 삼성전자 TV의 역사를 설명한다. 물론 세계에서 15년 연속 가장 많이 팔린 브랜드라는 것도 빼놓지 않는다.

고객이 원하던 50인치 TV의 가격이 150만 원 정도 한다. 그러면 여기에 20만 원만 더 내면 60인치, 거기서 30만 원만 더 지급하면 75인치로 바뀐다. 그리고는 끝내 85인치까지 가서 최고급 대형 TV를 살 수밖에 없게 만든다.

이게 설득이다.

TV나 자동차나 모든 영업은 똑같다.

낮은 스펙에서 프리미엄까지 고객의 마음을 잡고서 한 발 한 발 딛고 올라서는 설득이 바로 영업인 것이다.

원래부터라는 말은, 원래 없다

분당에 있는 디지털프라자 대리점을 방문했다. 매장 입구에서 대리점 사장이 반갑게 맞아 주었다. 나는 인사치레랍시고 아래와 같이 말을 던졌다.

"사장님! 여기는 신흥 상권이라 장사 잘되겠습니다."

그러자 대리점 사장은 어이가 없어 하며,

"이 동네 주민들은 원래부터 백화점 고객이에요. 디지털프라자 같은 데는 안 옵니다."

"왜 원래부터 백화점 고객인가요?"

내가 대리점 사장에게 다시 물었다.

"제가 대리점 오픈할 때, 원래부터가 백화점으로 갔었던 고객이거든요."

대리점 사장은 원래부터 고객이 정해져 있다고 믿는 눈치였다. 더군다나 백화점으로 고객을 뺏기니까 더 그렇게 얘기하는 거 같았다. 그러나 변화와 혁신의 가장 걸림돌은 마음이다. 본인의 심성 안에 있다. 원래부터란 단어는 원래 존재하지 않는다. 본인이 만들어 낸 핑곗거리를 위한 단어일 뿐이다.

나는 생각한다. 고객은 짝사랑하는 여인과 같아서, 내가 짝사랑한다고 말하면 얼씨구나 나를 좋아해 주겠는가. 결국, 곁에 가서 말도 잘 못 꺼낸다. 그러니까 저 여인은 원래부터 나를 안 좋아한다고 판단해 버리는 것이다. 물론 나를 안 좋아할 수도 있다. 그렇지만 다가가서 얘기는 해 보아야 하고, 구애하고, 성의를 다해야 받아줄까 말까다. 그게 고객들 마음이다. 그게 영업이다. 나도 30년 이상을 영업 밥을 먹었지만, 용기와 자신감이 없는 영업은 쓸 데가 없다.

한 번 싸움에서 진 싸움닭은 다음 경기에 내보내지 않는다고 한다. 왜냐하면, 패배의 잔상이 드리워져 다음 경기에서도 무조건 패하기 때문이다. 그래서 싸움에 진 싸움닭은 바로 삶아진다. '원래부터는 원래 없는 단어다. 인간이 합리화를 위해 스스로 만든 단어일 뿐!' 나는 '원래'라는 단어를 제일 싫어한다. '원래부터이랬습니다. 원래 그럴 수밖에 없습니다' 같은 말을 하면, 영원히 개선이 안 된다.

콜럼버스가 달걀을 세울 때, '원래 달걀은 세워지지 않습니다'로 생각했다면 아무것도 할 수 없었을 거다. 변화와 혁신은 '원래 그렇다.'라는 사고의 발상부터 바꾸는 것에서 출발하는 거다. 그게 영업의 시작이다.

관점의 차이, 선택의 기준은 고객으로부터

벽걸이 TV를 구매한 고객댁에서 TV를 설치하면서 일어난 이야기를 소개하고자 한다. 혁신의 기치로 추진한 CS 경영이 어느 정도 자리를 잡고 있었다. 로지텍 배달설치 기사들은 CS 평가를 좋게 받기 위해서 +1 서비스를 하기 시작했다.

이 장에서 언급하고 싶은 사례는, 고객 만족이란 것이 '아'와 '어'는 다르다는 것이다. 그 내용은 이러하다. '로지텍 기사가 배달설치 만족도를 높이기 위해 벽걸이 TV 설치 후 여러 갈래 배선이 보기 싫어서 몰딩 작업을 통해 전선을 그 속에 넣어 정리를 해주었다. 그랬더니 부가 서비스를 받은 고객이 후한 점수를 주더라는 내용이다.'

이날도 로지텍 기사는 TV와 홈시어터를 설치하고 배선정리를 위해 몰딩 작업까지 끝내고 돌아가려던 참이었다. 그런데 고객이 희한한 클레임을 제기했다.

"우리 집 인테리어 색깔하고 몰딩 색깔하고 너무 차이가 나서 튀어 보여요. 우리 집 색깔 비슷한 거로 바꾸어 주세요."

고객은 원래 몰딩 작업까지 해주는 것으로 생각하며 추가 작업을 요구했다. 그 배달설치 기사는 불만족 평가를 받지 않기 위해 비슷한 몰딩 재료를 구매해서 다시 설치를 해주는 번거로움을 더했다. 괜히 사서 고생을 한 것이다.

그 사례를 접하고 나서, +1 서비스도 고객이 선택하도록 하는 프로세스를 도입했다. 사실 로지텍 기사가 몰딩 처리까지 해주라는 회사 가이드는 없다. 본인 돈으로 재료를 구매해서 더 친절하게 하려는 의도에서 출발했다.

로지텍 기사는 그 당시 각자들이 10가지 정도의 몰딩 색깔을 가지고 있었다. 클레임을 받은 그 날도 로지텍 기사는 본인이 보유하고 있는 것 중 가장 비슷한 색깔로 몰딩 처리를 했음에도 불구하고, 컴플레인을 받은 것이다.

그래서 로지텍 기사들이 가지고 있는 10가지 몰딩 재료를 판매 매장에 공유토록 했다. 그리고 매장에서 벽걸이 TV나 홈시어터를 팔 때 사전에 몰딩 작업에 관해 설명했다. 로지텍 기사분이 별도 비용 없이 추가로 서비스해드리는 거라고 이야기했다. 그러면 대부분 고객은 고맙다고 한다. 그러면 10여 가지 색깔을 샘플로 보이면서 고객이 색깔을 선택하도록 프로세스를 바꾸었.

"고객님! 배달설치가 완료되면 그걸로 끝이 납니다만, 배선이 헝클어져서 추가 서비스해드리는 거예요. 여기 10가지 색깔이 있는데 고객님 댁에 가장 어울리는 색깔을 지정해 주시면, 로지텍 기사에게 그 색깔로 몰딩 처리를 부탁드릴게요."

이런 식으로 색깔을 고객이 선택하는 프로세스를 바꾸었더니, 더 이상의 고객의 클레임은 더 발생하지 않았다. 왜냐하면, 똑같은 +1 서비스를 했음에도 이번에는 고객이 후보군 색깔 중에서 선택하기 만들었기 때문이다.

고객 만족 활동은 끝이 없다. 그 끝없는 과정 중에서도 분명히 놓치지 말아야 할 것은 모든 사고와 방법의 기준은 항상 '고객' 이어야 한다.

대리점의 배달설치 기능을 폐지하다

대리점에 선물할 것을 좀 찾아보라고 지시를 받았다. 보통의 경우는, 일종의 금일봉이나 아니면 선물세트를 생각할 수도 있을 것이다. 아니면 더 크게 생각하면 대리점에 지원하는 장려금을 좀 올려서 마진을 추가로 확보하는 방안을 생각한다. 하지만, 난 그렇게 생각하지 않았다. 그런 방식은 마음만 먹으면 10분이면 품의서에 사인하고 언제든지 진행할 수 있는 것이다. 근본적인 문제점을 개선해 주는 것이 진짜 도움이라고 판단했다.

그래서 직영점(삼성전자는 디지털프라자라는 판매 자회사를 가지고 있다)에 근무하는 지점장 10명과 대리점 경영주 10명을 불러서 1박 2일 Work shop을 진행했다. 특히 직영점은 최고 에이스로 10명을 차출해서 W/S에 참여시켰다.

여기에서 여러 가지 아이디어가 나왔다. 그중에서 가장 대표적인 것이 직영점 지점장들이 제안한, '대리점의 배달설치 기능을 폐지하고 판매에만 전념하자.'라는 아이디어였다.

그 당시 직영점은 로지텍이라는 삼성전자 물류시스템을 이용했다. 그러나 대리점들은 오래전부터 포트 트럭을 이용해서 배달설치 기사를 직접 고용해서 운영하고 있었다. 당연히 바쁜 경우는 대리점 사장이 직접 배달을 하기도 했다.

처음 그 아이디어가 나왔을 때, W/S에 참여한 모든 대리점 사장들은 반대했다. 그 이유는 대형 양판점에 대응해서 본인들의 장점이 직접 배달설치 하는 고객관리라는 것임을 강조했다. 이걸 하지 않으면 본인들의 강점이 어디 있느냐는 것이다.

나는 그날 종일 대리점 사장님들을 설득했다. 직영점 지점장들이 판매에만 전념하는 것이 배송비 아끼는 것보다 더 많이 팔 수 있어서 선순환할 수 있다는 개념은 충분하다고 이론을 피력했다(나는 이미 직영점에서 순수하게 판매만 하는 장점을 인지하고 있었다). 그날 밤새 10여 명의 대리점 사장님들을 모두 설득시키고, 그다음 날부터 용달차를 매각하고 대리점 배송기사는 대리점 판매사원으로 업무를 전환했다.

두 달 정도 지난 시점에 놀라운 변화가 일어났다. 기존 10명의 대리점 사장님들 외에도 여러 군데의 대리점에서 로지텍 배송을 사용하겠다고 신청이 쏟아져 들어왔다. 10여 명의 대리점 사장들이 이구동성으로 판매만 전념하는 것이 O/H(over head)도 줄이고 판매량도 늘릴 수 있는 길임을 떠들고 다녔기 때문이다.

그렇게 대리점들의 배달설치 업무는 1년여 사이 완전히 폐지

됐다. 사실 그날 그런 아이디어가 없었다면, 지금도 대리점에서는 직접 화물차로 제품을 실어 나를지도 모른다. 하지만 삼성전자의 지금 상황은, 어느 대리점도 본인이 직접 배달하는 경우는 완전히 없어졌다.

나는 작년에 이사하면서 H사 가구로 교체했다. 가구사 대리점들은 아직도 직접 용달차를 이용해서 배달과 설치를 하고 있었다. 더구나 직영점에서 구매했음에도 불구하고, 배달과 설치는 개인 용달차로 배송을 받았다.

누가 더 잘한다고 말할 수는 없지만, 내가 겪어 본 바로는 삼성전자 로지텍의 전문설치기사들이 시행하는 서비스와는 확연히 차이가 남을 느낄 수 있었다. 물론, 이건 순수 내 개인적인 평가일 수 있다.

대리점 사장님들!
그날 제안된 아이디어에서 출발해서 배송설치 업무를 완전히 폐지하게 된 거에 감사하시죠? 안 그랬다면 지금 이렇게 더운 날에도 직접 배송설치 하고 있을지도 모를 일입니다.
혁신은 아주 작은 아이디어에서 출발합니다.
저는 그 어떤 장려금보다 훌륭한 '선물'을 드렸다고 자부합니다.

6. 영업의 본질 = 고객 만족

고객만족도 평가 프로세스를 도입하다

고객만족도 평가 프로세스를 도입한 건 이미 언급한 일이다. 하지만, 이 장에서는 나중에 나오는 사례들까지 포함해서 조금 자세히 설명하고자 한다.

CS 혁신을 시작한 지 1년쯤 지난 시점에, 1페이지 짤막한 보고서를 만들어서 사업부장에게 들어갔다.

"사업부장님 드릴 말씀이 있습니다. 이거 한 번 읽어 보시지요. 고객 만족 활동을 1년 정도 했는데, 고객의 소리를 듣고 싶습니다. 물론 1년 정도 꾸준히 CS 혁신을 전 접점에서 진행해 온 결과에 대해서 고객만족도 평가를 해서 받아보고 싶습니다. 거기에다가 고객들이 말씀하신 내용 중 특히 불만에 대해 언급한 이유에 대해 내부적으로 문제점을 분석해서 개선하는 것도 반영할 예정입니다"

"그래, 나도 그 생각을 했었는데 잘 생각했다. 비용은 어느 정도 드나?"

"네, 시스템 구축비가 5억 정도 예상되고, 판매-배달-서비스 전 고객 대상 모니터링을 위한 인건비 10억 등 매년 15억 수준으로 발생할 거 같습니다."

사업부장은 그 자리에서 단 10초도 걸리지 않고 그렇게 하자고 사인을 했다. 정말 고맙게도 말이다. 삼성전자에서 사업부장은 단위조직의 책임자다. 그럼에도 혁신의 소고삐를 늦추지 않았다. 그날 이후 50명의 콜센터 인력이 매일 10만 명이 넘는 고객들에게 매장 친절도와 배달설치 만족도 그리고 서비스 수리 만족도 조사에 들어갔다. 그리고 통화 시에 고객들이 말씀하시는 내용에 대해 무조건 타이핑하게 해서 시스템에 보관되게끔 프로세스를 구축했다.

그리고 내가 직접 매일 아침에 VOC를 한 건 한 건 다 분석했다. 전날에 발생한 매우 불만족과 불만족 고객에 대해 고객이 왜 그런지 말씀한 내용에 대해 원인을 파헤쳤다. 그리고 고객이 불만을 얘기한 부분에 대해 내부에서 원인을 찾아보고, 그 해결책을 마련해서 보고하고 개선했다.

그중 몇 가지 사례들을 다음 장에서 소개하고자 한다.

사돈이라도 고객은 고객이다

어느 날 알고 지내던 지방 대리점 사장이 내게 직접 전화를 걸어 왔다.

"김 차장님! 억울해서 전화했습니다. 뭔가 잘못된 거 같아서요. OOO 고객이 제게 매우 불만족을 주었는데, 그 양반이 제 사돈입니다. 사돈이 매우 불만족을 줄 리가 있습니까? 다시 한 번 알아봐 주십시오."

나는, 대리점 사장님과 통화를 끝내고, CSI(customer satisfaction index)를 모니터링하는 부서에서 보관하고 있는 녹취록을 보내 달라고 했다. 그 내용은 가히 충격적이었다.

"고객님! 매우 만족에서 만족, 일부 만족, 보통, 조금 불만, 불만, 매우 불만 중 어떤 평가를 하시겠습니까?"

"매우 불만족이요."

"혹시 매우 불만족인 이유가 있으신지요?"

"아니 말이요. 사돈이라는 양반이 나한테 바가지를 씌웠어요. 다른 데 알아보니깐 내가 훨씬 비싸게 샀더라고. 그 양반 나쁜 사람 아니요? 사돈한테 바가지를 씌우는 사람이 어디 있어요. 그래서 매우 불만족이에요."

녹취록을 듣다 보니 그 고객은 정확했고 냉정했다. 그런데, 이를 어쩌나. 이걸 그대로 얘기하면 두 양반이 싸움이 날 텐데…….

"사장님이세요? 저 김 차장입니다. 통화 녹취록을 들어봤는데요. 우리 직원이 실수했네요. 죄송합니다. 매우 만족이라 했는데, 얘기를 잘못 알아듣고 엉뚱한 데 체크를 한 거 같습니다."

"그렇죠? 사돈한테 매우 불만족 주는 사람이 어디 있겠어요? 그래도 다시 제대로 수정했으니 다행이네요. 수고하세요. 고맙습니다. 차장님."

　나는 오늘까지 이 일을, 잘한 일인지 잘못한 일인지 헷갈린다. 나는 분명히 고객의 소리를 왜곡해서 전달해 드렸다. 이 사실을 알면 고객이 대로할 수도 있는 그런 상황이다.

　하지만 제대로 알렸다면 어찌 되었을까? 아마도 그 두 분만 아니라 자제분 부부도 시끄러울 수 있었을 것이다. 내가 고객의 소리를 처음으로 왜곡해서 전달한 유일하고도 마지막 해프닝이었다.

고객 감동을 설치하다

　어느 날 회사에 한 통의 편지가 배달되었다. 에어컨 설치를 받았는데 정말 감사하다는 내용이었다. 대충 내용은 다음과 같다.

　배달설치 기사가 배송 요청일에 고객댁에 사전방문 전화를 했는데, 고객이 잔기침하면서 몸이 아파서 오늘 배송받기 힘들다고 이틀 후에 오면 안 되겠냐고 했단다. 그래서 배송기사는 이틀 후에 다시 전화를 드렸는데, 그날까지도 몸이 회복되지 않았다고 하면서 다음으로 배송 연기를 요청한다고 했다. 하지만 고객이 미안했는지 일단 다음날 배송을 오라 하셨단다.

　그래서 다음날 배송을 하러 가니, 노인 한 분이 기침을 쿨럭이며 문을 열어 주셨다. 다행히 로지텍 기사는 에어컨 설치를 끝내고, 잘 사용하시라는 말과 함께 다음 설치장소로 이동했다. 그러나, 계속 마음 한쪽에 걸렸는데 마침 약국 앞을 지나가게 된 지라 약국에서 기침에 좋은 약과 드링크를 사서 그 고객댁에 다시 방문하여 전해드리고 왔다.

감동받은 고객이 감사하다고 그 배달기사를 칭찬 좀 해달라고 회사에 편지를 쓴 것이다. 그 고객이 쓴 편지 내용 중에 이런 문구가 나왔다.

"저는 우리 집에 삼성전자 에어컨을 단 게 아니라 감동을 달았습니다. 정말 감사합니다. 평생 잊지 못할 서비스를 받았어요."

손편지 한 장이 주는 감동

어느 날 중년의 아주머니께서 디지털프라자 속초점으로 찾아와서 한 통의 편지를 보여주며 OOO 배달기사를 본사에 얘기해서 칭찬을 좀 해달라고 말하고 갔다.

'본인도 40년간 장사를 해 봐서 아는데, 진짜로 고객을 위하는 건지 형식으로 위하는 건지는 척 보면 잘 안다는 것이었다.'

'그런데 OOO 설치기사는 너무 인성이 곱고 서비스가 좋아서, 도저히 그냥 있을 수가 없어서 설악산 입구 식당에서 속초까지 일부러 찾아 왔다 했다. 그리고는 OOO를 높은 사람에게 얘기해서 칭찬 좀 해달라고 했다.'

주요 내용은 이러하다.

에어컨 설치가 끝나고 마지막 인사를 하고 나가는데, 쭈뼛쭈뼛하면서 주머니에서 뭘 내놓더란다. 그래서 기사가 나가고 펼

쳐보니 간단한 편지 한 통이 친필로 씌어 있더란다.

'저에게 오늘 설치를 할 수 있는 영광을 주신 고객님께 너무 감사드립니다. 부족하나마 저희가 설치해드린 제품을 사용하시고 고객님도 큰 만족을 얻으시면 제가 너무 기분이 좋겠습니다. 혹시 사용하시다가 문의할 내용이 있으면 언제든지 아래 번호로 연락 주시기 바랍니다. 즉시 달려와서 해결해 드리겠습니다. 오늘도 좋은 하루 보내세요.'

매장으로 찾아온 아주머니 본인도 식당을 해봐서 여러 손님을 대하는데, 이렇게 친절한 기사는 처음 봤다면서 아무리 생각해도 본사에 좀 알렸으면 좋겠다고 직접 차를 몰고 속초 매장까지 왔다고 했다.

그래, 이런 게 고객 만족이다.

고객 만족은, 서비스 주는 쪽에서 강요하는 것이 아니라 서비스를 받은 고객이 마음으로 저절로 느끼는 것이다.

속초 OO 약수터 식당을 찾아서

나는 곧바로 속초 지역으로 출장을 잡았다. 그날 매장으로 칭찬을 하러 온 아주머니 고객분을 인터뷰하기 위해서였다.

설악산을 오르는 길은 험했다. 산중이라 그런지 몇 바퀴를 돌아도 식당이 잘 보이지 않았다. 그러던 차에 먼 데서 아주머니 한 분이 웃음을 띠며 달려 나오는 것이 보였다. 산중에 있지만, 식당은 정말 깨끗했다. 나는 사장 아주머니께 지난번의 일이 고마워서 사업부장을 모시고 일부러 찾아 왔노라고 했다. 그랬더니 여사장님은 그리 안 해도 되는데 괜히 어려운 걸음을 했다면서 손사래를 쳤다.

나는, 어제 약주를 과하게 했으니, 해장국을 끓여줄 수 있는지 부탁했다. 그러자 사장님은 그게 무슨 부탁이냐며 걱정하지 말라고 했다. 주 전공인 비빔밥에다 황태해장국까지 넉넉히 끓여서 내왔다. 그리고 특별한 단골손님에게만 주는 송이 장아찌라고 한 번 먹어보라 권했다. 맛이 특이했고 달콤했다. 식당 사장님은 우리가 식사를 끝내자 차를 한 잔 내왔다. 그리고는 본인의 영업방침을 구구절절 설명했다.

"우리 식당은 주말이면, 50명 100명 단체 손님이 많이 옵니다. 그러면 꼭 누군가는 단체 할인을 요구합니다. 하지만 전 한마디로 거절합니다. 내가 정성스레 만든 음식의 값어치를 깎는 건 절대 하지 않습니다. 그리고는 정중하게 얘기하죠. 반찬이고, 밥이고 더 달라면 더 준다. 하지만 가격을 깎으면 자존심이 상한다. 더구나 내가 깎인 가격만큼 재료를 덜 넣을 수도 있고 그렇게 하면 서로가 망한다. 먹을 만큼 넉넉히 드릴 테니, 가격은 제값을 쳐주라고 합니다."

사장님은 뚝심이 있어 보였다. 본인이 여기에서 30년 이상 장사를 했고 모르는 사람이 없을 정도라고 했다.

"그리고 제가 단골손님한테만 송이 장아찌를 드립니다. 그걸 단골손님도 잘 압니다. 그래서 우리 집을 못 끊는 이유이기도 하지요. 일부러 찾아주는데 제가 뭐라도 더 드려야 하잖아요. 송이 장아찌는 원가가 제법 비싼 데다가 우리 집만 이게 있습니다."

식당 여사장님은 이런 장사만 평생 했기 때문에, 지난번 배달 설치 온 그 기사를 잊을 수 없다고 했다. 서비스는 진심이 담기고 정성이 담겨야 한다고 했다. 그 기사는 진심으로 본인에게 서비스를 제공했다고 했다.

한국에는 어디를 가도 수많은 장인이 있다. 그들은 그들 나름의 철학을 가지고 있다. 그 모든 사람의 노하우 아래에는 '정성'이라는 정서가 깔려 있다.

매우 만족과 만족의 차이

판매, 배달설치, 서비스 임원이 모여서 회의를 하던 어느 날이었다. 로지텍 대표이사를 맡고 있던 J 전무가 회의시간에 이의를 제기했다.

"내가 보기엔 매우 만족과 만족의 차이가 무엇이죠? 차이가 없는 거 같은데?"

이에 사업부장이 웃으면서 말했다. "어허 이 사람 CS를 몰라도 한참을 모르네. 아직 멀었구먼, 김 차장 두 가지 차이점을 잘 좀 설명해 드려라."

로지텍 대표이사가 던진 질문은 지금도 고객 만족 경영을 하는 회사면 당연히 질문을 던질만한 내용이다. 어쩌면 아주 당연한 질문일 수도 있는 내용에 대해, 내가 보고 듣고 느낀 바를 그대로 전달했다.

"제가 매일 아침 VOC 몇천 건을 훑어봅니다. 고객들이 만족도 평가를 한 결과, 왜 그런 배점을 주었는지에 대해서 다 읽어봅니다. 대표님! 그래서 제가 하는 말은 믿으셔도 됩니다. 고객은 너무나 정직하고 정확합니다."

그리고는 다시 말을 이어 갔다.

"대표님! 내가 배달설치를 완벽히 끝냈다고 칩시다. 그러며 매우 만족 아니면 만족 둘 중의 하나를 받을 겁니다. 왜냐면 내가 생각하기에도 완벽한 거 같으니까요. 하지만 고객은 무조건 매우 만족을 주지 않고, 그냥 소소했다면서 만족을 줄 수도 있습니다."

"그렇다면 매우 만족은 어떻게 확신할 수 있을까요?"

"예들 들어 배달설치를 완벽히 끝내고 그 고객댁에 신발장을 정리해 드리면서 방향제를 뿌려주며, '내일 아침 신으실 신발이 상쾌할 겁니다.'라고 +1 서비스를 해주었다면 그건 무조건 매우 만족 나옵니다. 고객들은 정직하니까요."

"예를 더 들면, 로지텍 기사는 두 명이 한 조가 되어 고객을 방문하잖아요? 냉장고나 TV 등 무거운 제품을 이동해야 하기 때문이죠. 그래서 매운 만족의 사례를 살펴본 중에 이런 게 있었습니다. 주(主) 기사가 제품설치를 하는 시간에, 동행한 기사가 에어컨 필터 청소해 줍니다. 약 20분 정도 소요된다고 하더라고요. 이런 경우는 무조건 매우 만족입니다."

"결론적으로 고객이 예상했던 프로세스가 들어가면 매우 만족이나 만족 둘 중에서 고객이 평가합니다. 그러나 본인이 생각지 않았단 +1 서비스가 들어가면 무조건 매우 만족으로 평가를 줍니다. 이게 제가 매일 아침에 읽은 매우 만족과 만족의 차이입니다."

사업부장은, 로지텍 대표이사에게 농담처럼 거들었다.

"J 대표 잘 들었지. 저런 차이라는 거야. 우리는 남들이 하지 않는 그 무엇을 찾아서 끊임없이 노력해야 하는 거지."

나는 한국 사람들의 심성을 잘 안다. 10점 척도를 하면 대부분 8점이니 9점을 던진다. 7점 척도면 6점 정도가 기본이다. 물론 불만족은 말할 것도 없이 말이다. 당시 우리 회사는 7점이면 100점이고, 6점이면 83.4점으로 환산해서 점수를 뽑는다. 만족이 얼마나 치명타를 입힐지는 평균 90점 이상을 받으려는 노력과 경험해 본 인력들이 더 잘 안다.

결론적으로 '매우 만족'을 맞으려면 어떡해야 하나? 그것은 고객이 감동하면 끝난다. 감동은 감성의 영역이라, "아이고 뭘 이런 것까지……."라는 말이 나오도록 만들어 가면 매우 만족을 받는다.

배달 간다와 출근 한다의 차이

사업부장과 삼성전자 제품을 보관 및 배달설치하는 서서울 물류센터로 갔다. 제품이 보관된 창고와 제품을 상차 하는 작업 등을 두루 살펴보기 위해서였다.

그러다가 사업부장이 "배달설치 기사들 자리는 어디에 있습니까?"라고 물었다.

그러자 물류센터장이 아래처럼 대답했다.

"어차피 출근하면 바로 나가야 하니까, 별도 자리가 있는 건 아니고 전체가 함께 쓰는 테이블만 있습니다."

5~6명씩 앉을 수 있는 테이블이 서너 개 정도 눈에 띄었다.

"그렇다면 매일 아침 배송 확인 전화를 할 텐데, 배달인력은 30명이 넘는데 전화기는 5대도 안 되네요? 그럼 어떻게 다들 고객댁에 전화하나요?"

나는 사업부장의 질문이 참 특이하다고 생각했다. 사업부장은 특이하게 두 세수를 더 보는 경향이 있었다.

"그래서 부지런한 사람들은 좀 일찍 출근합니다. 그래야 전화 빨리 끝내고 빨리 출발할 수 있거든요. 그리고 너무 늦은 사람들은 본인 휴대폰으로 전화합니다."

그 말을 듣고, 사업부장은 물류센터장에게 좀 이상하지 않냐 하며 연신 고개를 갸우뚱했다. 그리고는 물류센터 담당 임원에게 전화를 걸어 현 상황에 대해 내일 오전에 사무실에서 얘기를 좀 하자고 했다.

그 이후 많은 점이 개선됐다. 일단 모든 배달기사는 크지는 않지만 1인용 책상이 지급됐다. 그리고 유선 전화기 한 대가 책상 위에 놓였다. 배달기사는 큰 배려가 아님에도 열광했다. 본인들 자리가 생긴 것이다. 한 달쯤 지난 후에 사업부장 앞으로 편지가 한 통 왔다.

"예전에 책상도 없는 사무실에 출근하는 게 아이들한테 부끄러워 제 직업에 대해 말을 잘 못했습니다. 그런데 이제는 당당하게 얘기합니다. 책상 위에 가족사진도 놓아두었고요."

그리고 다음과 같은 의미심장한 얘기도 곁들였다.

"제가 출근할 때 가족한테 얘기하는 단어도 바뀌었습니다. 예전에는 '배달 갔다 올게' 그랬다면, 책상이 생기고 회사에서 배려해 주는 게 늘수록, 우리가 같은 식구구나 싶어서, '아빠 회사 출근할게'로 바뀌었습니다. 세심한 배려에 감사합니다."

그렇다, 아주 큰 배려는 아니다. 작은 배려지만 세심하게 마음을 파고들면 큰 배려가 되는 것이다. 필자의 아들이 세곡동에 있는 국립요양원에서 공익생활을 했다. 하루는 아들을 데리러 요양원에 간 김에 아들이 근무하는 사무실에 들어가 봤다.

네 자리가 어디냐고 물으니, 자기 자리는 없다고 했다. 그럼 종일 어디에 앉아있냐고 했더니, 서 있거나 남의 자리에 잠시 앉는다고 했다. 밥은 어디서 먹냐고 하니, 밖에서 먹거나 사무실이나 창고에서 먹는다고 했다. 순간, 내 가슴에서 울분이 확 올라왔다. 정말이지 누구를 패 죽이고 싶었다.

'아무리 공익이라도 남의 집 귀한 아들을 보내 놓았으면, 이놈의 정부에서는 최소한 책상 하나는 마련해 주어야 하지 않나…….'라는 생각이 들었다. 나쁜 사람들 같으니라고. 그 옛날 로지텍 물류 기사들이 그 책상 하나에 얼마나 좋아하고 감동했을지, 20년이 지난 시점에 아들 때문에 다시금 깨달은 사건이었다.

관리자들이 자발적으로 변하기 시작했다

판매, 서비스, 로지텍이 함께 하는 임원회의 시간이었다. 로지텍을 책임지고 있는 J 대표가 자랑하듯이 회의 석상에서 말했다.

"로지텍이 얼마나 변하고 있느냐면요. 요 며칠 전에 너무 기분 좋은 소리를 들었습니다. 물류센터 사장님들이(삼성전자 로지텍은 전체 기간 물류만 담당하고, 각각의 물류센터를 개인 사장님이 운영하고, 그 독립회사 밑에 지입으로 배송기사들이 고객에게 배송하는 구조다) 자발적으로 용모 복장에 신경을 써야 한다고 이발소를 열었습니다. 고객댁을 방문하는데 배송설치 기사들의 용모가 단정해야 한다나요. 그래서 설치배송 기사들은 언제나 공짜로 머리를 깎을 수 있답니다."

J 대표는 웃음기 가득 신이 나서 말을 이었다.

"그리고 한 발 더 나가, 물류센터 사장님들끼리 모여서 아이디어를 내보자 했대요. 거기서 나온 게 이발소 아이디어이고, 또 하나가 케이블 타이를 무상으로 가져갈 수 있게 했다네요. 사실 케이블 타이가 비싼 건 아니지만, 기사들이 일부러 사서 가지고 다니지 않기 때문에, 센터에서 아침에 출차 할 때 공짜로 나누어 주니까, 기사들은 그걸 받아서 뭐 하겠어요. 고객댁에 가서 흐트러진 전선 정리하고 케이블 타이로 묶어주고 그리하는 거죠."

"센터 사장이 시키지 않았는데 자발적으로 큰돈을 썼습니다. 그러면서 저에게 막 자랑을 하더라고요. 그래서 제가 오히려 기분이 정말 좋았어요."

로지텍 대표이사인 J는 신이 나서 이야기를 잇고 또 이어서 계속했다. 사실 그 이야기 중 놀라운 것은 드디어 중간관리자들이 움직이기 시작했다는 것이다. 그것도 자발적으로, 본인들 돈까지 써가면서 말이다.

CS 7대 인자 중 하나인 중간관리자의 열정을 드디어 밖으로 끌어낸 것이다. 디지털프라자 대표이사였던 C가 말을 덧붙였다.

"J 대표 얘기에 제가 좀 덧붙여 볼게요, 물류 기사가 새벽에 출차 할 때 우리 디지털프라자 직원들이 센터 정문 앞에서 생수 2병과 김밥 두 줄을 차마다 드리면서, '배달설치 잘 해주어 고맙습니다' 캠페인을 하고 있습니다. 얼마나 보기가 좋습니까?"

"지금까지는 상관없는 듯하고, 지금까지는 각자 따로 놀았는데, 드디어 판매와 물류는 고객 입장에서 동일한 사이클이라 인식하기 시작했습니다."

C 대표도 덩달아서 치어업을 이끌었다. 회의실에 있던 우리는 모두 흡족해했다. CS 7대 인자들이 서서히 자리를 잡기 시작했기 때문이다.

연세 드신 고객은 세탁기 작동도 힘듭니다

CS 혁신을 하면서 제일 많이 바뀐 게 배달설치 분야였다. 로지텍 대표이사는 '맨발에 난닝구 입고 설치 온' 그날의 수치심을 한시도 잊은 적이 없다 했다. 그리고 혁신에 몰입한 결과 여러 우수사례가 나왔다.

아래는 CS 주간회의 로지텍에서 발표한 우수사례 한 가지다.

물류센터 설치기사가 세탁기를 설치하러 고객댁을 방문했다.

그런데 그곳에는 나이든 할머니가 세탁기 설치를 반갑게 준비하고 있었다. 그리고 모든 설치가 끝나고 설치기사가 할머니께 세탁기 사용방법을 설명해 드렸다. 그런데 몇 번을 설명해 드리고 또 드리고 했음에도 자꾸 틀리시더라는 것이다. 그래서 이 물류 기사가 생각해 낸 것이, 숫자 스티커였다.

그 내용은 다음과 같다.
세탁기 조작 순서에 따라 스티커를 1번부터 2번 3번……을 붙여 놓고, 할머니께 무조건 숫자 순서에 따라서만 하면 된다고 설명해 드리고 설치를 끝마쳤다. 며칠 후 그 할머니가 매장을 방문하여, 그 설치기사에게 주라고 음료수를 사 들고 오셨다. 그 기사 때문에 너무 세탁기를 잘 쓰고 있다고 고맙고 또 고맙다 했다. 고객을 만족시키는 특별한 매뉴얼은 존재하지 않는다. 그저 고객의 눈높이에서 생각해주면 그 단순한 마음 씀이 곧 고객을 감동시키는 것이다.

고객에게 다가갈수록 월마트 창립자 샘 월튼의 말이 더욱더 생각난다. '보스는 단 한 사람, 고객뿐이다. 고객은 회장에서부터 하부의 구성원까지 모두 해고할 수 있는 능력이 있다. 고객이 다른 곳에 돈을 쓰면 결국, 우리는 일자리를 잃을 수밖에 없다.'

고객의 입장에서 생각하라
고객의 입장에서 만족으로 평가받은 우수사례 하나를 소개하고자 한다.

외국인 부부가 매장에 왔다. 냉장고와 세탁기를 구매한다고 결정했다. 그런데 마지막 순간에 제품 사용설명서가 한국어로 되어서 구매가 조금 망설여진다고 하면서 구매를 포기하려 했다. 바로 그때 점장이 외국인 부부에게 다가가서 말했다.

"오늘 구매하면, 제가 밤새더라도 한국어 사용설명서를 영어로 번역해서 카피 본을 드리겠습니다."

외국인 부부는 진짜 그래 줄 수 있냐며 흔쾌히 결제하고 돌아갔다. 나중에 외국인 부부가 감동한 사연은 다음과 같다. 제품 사용설명서를 영어로 모두 번역해서 타이핑을 했더란다. 또 그걸 코팅까지 해서 완벽하게 만들어서 주더란다. 그래서 고맙게 생각하고 있었는데, 그 점장이 배달설치하는 날 고객댁으로 찾아와서, 제품에 있는 한글 버튼 옆에 외국어로 스티커를 만들어다 붙여주더라는 것이다. 정말 고마워서 감동했다고 CSI 조사하는 직원에게 칭찬을 아끼지 않았다 했다.

고객의 입장에서 한 번만 더 생각하면 우리는 그들에게 무한한 감동을 줄 수 있다. 그러나, 내가 조금 불편하고 손이 더 간다고, 매뉴얼 대로만 행동하면 고객이 느끼는 감정의 순간까지 다가가지 못한다. 비록 말은 안 통해도 감성과 감정은 글로벌 스탠다드입니다. 사람으로서 느끼는 건 똑같기 때문입니다.

지리산 암자에 물류 기사들이 떼로 방문한 이유

어느 날 CS 사무국으로 지방 물류센터장이 보낸 메일이 한 통 왔다. 이런저런 우수사례가 있으니, 직접 경남으로 와서 칭찬과 격려를 부탁한다는 말이었다. 그날의 사례는 CS 경영을 시작한 지 2년 반 정도 지난 상황에서 진짜 접점의 '심성'을 움직여서 고객이 감동한 최고의 사건이었다.

난, 카메라로 동영상 촬영할 수 있는 직원을 데리고 급히 경남으로 내려갔다. 그리고는 물류센터장과 물류 기사들을 일일이 인터뷰를 했고, '어쩌면 사람들이 이렇게 즐거울 수가 있을까…….'라며 인터뷰를 끝냈다.

주요 내용은 다음과 같다.

어느 날 디지털프라자에 스님이 한 분 오셔서 지펠 양문형 냉장고 680L 한 대를 사고 싶다고 했단다. L 사 판매장에 갔더니, 배달설치가 불가능하다는 대답을 듣고 당사로 다시 왔다고 했다. 당사 지점장은 즉시 물류센터에 전화를 걸어 자초지종을 설명했다. '지리산에 스님 한 분이 지내시는 암자가 있는데, 그 암자에 냉장고 배달이 가능하겠느냐는 내용이었다.' 그 당시 냉장고 배송비는 5만 원 정도인데, 그 암자까지 가려면 몇 명이 붙어야 가능하기 때문이다. 돈을 생각하면 절대 안 하는 게 100번 맞는 행위이다.

그런데 그때가 한창 CS 우수사례가 서로를 자극하고 있던 시기였다. 하지만 그런 걸 감안하더라도 배달을 하겠다고 오케이 한 건 정말 대단한 일이 아닐 수 없었다.

우선 한 명의 기사가 그곳까지 사전답사를 다녀왔다. 그 시뮬레이션을 토대로 자발적으로 지원한 인력 총 6명의 물류 기사가 동참했다. 평일은 정상적으로 배송을 해야 하기에 본인들 휴일인 일요일을 암자 배송일로 정했다. 일주일 중 딱 한 번 있는 휴가를 헌납한 것이다. 그리고 그때가 마침 장마철이라 지리산 골짜기마다 물이 넘쳤다. 그래서 2명이 스킨스쿠버 잠수복까지 준비해서 만반의 준비를 마쳤다.

난, 진주센터에서 찍어 둔 사진을 보고 아연실색했다. 진짜로 잠수복을 입고 1m 정도의 물에 들어가면서 냉장고를 6명이 서로 힘을 합쳐 나르는 사진이었다. 암자까지 걸린 시간은 편도로 2시간이 넘게 걸렸다 했다. 난, 그분들에게 진심으로 감사의 말씀을 드렸다. '돈이 되는 것도 아니고, 휴일에 왜 그런 고생을 사서 했냐.'라고 미련스럽다고 했다.

하지만 기분이 너무 좋았다. 드디어 CS가 결실의 봉오리가 열리는 것을 보았기 때문이다. 보라, 그들에게 일인당 10만 원씩 준다고 했으면 그 배달 건을 처리했겠는가? 접점은 결코 돈이 아니다. 그들의 심성을 움직였기 때문에 가능한 일이었다.

그 이후로 어찌 되었을까.

냉장고를 구매했던 디지털프라자에 그 스님의 소개 소개로 많은 사찰에서 추가 물품을 구매했다.

지리산 산골 암자에 냉장고를 설치한 이야기를 듣고서 여러 사찰에서 스님들이 자발적으로 제품을 사주겠다고 나섰기 때문이다. 결국, 고객 만족은 정성에서 나오고, 정성이 곧 종교인 것이다.

고객에게 감성을 제공하라

전국 영업지점을 대상으로 CS 아이디어를 공모했다.

그중의 하나로 선택된 것이 '주말농장' 이다. 지금은 주말농장이 제법 일반화되지만, 그 당시에는 생소한 것이었다. 제안의 내용은 다음과 같았다. '디지털프라자 우수고객을 대상으로 희망자는 주말농장을 무료 분양하자는 것.'

전국의 점포에서 VIP 고객에게 OO 지역 주말농장을 무료로 분양한다는 문자를 보냈다. 이 중 920가구가 약 4,600평 규모의 농장 주인이 되었다. 이들은 주말마다 땅을 고르고, 씨를 뿌리고, 수확의 기쁨을 누렸다. 그들이 오랜 기간에 걸쳐 생산한 것은 고추나, 상추, 배추뿐만이 아니었다. 더 단단하게 영근 가족이라는 보물을 수확했다.

첨단 IT 기업인 삼성전자와 주말농장. 얼핏 보기엔 이 둘은 별다른 연결고리가 전혀 없다. 하지만 조금 더 생각해 보면, 그 정답은 '가족'이다. 그때 아이디어를 제안한 이도, 그 당시 삼성전자 TV 광고 문구가 '또 하나의 가족'이라는 것과 주말농장이라는 감성적 고리를 이벤트로 제안한 것이었다.

실제로 주말농장을 분양받아 텃밭을 가꾼 고객 중, '가족과 함께할 수 있는 소중한 시간을 선물해 준 삼성전자에 감사한다.'라고 별도로 인사한 사람들이 많았다.

　더구나 이러한 감정의 경험은, 본인의 만족으로 끝나는 것이 아니라, 주변 사람들에게까지 공유하게 된다. 자연적으로 기업의 친밀도가 올라가는 것이다. 자연스럽게 '또 하나의 가족'이 되는 것이다.

본질은 바뀌지 않는다

　외국 글로벌기업 아시아 총괄 사장으로 있다가 당시 우리 회사에 전무로 영입한 S가 있었다. 어느 날 그분이 나를 불러 다음의 질문을 했다.

　"지금 미국 G 회사에서는 고객 만족 평가를 NPS라는 새로운 방법으로 하고 있다네요. 우리도 그걸 도입하면 어떨까 제안을 해 봅니다. 고객 만족의 차원에서 그러면 안 되고, 다른 고객에게 소개할 수 있는가를 물어보는 게 진정한 고객 만족을 체크하는 방법이라 하네요."

　S는 이런 사례들을 말하면서, 몇 가지 서류들을 챙겨주었다. 난, 그 서류들과 현재 미국의 G 회사가 하는 고객만족도 조사인 NPS를 더 구체적으로 조사해서 별도 보고서를 만들었다. 그리고 사업부장에게 보고했다. 사업부장은 웃으면서 내게 이런 이야기를 꺼냈다.

　"김 차장! 이거 혹시 S 전무가 자네한테 주었나?"

　"네, 어떻게 아셨습니까?"

"딱 보면 자네가 조사하기엔 미국 얘기가 많잖아. 그래서 S 전무 작품인가 했지. 그런데 말이다. 난 이런 걸 싫어해. 고객 만족은 뭐고 고객 감동은 뭐지? 요즘은 어느 대리점 사장이 그러던데, '고객 졸도라고' 하더라. 졸도까지 할 정도로 만족을 주어야 한다나 어쩐다나······."

잠시 말을 멈추며 생각을 다잡았다.

"내가 김 차장에게 하고 싶은 것은 본질은 바뀌지 않는다는 말이야. 신흠이란 학자가 쓴 시 칠언절구에 '월도천휴여본질'이란 글귀가 있어. 달은, 보름달로 커졌다가 다시 초승달로 사그라들고 다시 보름달이 되고, 그렇게 몇천 번을 반복해도 달의 본질은 변하지 않는다는 말이야. 난, 지금까지 고객 만족이란 단어 밖에 안 썼어. 고객 감동이라고 하면 쉽고 편하지. 더 발전한 거 같으니까 우쭐해지겠지. 그런데 경영자가 자꾸 말장난하기 시작하면, 밑에서는 그 말장난에 춤을 춰. 그래서 계급이 높을수록 말을 쉽게 하거나, 쉽게 말을 바꾸거나 하면 안 된다고 내가 예전에 몇 번 얘기 했을 거야."

그러면서 내 보고서를 들고서 다시 말을 이었다.

"CSI 조사에서, 고객님 만족하십니까? 물어보는 거와 NPS 조사에서, 고객님 누구에게 소개할 의향이 있습니까? 라고 하는 게 뭐가 다르지? 다르다고 한다면 그건 말장난이야. 마케팅하는 사람들이 먹고살려고 자꾸 무슨 말을 만들어 내고 하는 거랑 비슷한 맥락이야."

그러면서 기준과 척도를 중간에 바꾸는 것이 얼마나 위험한 일인가도 설명했다.

"그리고 또 중요한 사실은, 어떠한 기준이 있으면 그걸 자주 바꾸면 안 되네. 과거의 연장선상에서 동일한 잣대로 비교 개선해 나가는 거. 그걸 일관성이라고 하지. 어느 한순간 NPS로 바뀌게 되면, 과거 지수와의 GAP은 뭐로 메꿀 건가? 잘되고 있는지 개악되고 있는지 기준이 바뀌었는데, 어떻게 평가할 수 있어? 물론 대안을 만들 수는 있지. 일정 기간까지 두 가지를 모두 조사하거나 하겠지. 그렇게 해서 얻을 게 뭐지? 내가 보기엔 본질은 똑같아. 고객은 그대로인데, 마케팅하는 사람들의 이론만 바뀌는 거야 그래서 나는 바꾸면 안 된다고 생각하네. 그냥 고객만족도 지수 현행 평가대로 하자."

난, 그날 많은 것을 배웠다.

본질은 바뀌지 않는다는 거, 기준을 중간에 바꾸면 안 된다는 거, 경영은 일관성을 유지해야 한다는 것. 하지만, 실제로 기업에서는 월급쟁이들이 먼저 나서서 자꾸 새로운 것을 만든다. '유명 기업의 사례다.' '유명 교수의 이론이다.' '새로 만든 학설이다.' 등을 주창하면서 신(新)문물임을 강조한다. 필자도 이런 경우를 진짜 회사 생활에서 많이 봐왔다. 하지만 사업부장이 말한 본질에서 흔들리지 않으려 노력한다.

'월도천휴여본질'이라 하지 않는가?

7. 접점의 열정, 결코 돈만으론 살 수 없다

직원들을 움직이는 건 돈보다는 심성이 먼저

나는 CS 혁신을 하면서, 정말이지 깨달은 것이 있다. 접점의 열정은 절대 돈으로 살 수 없다는 것이다. 열정은 심성으로 사야 한다.

서비스 기사나 배달설치 기사들 모두 삼성전자 직원이 아니다. 그 직원들을 열광하게 만들기 위해서는 무엇이 필요할까? (그 당시 물류나 서비스 기사는 모두 협력사 소속이었다. 서비스 기사는 도급사 월급제, 물류 기사는 지입 차를 가지고 들어와 수수료를 챙기는 사업자였다)

돈을 더 주면 그들이 열광할까? 하지만 난 절대 그렇지 않다고 생각한다. 많은 경영자가 그럴 거라 오판한다. 돈만 주면 해결될 거로 생각하는 것이다. 하지만 나는 절대 아니다. 내가 경험한 CS 혁신의 결과는 돈이 아니라 심성이다.

사실 삼성전자의 접점 인력이라 해봐야 월 2백 정도 박봉의 급여자들이다(지금은 급여가 올랐을 테지만, 2000년대 중반 협력사 시절 수준은 그러했다). 명함은 삼성 타이틀이 있어서 외부 사람들은 모두 많이 벌 것으로 생각한다.

그러나 현실은 그렇지가 않다. 나는 그들을 많이 만나봐서 잘 안다. 박봉에, 비정규직에 누가 저런 궂은일을 하려 하겠는가. 거기에다가 회사를 대표해서 깍듯이 고객에게 대하라고 시켜봐야 어느 누가 열정이 생기겠는가? 돈 10% 더 준다고 해봐야 20만 원 밖에 안된다. 그걸로 열정의 불씨를 살릴 수는 없는 것이다. 참 맞는 말이지만 서글픈 말이다.

그럼 뭐가 열정을 만드는가? 그건 심성(心性)이다. 못 배우고, 가난하고, 급여도 작은 사람들은 결국 심성을 먹고 사는 거다. 그래서 저들의 심성을 사려고 노력해야 한다. 작은 일에도 칭찬해 주고 격려해주는 것만이 그들에게 우리가 해줄 수 있는 최고의 선물인 것이다.

나는 그 당시 우수사례가 올라오면, 비록 적은 돈이지만, 10만 원, 20만 원을 봉투에 격려금으로 넣어서 그들을 찾았다. 반드시 상장을 별도로 제작했다. 케이스값 1,400원과 컬러 인쇄비까지 하면 개당 2,000원 정도 든다. 그리곤 그들을 만나 뵙고 정중히 예를 표했다. 그들이 10만 원에 감동할까? 아니다, 상장의 문구에 감동한다. 칭찬보다 더한 격려는 없다.

나는 지금도 그 신념에는 변화가 없다. 접점 인력들의 열정은 결코 돈으로 살 수 없다. '심성'을 사야 진짜 그들의 '열정'이 나올 수 있다.

소외층일수록 심성에 주목하라

　사업부장과 지방 출장을 갈 때가 더러 있었다. 그러면 꼭 점심이나 저녁 식사 자리에 VMD(Visual merchandiser)들을 자주 부르곤 했다. VMD는 매장 디스플레이를 위해 삼성전자에서 고용한 비정규직 사원들이다.

　이때 매장은, 디지털프라자도 있지만, 휴대폰 판매를 하는 SKT 대리점도 포함되어 있으며, 삼성전자 제품을 취급하는 모든 매장을 VMD들이 관리하고 있었다(VMD들은 미대 나온 여직원이 대부분이었다).

　"사업부장님! 질문이 있습니다. 왜, 식사 자리는 VMD들 위주로 하세요? 여직원들이 많아서 편해서 그런가요?"

　갑작스러운 내 질문에 사업부장은 파안대소했다.

　"하하하. 질문이 참 묘하네……. 내가 VMD들과 식사를 하고 악수를 하는 이유는 삼성전자 소속 중 유일하게 뽑은 비정규직이야. 비정규직일수록 더욱더 관심과 애정을 쏟아야 본인들이 차별받는다 생각지 않을 거야. 그래야 조직 전체의 퍼포먼스도 올라가지 않겠나? 아 참 그리고, 내가 국내영업 소속의 비정규직에 잘 해주어야, 전자서비스나 전자 로지텍도 비정규직을 차별하지 않고 정규직처럼 가슴에 품을 거로 생각하는 이유이기도 해. 내가 VMD들이나 비정규직이랑 식사하는 게 소문이 날 거야."

그 당시 서비스는 모든 인력이 협력사 소속으로 되었었다. 사실 그들에게 삼성전자에 대한 로열티가 존재하기 힘들었다. 박봉에 고객 상대하는 일이 어디 쉽나. 그럴수록 같은 식구처럼 대해야 한다. 그래야 그들도 식구처럼 대하게 되었다. 그 당시 회사는, 회사를 대표하는 사람이니까, 대표처럼 고객을 만나라고 했다. 하지만 그건 사실상 말장난에 가까웠다.

물론 로지텍 기사들도 모두 협력사 소속이었다. 그런데 그 협력사 소속의 한 명 한 명이 고객을 만나고 있다. 그래서 너무 두려웠다. 세계 초일류 기업의 고객 접점은 당사 소속이 아니고 일반 개인 사업자 소속으로 고객을 만나고 있다는 것이 말이다. 우스운 것은 삼성전자 정규직은 아무도 고객을 만나지 않는다. 그런데 한 다리 건너 있는 삼성전자 소속이 아닌 접점 인력들이 모두 고객을 만나고 있다는 사실은 너무나도 시사하는 바가 컸다.

한편 디지털프라자도 직영점과 대리점으로 나누어져 있었고, 대리점 직원들은 삼성전자 소속이 아니다. 직영점만 하더라도 그 당시 절반 정도는 비정규 인력으로 구성되어 있었다. 따라서 어떻게 보면 고객 접점에 근무하는 대부분 인력은 비정규직이나, 협력사 소속 직원들이다.

얼마나 아이러니한가? 결국, 비정규 인력들이 해주는 서비스나 협력사 직원들의 CS 만족도가 삼성전자의 만족도로 귀결되는 것이다. 고객은 당연히 그렇게 생각하는 것이다. 이런 환경에서 과연 이분들을 함부로 해서 되겠는가? 나는 그런 생각을 할 때마다 한편으론 가슴이 아팠고, 다른 한편으론 가슴이 철렁했다. 사고 치지 않을까……

지금은 삼성전자서비스는 자회사 소속으로 귀속되어 정규직으로 변했고, 디지털프라자 직영점도 대부분을 정규직으로 전환한 상태다.

차별화된 서비스에 결코 비용이 더 들지 않는다

일본의 한 경제신문에서 이른바 잘 나가는 영업사원들의 화술을 조사해서 중요하게 생각하는 사안들을 랭킹화 해 놓은 것이 있다.

그중 1위는, 무조건 고객의 이야기를 듣는 것.

2위는 업무나 제품 얘기로 시작하지 말고, 다른 얘기를 80% 정도 하면서 친밀감을 높이고 나머지 20%를 제품 이야기로 화두를 바꿀 것.

3위는 고객의 연령대를 맞추어서 눈높이 맞춤 서비스를 할 것.

4위는 고객의 좋은 점을 찾아서 칭찬할 것.

결국, 무수히 많은 고객 만족 책들이 나와 있지만, 결국 교과서대로 움직이는 것이 아니라 많은 답이 현장에 있다는 것이다.

이렇기에 우리만의 차별화된 서비스가 필요하다. 자동차 파는 거와 전자제품 파는 거, 영업은 똑같지만 파는 구체적인 방법은 다를 것이고, 우리가 그 다른 것을 접점에서 찾아내서 우리 것으로 체질화하는 것이 우리가 가야할 길이다.

나중에 얘기가 나오겠지만, 그 당시 우리 영업 혁신의 슬로건은,

1년 차에 'CS 생활화'

2년 차는 'CS 체질화'

3년 차는 'CS 차별화'

4년 차는 'CS 고도화'

4년 동안 내내 전략의 구심점이 같았다. 꾸준한 CS 혁신 활동을 통해 만들어진 결과가 3년 차부터 우수수 쏟아졌다. 이런 무수한 우수사례들은 결코 그 어떤 책에서도 해답을 제시해 주지 못한다.

예를 들면 배달설치 기사가 매우 만족의 평가를 받기 위해서, 오래된 구형 세탁조를 추가 서비스한다면 누가 믿겠는가? (배달기사는 두 명이 한 조다. 사실 이동은 두 명이 필요하지만 한 명이 설치할 때 나머지 한 명은 여력이 남는다. 이 여력을 무료로 고객에게 쏟는 것이다.)

혹시나 어떤 회사는 이렇게 말할 수도 있다. 그런 여력이 있을 거면, 설치비를 더 깎아야 하지 않겠나? 이런 식으로 정반대의 제안으로 접점을 압박할 수도 있다. 또 그걸 경영을 잘한다고 부추기는 사람들도 있다.

그게 사안을 보는 시각이다.

결국, 정답은 접점을 책임지는 현장인력들, 그들이 만드는 것이다. 그는 동일한 시간에도 세탁조까지 청소를 끝내고도 전체 설치물량에는 변화가 없을 정도로 숙련화, 업무분담이 가능하다.

그건 심성, 열정이다.

대면 서비스를 아시나요?

로지텍과 서비스가 모두 참석하는 임원회의 시간이었다. 서비스 대표이사인 H는 깜짝 선언할 거라는 말과 함께 다음과 같이 말했다.

"이제 어느 정도 CS가 바닥을 다지고 있는 것 같습니다. 이에 우리 서비스는 지구상에서 아무도 하고 있지 않은 서비스에 도전하려 합니다."

"그것은 바로 '대면 서비스'입니다."

H는 현재의 수리 프로세스는 다음의 문제가 내재되어 있다고 했다.

"전자제품뿐만 아니라 거의 모든 애프터서비스는 고객 신청을 받고 나면, 수리할 제품을 인도받은 후, 뒤편 수리 공간에서 고쳐, 다시 고객 대기실로 나옵니다. 이게 정식 프로세스죠. 사실 이게 말이에요, 수리기사가 초보라서 잘 몰라도 상관없습니다. 수리 공간 내에서 주변 선임 기사에게 물어보면 되거든요. 그리고 행여나 잘못된 수리가 진행되더라도 나중에 뜯어서 다시 고치면 됩니다. 고객은 잘 알 수 없는 거죠. 그래서 수리하는 입장에서 이런 별도의 수리 공간에서 작업하는 게 훨씬 편합니다."

H는 본인들이 생각하는 대면 서비스를 설명했다.

"그래서, 우리 서비스에서는 다음 달부터 대면 서비스를 해볼까 합니다. 수리 공간을 고객 대기 공간으로 나오는 겁니다. 그리고 서비스 수리도 고객이 직접 보는 앞에서, 고장이 난 부위와 수리할 부위를 직접 고객에게 설명할 겁니다. 이건 자신감이 없으면 시행하기 힘든 프로세스입니다."

그날 참석한 사람들에게, 그게 가능하겠느냐는 질문이 많았다. 하지만 H는 불가능한 일이기에 우리 삼성전자만이 할 수 있는 서비스라고 힘주어 말했다.

혹시 휴대폰 서비스 수리받으러 서비스센터에 가봤을 것이다. 지금은 수리 엔지니어와 마주 보며 수리를 한다. 그렇게 된 게 10여 년 전, CS 혁신의 과정 중에 나온 아이디어이다.

지금은 아주 당연지사로 여겨지는 '대면 서비스' 그때는 엄청난 위험을 감수하고 나온 혁명적인 프로세스였다.

고객만족도 6개월 연속 100점 김해 서비스센터 L양의 사례

앞서도 몇 번 언급했지만, 삼성전자는 7점 척도를 통해 고객만족도 조사를 시행한다.

매우 만족을 받으면 100점이지만, 만족을 받으면 1/6 간격의 점수인 16.7점이 차감되어 83.3점을 받게 된다. 물론 매우 불만족은 0점으로 만족도에 치명타를 받는다.

그런데 제품을 사용하는 와중에 고장이 나서 수리를 받아야 함은, 처음부터 기분 좋을 리가 없다. 그럼에도 불구하고 고객만족도 평가를 도입한 이후 6개월 이상 100점만 받은 사람이 서비스 수리기사 중 딱 1명 존재했다. 그녀가 바로 김해센터에서 근무하는 L이다. 그는 여성 휴대폰 수리 엔지니어이다(참고로 지금 삼성전자 국내 부문 고객만족도 점수는 100점이 허다하다. CSI 평가를 NPS로 바꾸면서 10점 척도 중 8점 이상이면 100점 처리를 한다. 이 정도 수준이면 100점 못 받는 게 오히려 이상하다고 보면 된다).

L에게 직접 면담을 하면서 어떻게 이런 놀라운 결과가 나올 수 있는지, 무슨 비법이 있는지 물었다.

"비법이 어디 있어요? 그냥 고객님을 우리 아버지 어머니처럼 가족이라 생각하는 것밖에 없어요."

그녀의 대답은 간단하고 명료했다. 하지만 거기서 물러설 내가 아니었다. 그녀의 일과를 따지고 분석하면서 왜 그녀가 100점만을 받을 수밖에 없는지 알 수 있었다. 실제로 인터뷰하는 그날도 L 엔지니어에게만 수리를 받겠다고 1시간 이상을 기다리는 할머니 한 분이 계셨다. 이유가 무어냐고 할머니께 내가 물었다.

"아이고 나는 우리 숙이가 너무 친절해서 너무 좋아. 1시간을 기다려도 우리 숙이한테 서비스받을 거야."

그 할머니는 손주처럼 이쁘고 자기에게 친할머니처럼 너무 잘해준다는 게 이유였다. 서비스센터를 방문한다고 함은, 제품이 고장 나서 오기 때문에 처음부터 잠재적 불만이 있는 고객들이다. 더구나 센터에서 제법 오랜 시간 기다리기까지 한다면 그 불만은 더 커질 수밖에 없을 것이다. 다음은 그날 인터뷰와 관찰을 통해 얻어낸 노하우에 대해 소개하고자 한다. 먼저, L 엔지니어는 '고객의 성격 유형별'로 응대 방식을 달리한다고 한다.

1. 성격이 급한 고객이다 싶으면, 보조를 맞추기 위해 평소보다 말 속도를 빨리한다.
2. 깐깐한 고객이다 싶으면, 말 속도를 느리고 자세하게 설명하는 태도를 취한다고 했다.
3. 요구사항이 많은 고객은 고장이 난 부위뿐만 아니라, 다른 부분까지 손을 봐주면서 세세하게 설명을 해 드리면 고객이 100% 만족한다고 했다.

다음은, 연령대별로 고객 응대 태도를 바꿀 필요가 있다고 했다.
1. 우선 10대이면 복장이나 외모를 칭찬해 주면 좋아한다.
2. 20~30대는 IT에 관심이 많기에 전문성을 강조하여 신뢰성을 키운다.
3. 40~50대는 "놀라셨죠? 걱정하지 마세요. 큰 고장이 아닙니다." 하며 우선 먼저 비용이 많이 안 드는 일이라고 안심을 시켜주는 것을 좋아한다.
4. 그리고 60대 이상은, "아이고 어머니! 날도 더운데 시원한 물이라도 한잔하세요." 그리고 "어디가 고장 나서 오셨을까?" 등등 진짜 어머니에 하는 것처럼 존칭어에 약간의 반말을 섞으며 딸처럼 느끼게끔 해주면 금방 기분이 풀어진다.
5. 그리고 마지막으로, 수리하면서 '서비스가 조금이라도 부족한 거 아닐까.'라고 느껴지면, 반드시 고객의 손을 잡고, 엘리베이터 입구까지 동행한다. 그리고 정말 감사하다는 인사를 하고, 사용하시다가 이상 있으시면 저에게 바로 오시

라는 말을 곁들이면 모두가 100점을 주더라는 것이다.

나는 인터뷰 하는 내내 전문가적 향기를 느꼈다. 이런 행동은 어디 교과서에서 배울 수 있는 게 아니다. 본인이 고객을 응대하면서 스스로 체득하며 본인 것으로 만든 것이다.

그래, 고객 만족 활동이란 역시 접점의 심성이다.

그를 통한 열정이 문화를 바꾼다는 것을 다시 한 번 느꼈다.

ES = CS = MS

(종업원이 만족해야 = 고객이 만족되고 = 시장점유율이 확대된다)

CS 경영의 의미

어느 날 본사 스탭과 국내영업 간 현안 회의가 있었다. 그러던 중에 본사 임원 한 분이 사업부장에서 이런 질문을 했다.

"고객 만족이 중요한 건 알겠는데, 1년 동안 CS만 하다가 매출은 언제 합니까?"

이에 사업부장이,

"참 한심하게 말씀하시네요. CS가 곧 매출을 잘하자는 겁니다."

이어서 나를 보고 CS 경영의 대략적인 프로세스를 말씀드리라고 했다.

"우리는 지금까지 판매하는 사람과 설치하는 사람 그리고 서비스하는 사람을 따로 관리해 왔습니다. 다른 회사 다른 사람으로 말이죠. 그런데 고객 행동 분석을 해보니, 판매와 배달설치는 고객이 동일한 행위로 인식하고요. 서비스는 부가 행위로 인식합니다. 더구나 모든 활동은 그냥 삼성전자로 귀결되고요."

"그래서 지금 하는 혁신이란 것이, 고객과의 접점을 쪼개서 모두 만족하게 만들면 당사 브랜드와 제품을 선택하고 구매할 것이라는 이론입니다. 이미 회의에 참석하신 임원들이 다 아는 바와 같습니다."

"예전과 달라진 것은, 거래선에 재고를 옮기는 것에서 끝나는 영업이 아니라, 고객이 물건을 선택하고 주문이 들어가서 재고가 움직여 고객댁에 설치 완료되는 프로세스로 바뀐 겁니다."

사업부장은 내 말이 끝나자 이어서 다음의 말을 했다.

"죄송하지만 초기 1년 차는 매출이 조금 빠졌습니다. 하지만 그건 유통재고 감소분입니다. 지금 하는 CS 활동이 곧 매출실적으로 연결될 것이니 조금만 더 기다리십시오. 그리고 지금 2년 차 들어서는 이미 시장에서 고객들의 움직임이 일어나고 있어요. 지금 매출이 두 자릿수 이상의 성장세로 바뀌었습니다."

사업부장은 지금까지 잘해왔고, 본인은 자신이 있다 했다. 조금만 더 기다리면 모든 게 선순환 체제로 바뀔 거라 강조했다.

개코원숭이를 사냥하는 방법

아프리카 원주민들이 개코원숭이를 사냥하는 법을 보면, 눈앞의 이익에 얽매이는 욕심이 얼마나 어리석은지를 알 수 있다. 방법은 이러하다.

원주민들은 상자에 원숭이가 좋아하는 먹이를 넣어 두고 원숭이 앞발만 겨우 들어갈 만한 구멍을 만든다. 그러면 상자 안의 먹이 냄새를 맡은 개코원숭이가 대뜸 앞발을 집어넣고 먹이를 꽉 움켜쥐고 놓지 않는다. 원주민이 가까이와도, 음식 욕심 때문에 자기 목숨을 잃게 되는 것이다.

나는 사업부장과 CS 경영을 4년 동안 같이 진행했다. 사업부장은 무수한 외부의 압력에도 굴복하지 않고 외길을 갔다. 그런 그를 나는 존경했고, 좋은 결과로 보답하고 싶었다.

"김 부장(사업부장과 일하던 중 부장으로 진급을 했다)! 우여곡절이 많았지만, 그래도 이 만큼 한 거는 다행이야. 전 직원들이 한마음으로 따라준 게 정말 고마워."

사업부장은 내게, 1년 차에 매출 까먹고 주위에서 회사 거덜 낸다고 난리 칠 때가 가장 힘들었다고 했다.

"사업부장님! 제가 오히려 고맙습니다. 지금까지 버텨준 것만도 대단하셨어요. CS 경영을 한답시고 첫해에 3천억 정도의 매출을 까먹었잖아요."

나는 그 당시 첫해에 3천억 원의 매출 손실을 감내하는 사업부장을 묵묵히 지켜볼 수밖에 없었다. 하지만 이 길이 분명 틀린 길은 아니라고 확신했었다. 우선 디지털프라자에서 기업체 대량물량인 특판을 금지함으로써 1,200억 원 정도가 날아갔다(그 당시 디지털프라자는 매장의 B2C 고객은 버려둔 채, 대형물량인 특판에만 매달리는 경향이 있었다).

다음이 용산전자상가, 세운상가 도매 폐지로 1,000억 원이 단기 매출에서 빠졌다(그 당시 IT 품목은 용산에서 대형물량을 수주한 대리점이 지방 소형대리점에 물건을 재판매하는 행위가 만연했다. 이미 가전은 2003년에 이 물량을 정리했으나, IT는 그때까지 남아 있었다).

대리점 간 복거래 6백억 원이 감소했다(대형 디지털프라자가 소형 디지털프라자에 물건을 공급하는 행위. 소형점은 회사에서 매입하는 가격보다 더 싸게 공급을 받음). 마지막으로 대형 대리점 중 지방 전자상가에 물건을 뿌리는 비정도 영업한 대리점을 퇴출함으로써 200억 원 등 전체적으로 1년간 3천억 정도의 매출이 감소됐다.

하지만 3년이 지난 시점에서 보면 모든 게 선순환으로 바뀌었다. 매출은 2006년 8.3% 성장, 2007년 14.1% 성장, 2008년 9.7% 증가하였다. 한국 시장점유율도 2004년 34%에서 → 2008년 45%까지 확대되었으니 두 마리 토끼를 다 잡은 셈이었다. 몇 년이 지난 시점에서 보면 확실히 괄목할 만한 성과였다. 전자업 특성상 두 자릿수 이상 성장하는 데는 포화 시장의 한계가 있기 때문이다.

특히 중요한 것은 국내 유명 리조트나 호텔이 CS 인덱스 평가에서 80점 수준을 받는데, 반해, 동일한 방식으로 삼성전자는 90점까지 올라섰다. 첫해엔 판매나 배달설치 모두 70점 수준 밖에 나오지 않았는데, 짧은 시간에 이룩한 놀라운 결과였다.

리더는 절대 흔들리면 안 된다. 더구나 조직의 밑동부터 접점까지, 끝까지 하나로 품어야 한다. 접점 인력은 돈으로 그들을 살 수가 없다.

심성을 사야 한다.

혁신은 자전거를 타고 페달을 밟는 것

사업부장은 나에게 CS가 무르익을수록 더욱더 방심하면 안 된다고 했다. 그러면서 이런 고사성어를 끄집어냈다.

"김 부장! 거안사위(居安思危)라는 말뜻 아나?"

"아니 전혀 모르겠습니다. 처음 들어 봤는데요."

"당태종 때 태평성대의 시절이었고 후대에도 성군이라고 칭송을 받았던 이유는, 위징이라는 신하의 얘기를 태종이 경청했기 때문이야. 위징이 당 태종한테 그랬지."

"보통의 황제는 나라가 위기에 빠졌을 때 뛰어난 인재를 발굴해 정사를 논하지만, 기강이 튼튼해진 이후에는 마음이 해이해져, 인재발굴도 그 어느 것도 안 하게 됩니다. 그러나 성군(聖君)은 태평성대일수록 위태로울 때를 생각해서 인재발굴이나 혁신 활동을 게을리하면 안 됩니다. 라고 했다지. 그 신하의 얘기를 태종은 끝까지 지키려고 했어!"

사업부장은 나에게 이제 CS가 어느 정도 기반에 올라섰다고, 게을리하거나 혁신의 속도를 늦추어서는 안 된다는 얘기를 하고 있었다. 그럴수록 위태로울 때를 생각해서 지금, 이 순간을 더욱 공고히 하라는 요지였다. 그리곤 웃으면서 사업부장이 말을 이었다.

"흔히들 하는 얘기 있잖아. 자전거는 계속 발을 저어 주어야 넘어지지 않는다고……. 요즘 들어 그 말이 너무 맞는 거 같아. 혁신은 자전거 타는 거랑 똑같은 거야. 발을 멈추면 금방 그 자리에서 주저앉을지도 몰라. 아마 그렇게 될 거야. 결국, 끊임없는 변화만이 혁신을 지속하게 만드는 거야."

선대회장은 살아계실 때 단 한 해도 위기가 아니라고 말한 적이 없다. 그때 우리는, '맨날 위기면 위기 아닌 게 언제냐.'라고 투덜거리기도 했던 거 같다. 그러나 돌이켜보니 위기라는 놈은 조직원들 사이에 '위기가 아니라.'라는 분위기가 퍼질 때 어둠처럼, 소리도 없이, 냄새도 없이, 느낌도 없이, 서서히 다가오는 것이리라.

현장의 중요성은 아무리 강조해도 지나치지 않다

이순신 장군이 열두 척의 배로 왜군 수백 대의 전함을 물리친 건 결코 우연이 아니다. 수군통제사인 동시에 현장답사를 게을리하지 않았던 덕분에 남해안의 복잡한 지형과 물살의 흐름 등을 일일이 꿰고 있었기 때문에 가능한 일이었다.

흔히들 이순신 장군은 위기를 타개하는 리더십만 뛰어난 장수로 보는 이가 많다. 하지만 그보다도 더 중요한 건 현장의 요소요소를 훤히 꿰고 있었기 때문에 12척의 배로 수백 척의 적함을 궤멸시킬 수 있었다.

보스가 이렇다 보니 휘하 장졸들도 현장 상황을 누구보다도 잘 알고 있었기 때문에 가능한 일이기도 했다. 결국, 열두 척의 배로 수백 척의 적군을 물리친다는 건, 용장 한 명이 뛰어나기보다는 일사불란하게 지휘를 이해하며 일촉즉발의 순간에도 각자가 훈련받은 대로 임무를 수행하였기에 가능한 일인 것이다.

우리는 이순신 장군의 역사를 통해서도 다시 한 번 현장의 중요성을 배울 수 있다. 한 조직의 혁신을 완성하기 위해서는 뛰어난 리더도 중요하지만 이를 이해하고 자신의 영역에서 맡은 바를 신명나게 할 수 있는 현장의 문화가 훨씬 더 중요한 것이다.

리더가 오롯이 제대로 서기 위해서는 현장을 제대로 알아야 한다. 현장을 모르는 리더는 결국 모래 위에 지어진 집에서 일하는 것과 다름없다. 돌이켜보면, 나는 삼성전자에서 그런 보스들과 영업 혁신을 함께 할 수 있었던 것만도 내 직장생활의 가장 큰 보람이고 영광이었다.

ES = CS = MS

나는 영업에서 고객 만족 혁신 활동을 처음 시작하면서, CS 혁신이 매출과 무관하다고 결코, 생각지 않았다. 처음부터 그랬다. 자신이 있었다.

나는 누구에게라도 'CS(customer satisfaction)를 한다고 MS(market share)가 떨어진다고 생각하지 않습니다. CS와 MS는 이꼴(equal) 관계입니다. 더구나, 그 CS의 본질에는 ES(employee satisfaction)가 있습니다.'라고 강조했다.

종업원이 만족해야 → 제대로 된 서비스가 가능하고 → 그 서비스에 만족하면 고객이 만족한다. → 고객이 만족하면 우리 제품을 또 살 수밖에 없는 선순환 구조인 것이다. 이런 이론에 의거, ES = CS = MS라는 명제를 창출하고 공유했다. 따라서 CS의 시작은 접점 인력들의 만족에서 시작되어야 한다는 이론을 만들었다.

처음부터 끝까지 CS의 중심에는 종업원이 있었다. '접점의 인력들의 열정은 절대 돈으로 살 수 없다. 그들은 심성으로 사야한다. 내가 그들과 다르지 않고 우리는 한 식구라는 걸 늘 강조해야 한다.' 나는, 언제나 접점 인력에 한없이 머리를 낮추었다. 그게 리더십과 혁신의 출발이자 전부다.

제2장

판매혁신을 통한 장사의 법칙

　필자는 10여 년 전 삼성전자 국내시장 TV 판매 책임자를 지냈다. 그 당시 TV 판매를 하면서 느꼈던 다양한 사례들을 이 장에서 다루고자 한다.

　누구나 장사를 하고 있지만, 진짜 장사를 잘하는 사람에게는 몇 가지 원칙이 있다.

　첫 번째 원칙이 누가 뭐래도 명확한 전략이다. 전략이 없는 전술은 모래 위에 집을 지은 것과 같다. 뿌리가 약한 나무가 바람에 뽑혀 나가는 이치와 같다.

　두 번째 원칙이 훌륭한 전략이 세워지고 나면, 이를 완성하기 위한 구체적인 전술이 따라주어야 한다. 세부적인 전술이 하나둘 전개되지 못하면, 결국 전략 또한 아무 의미가 없기 때문이다.

　세 번째 원칙이 이를 실행하기 위한 잘 훈련된 병사들이다. 전 조직원이 혼연일체가 되어 전략과 전술을 명확히 이해하는 것이 필요하다. 전략과 전술을 완전히 이해한 병사들과 아무 생각 없이 전쟁에 임하는 병사들과는 싸움에서 승자로 갈라지게 된다. 병사의 수보다 중요한 것이 그 전략과 전술을 수행할 수 있는 조직의 이해도.

나는 2010년 7월에 TV 사업에 갑자기 투입되었다. TV는 삼성전자의 자존심이다. 그런데 그해 7월 누계 예상이익이 적자 88억이었다. 누가 봐도 말도 안 되는 결과가 상반기에 나왔다. 이에 흑자전환이라는 특명을 띄고 기중(期中)에 TV 사업을 맡았다.

결과는 어땠는가? 사업을 맡은 첫해, 적자 88억을 12월 누계 기준으로 흑자 220억을 만들었다. 적자 사업을 떠맡아 하반기에만 300억 정도 흑자를 시현한 것이다. 그 이후 3년 동안 연 매출 1조 이상을 하면서 이익은 매년 18% 정도를 달성했다. 글로벌 지역 총괄 중 단연코 TOP이었다.

끝으로 그 당시 TV 사업을 함께 했던 후배들에게 이 자리를 빌려 다시 한 번 감사의 말씀을 올린다. 밤새도록 일하고 주말에도 출근했던 그 노고와 덕택으로 오늘날의 삼성전자의 TV 위상에, 적어도 1% 정도는 이바지했다고 자부한다.

1. 판매의 5선 : 선견, 선수, 선공, 선제, 선정

영업이나 판매가 무엇인가?
여러 가지 답변들이 많겠지만, 필자가 생각하는 건 '영업=5선'이다.
결국, 영업은 5선의 전략이자 전술이다.

1) 선견(先見)
'어떤 일이 일어나기도 전에 미리 앞을 내다보는 것'
2009년도 봄에 S 대학교에서 경영학을 가르치는 K 교수가 나에게 이런 말을 한 적이 있다.
"현재 투자사에 넘어가 있는 H 마트는, 어쩌면 L그룹에서 인수할지 모릅니다. 저는 그럴 거라 판단합니다. 그 이유는 L그룹 오너 S 부회장(그 당시 직책)께서 양판점에 관한 관심이 매우 높습니다. 어릴 때부터 일본의 유통환경 발전을 보아 왔던 터라,

양판 사업에 관심이 많았습니다. 따라서 국내 전자유통 1위인 H사가 L그룹에 인수될 경우의 수를 생각해 보십시오. 삼성전자는 메이커니까 유통 거래선과 친분이나 친밀도가 중요한 변수가 될 거니까요."

K 교수는 일본에서 석·박사 학위를 받고 일본 대학교에서 강의하기도 했다. 또한, 일본의 T 자동차, S 화장품 등 유수 회사들의 자문을 하기도 했던, 명실공히 일본 유통 전문가이다. 나는 그의 말에 주의를 기울이며, 만약에 L그룹이 H 마트를 인수할 시나리오 작업에 들어갔다.

그로부터 2년 후 2012년 10월 L그룹은 H 사를 인수했다. 미래에 대한 예견, 그게 '선견'이다. 선견이 있으면 그 이후의 시나리오가 사전에 쓰일 수 있으며, 다른 사람이나 경쟁사보다 먼저 사전 대응전략을 준비할 기회를 가질 수 있는 것이다.

다음은 TV 사례를 소개하고자 한다.

1998년 이후 삼성전자는 IMF 체제하에서 힘겹게 불황을 타개하고 있는 터였다. 이 와중에 사업구조 조정이 진행됐고, TV를 생산하는 영상사업부도 부실사업 정리와 해외 생산 거점 폐쇄 등의 작업이 뒤따랐다. 이때, 영상사업부장은 디지털TV 개발인력은 한 명도 축소하지 않고, 희망이 없던 캠코더 개발인력을 우선 구조조정 대상으로 인원을 축소했다.

2000년 이후 서서히 디지털시대가 도래하고 있었다. 아날로그 TV 세계 1등이던 소니는 아날로그 시장을 쉽게 포기할 수 없었다. 그런 연유로 계속 아날로그 TV에 매달렸다. 하지만 이미 시장의 패러다임이 변하고 있었다. 필름 시장이 아날로그에서 디지털카메라도 바뀌고, TV도 디지털로 급격한 전환을 맞이하고 있었다. 이 틈새를 노려 삼성은 디지털 TV 시장에서 2000년대 초 소니를 누르기 시작했고, 드디어 2007년 세계 1등이라는 자리에 올라설 수 있었다.

이게 선견이다.

시장과 고객의 패러다임을 읽는 눈이야말로 영업의 처음이자 끝인 것이다.

2) 선수(先手)

'먼저 두거나 상대편이 수를 쓰기 전에 먼저 수를 쓰는 일.'

'받지 않으면 손해가 크기 때문에 응수가 필연적으로 뒤따르는 수.'

2012년 시점의 홈쇼핑은 전자제품을 팔기에는 그리 매력적이지 않은 채널이었다. 전 제품군이 모두 적자를 기록하고 있었으며, 간신히 매출 계수만을 위해서 당사와 경쟁사가 무리하게 장사를 하고 있던 유통이었다.

나는 2012년 7월에 단 한 번도 적자가 없었던 한국 TV 사업이, 상반기에 처음으로 적자로 돌아서자 회기 중인 7월에 갑자기 TV 사업을 떠맡았다. 한마디로 죽으러 불 속으로 뛰어 들어가란 명령이었다. 살아나오면 다행이고, 죽으면 어쩔 수 없는 그런 식 말이다. 말이야 쉽지 이미 적자인 사업구조에서 흑자로 전환한다는 건 쉬운 일이 아니다. 여러 가지 할 말이 많지만, 여기서는 홈쇼핑 부분만 간단히 터치하기로 하자.

홈쇼핑은 그 당시 PDP(플라스마 방식의 텔레비전)만 팔고 있었다. 이미 TV가 PDP에서 → LCD로 → 다시 LED가 론칭이 시작된 터라, PDP는 적자일 수밖에 없는 구조였다. 그냥 적자에 판매량만 유지한 채 영업하고 있던 터였다. 왜냐하면, 매출의 전체 모수는 필요하기에, 팔아봐야 적자임에도 불구하고, '울며 겨자 먹기' 영업을 계속해 온 것이다.

나는 역발상으로 선수를 치기로 했다. 우선 적자 품목군인 PDP 공급을 중단했다. 그리고 홈쇼핑에 신제품 LED를 론칭했다. LED는 초기 제품이라 흑자율이 높았다. 하지만 이게 말처럼 쉬운가? 로드샵과 백화점 등의 가격과 비교해서 무슨 메리트가 있어야 홈쇼핑에서도 방송할 수 있다. 그래서 별도 아이디어를 냈다. 가장 저렴한 패널을 투입해서 홈쇼핑 단독 제품을 만들었다. 그렇게 함으로써 PDP보다 비싼 가격으로도 성공할 방법을 거래선에 제안했다. 내 생각은 적중했고, 홈쇼핑에서 LED가 폭발적으로 팔려나갔다. 동시에 당사도 홈쇼핑 채널도 이익을 낼 수 있는 구조로 탈바꿈했다. 반면 공급을 중단했던 PDP는 신생 홈쇼핑 채널 한 곳에만 단독으로 공급했으며, 당연히 높은 마진을 확보하고 거래를 전개했다. 신생 홈쇼핑 채널의 매출도 커졌고, 당사도 이익을 많이 봤다.

그러나 경쟁사는 홈쇼핑 채널에 LED 신제품이 맞지 않을 거라는 인식으로 초기에 주춤거렸고, 홈쇼핑에 맞는 라인업을 개발하지 못했던 터라 나중에 후발 주자로 따라와서 큰 재미도 못 보고 계속 우리 공세에 끌려다녔다.

바둑도 마찬가지다.
먼저 들어가면 상대방이 따라 들어올 수밖에 없고, 따라 들어와도 먼저 돌을 놓고 선수를 치는 게 지속적인 이득을 보는 것. 이게 '선수 선략'인 것이다.

3) 선제(先制)
'선수를 쳐서 상대방을 먼저 제압함'
선제 영업 사례들도 많이 볼 수 있다. 특히 가격 운영전략에서는 더욱 그러하다. 먼저 가격을 깎고, 먼저 뺏어 먹고 나면 나중에 따라오는 회사는 결국, 가격만 내리고 시장점유율은 줄어들고 원상복구 되는 경우가 비일비재하다.
예를 들어 보상판매를 한다고 가정하자. 먼저 시행한 회사에서 초기 수요를 먼저 흡수하지만, 나중에 따라 들어오는 회사는 앞서 진행한 회사보다 그 효과를 노리지 못하게 된다.
따라서 마케팅과 영업의 많은 결과가, 먼저 제압하는 '선제'의 아이디어에서 결정된다. 그래서 '고민을 많이 해라. 아이디어를 많이 내라'고 하는 것이 모두 이 선제 전략의 바탕에서 요구되는 것이라 할 수 있다.
그 당시 한국 시장에는 브라운관 텔레비전 7백만 개가 남아 있었다. 가게나 편의점 등 거의 소규모는 대부분 브라운관 텔레비전을 그대로 시청하고 있었는데, 결국, 이 7백만 대를 신규 수요로 돌리지 않으면 수요 창출이 불가한 상황이었다.

이에 브라운관 보상판매를 위해 6개월에 걸쳐서 사전 준비를 했었다. 국내는 공정거래법상 과도한 판촉비를 남발할 수도 없다. 또한, 필요한 증빙이나 여러 부분의 프로세스 보완도 필요하다. 하지만 경쟁사보다 미리 준비한 다음, 그 해 첫 보상판매는 대박이 났다. 이미 쓸모없는 브라운관 텔레비전 20~30만 원에 보상을 해주었고, 많은 소비자의 평면 텔레비전 교체 수요를 단기간에 흡수할 수 있었다.

반면, 미리 준비하지 못한 경쟁사는 곧바로 동참할 수도 없었고, 몇 개월 후 나중에 따라 들어왔지만, 이미 수요를 당사가 흡수하고 난 뒤라 비싼 대가를 치르며 대응 수준의 영업밖에 할 수가 없었다.

4) 선공(先攻)

'운동 경기 등에서 상대방을 먼저 공격하는 일'

농구 경기를 보면, 내가 공격을 먼저 시작하면 나중에는 경쟁사에도 한 번의 기회를 준다. 많은 운동 경기는 동일한 조건에서 절반을 나누는 경우가 많다. 그러나 영업이나 장사는 서로에게 한 번씩 기회를 공평하게 주지 않는다. 특히나 영업에서는 시장점유율 확대라는 치명적인 목표가 있다. 시장점유율은 한 번 올라가면 쉽게 떨어지지 않는다. 반면 한 번 내려간 점유율은 쉽게 끌어올리지 못했다.

당시 3D TV 시장은, 시장점유율 싸움이 피를 말리는 정도였다. 경쟁사와 당사 중 둘 중 하나는 죽어야 끝나는 게임이었다. 당시 L사는 오너 형제인 K 부회장이 CEO를 맡으면서 3D TV에 몰빵하고 세계 1등 삼성전자를 때려 부순다는 기세였다.

나는 금요일이 되면 주말에 경쟁사가 내놓을 수 있는 가격정책을 항상 3단계까지 시뮬레이션했다. 그리고 실제로 주말에 특정 경로에서 경쟁사가 TV 판매단가를 인하하면, 예상했었던 듯이 그대로 엎어서 대응했다. 그 대응 전술이 항상 최소 3단계까지 미리 준비했다. 그리고는 언제나 당사가 첫 공격을 시작했다. 거기에 경쟁사가 대응하면, 그 즉시 다음 재반격에 들어갔다. 필자의 경험으로는, 경쟁사가 하루 동안 2회까지는 가격에 대응해서 따라왔지만, 3회째 되면 거의 손을 들었다.

시장은 항상 이와 같다, 먼저 선공을 날리는 쪽이 쉐어를 먼저 차지한다. 후발 주자는 항상 더 큰돈으로 방어를 할 수밖에 없다. 더군다나 경쟁사가 방어로 나오는 전술에 다시 한 번 재공격을 가하면, 경쟁사는 미리 준비해 둔 전략·전술이 없으므로, 그냥 무너진다.

영업은 시장점유율 싸움이다. 한 번 떨어진 점유율을 다시 끌어올리기 위해서는, 앞서 행한 비용의 2배 이상이 들어가야 원상 복귀를 시킬까 말까 한다. 그래서 영업이나 마케팅에 선공이 중요한 이유가 여기에 있는 것이다.

5) 선점(先占)

'남보다 앞서서 차지함'

시장점유율을 늘리기 위해서는 채널의 파이프라인(Pipe line)을 늘리는 것이 가장 첩경이다. 우리나라 역사상 단일 개봉관에서 가장 많은 관객을 유치한 영화는 임권택 감독의 '서편제'이다. 1993년 4월부터 종로 단성사 단 한 곳에서 개봉관 기준으로 103만 명의 관객이 이 영화를 보았다.

지금으로 보면 이 숫자가 아무것도 아닌 것으로 보이지만, 실상을 알고 나면 그 기록은 실로 놀라운 것이다. 1개 개봉관에서 1백만 관객을 유치한 것은 서편제가 유일하다. 그러나 서편제가 단성사에서만 백만을 뛰어넘은 이후로 그 기록은 계속 깨져 나갔다.

그 첫 번째 기록을 깬 것이 삼성영상사업단이 투자한 강제규 감독의 '쉬리'이다. 쉬리는 240만 명의 관객이 들었는데, 이는 동시개봉관 기준이며 그 당시 쉬리를 동시 개봉한 영화관 수는 200여 개였다. 따라서 극장 한 개와 200개 극장의 관객 수를 비교해 보면, '서편제'가 얼마나 대단한 역작이었는지 잘 알 수 있다.

이후 '쉬리'의 기록을 깬 것이 'JSA 공동경비구역'이며, 그 이후에 나오는 영화는 웬만하면 과거 기록을 지속해서 돌파하고 있음을 알 수 있다. 그 이후로 나온 영화들이, 작품성이 좋아서 기록을 경신할 수 있었을까?

그 이유는 이미 짐작하셨겠지만, 그 당시 한 개 극장이 여러 스크린으로 다원화하는 과정이기 때문에 '쉬리' 이후 개봉하는 영화는 개봉관을 계속 늘림으로써, 300~400개 그리고 1,000여

개까지 더 많은 개봉관을 차지하며 지속적인 기록을 만들 수 있었다.

여기서 말하고 싶은 것은 공급의 파이프라인이다. 어느 지역에 당사나 경쟁사 점포가 없는 공백 상권이라 가정하자. 이럴 때 먼저 들어가면 그 지역에서의 시장점유율은 먼저 차지할 수 있다. 또한, 동일한 환경하에서는 더 많은 공급 라인을 확보하는 것이 시장점유율을 올릴 방법이다.

이게 바로 '선점' 전략인 것이다.

2. 영업의 구조를 혁신하다

세운상가와 용산전자상가를 무너뜨리다

2002년 한일월드컵이 한창이던 때, 국내영업은 그룹 경영진단을 받았다. 주요 골자는 밀어내기를 근절하고 실판매 체제로의 전환을 제안받았다.

그때 나는 T/F 장을 맡아서 사업구조 혁신을 주도했다. 제일 먼저 했던 일이 세운상가와 용산전자상가의 도매점들을 정리하는 것이었다.

그 당시 영업문화는 경쟁사와 더불어서 전자상가 도매점에 누가 더 물건을 밀어 넣느냐에 따라 M/S(market share)와 경쟁력이 좌우되는 시대였다. 따라서 누가 먼저 발을 빼는 것은 스스로 시장점유율을 깎아내리는 꼴이라 여겼다.

펜대를 잡은 나는, 제일 먼저 도매점으로 가는 장려금을 0(zero)으로 만들었다. 물론 매입할 때 많이 사가면 더 많은 할인을 해주는 볼륨 에누리도 그때 모두 없애버렸다. 서서히 변화가 일어났다. 한때는 국내 전자사업을 주도했던 세운상가와 용산전자상가가 한순간 몰락의 길로 들어섰다. 대신 삼성전자는 단기간 국내시장 매출 감소는 어차피 안아야 했던 숙제였다.

2천 년대 초 그때를 정점으로 세운상가나 용산전자상가 내 소규모 소매영업자들은 전부 문을 닫았다. 지금 용산 상가를 가면 J 랜드와 외제 브랜드 말고는 소매상이 거의 없어졌다. 지금은 다양한 부품 파는 시장으로 전락했다.

한편으로 용산전자상가를 무너뜨리고 도매물량을 잡는다는 것이, 그게 말처럼 쉽지 않았다. 어차피 혁신이란 그런 것이다. 진단팀은 잘하고 있다고 격려하는데, 재무팀에서는 더는 매출 하락은 용서할 수 없다고 엄중하게 경고하며 무슨 방법을 쓰든지 다시 매출을 만들라고 했다.

혁신이 한순간에 어정쩡하게 변하는 순간이다. 국내영업이라는 말단부서에서 비서실에서 지시하는 사항을 무시할 수는 없었다. 그건 국내영업 수장인 사장도 어떻게 해볼 수 없는 일이었다. 난, 그때 깨달은 바가 있다. 결국, 마름들은 혁신의 선봉이 되기 쉽지 않다. 왜냐하면, 그들조차 모두 실적에 얽매여 있는 머슴들이기 때문이다. 결국, 혁신과 혁명은 오너가 직접 나서서 믿음을 가지고 밀어붙이는 게 가장 중요할 수 있다.

마름들은 그저 한 해 한 해의 단기 실적이 누구보다도 중요하기 때문이다. 조직에 속해 있는 마름들 대부분이 그러하다. 그래서 혁신의 길은 멀고도 험할 수밖에 없음을 그때 알았다. 그리고 예전에 모시던 L 사장 말대로, '내가 가장 힘이 있기 전까지는 참고 또 참고 힘을 키우는 게' 유일한 상책이다(비서실의 개입으로 용산전자상가의 개인용 컴퓨터 도매 방식은, 결국 그 당시에 축출하는 데 실패했다. 가전만 우선 성공했다. PC는 앞 장에서 말한 바와 같이 그다음, 다음 사업부장이 부임하고 나서 도매물량을 끊었다. 질기고 질긴 상가 도매영업과 싸움의 종지부는 한참 지난 후에야 가능했다).

밀어내기 영업을 한다는 것은, 소비자에게 물건이 가는 게 아니라 중간 도매상에게 재고로 남게 된다. 도매물량이 많다는 것은 그만큼 시장가격이 불안하다는 것을 의미한다. 이럴 때 소비자는 제품가격의 불안정에 의구심을 가질 수밖에 없다. 또한, 도매물량에 들어가는 에누리 비용이나 재고비용 등도 결국에는 소비자가 부담해야 하는 결과를 초래하게 된다.

이러나 저러나 고객 관점에서 생각하면 정답은 너무 뻔하다. 최우선이 고객의 편의성과 이익이며, 그다음이 기업의 단기적 성과다. 어떤 경우도 고객의 관점에서 중기적으로 판단해야 한다.

직영점 체제를 공고히 하다

삼성전자의 해외 영업은 딜러에게 물건을 넘겨주면 끝이다. 그 이후에는 딜러가 소매점에 재고를 이동해서 최종적으로 소비자에게 제품을 판다. 지금도 삼성전자는 해외 영업에서 하는 중간 거래선에 물건을 넘기는 방법을 셀인(sell in) 영업으로 부른다. 그리고 딜러가 소매점에 제품을 넘기는 것을 셀뜨루(sell through)라 하고 소비자에서 제품이 넘어가는 것은 셀아웃(sell out)이라고 한다. 따라서 해외 영업은 딜러가 담당하고 움직이므로 셀아웃까지 섬세한 영업은 몰라도 상관이 없다.

하지만 국내영업의 환경은 다르다. 직접 움직여야 하고 세부적으로 모두 알아야지 영업할 수 있다. 그 당시 한국 시장은 변화가 필요한 시점이었다. 삼성전자는 한일월드컵이 열리던 당시 가전대리점 1,600개, PC 대리점 1,700개 등 총 3,300여 개의 대리점을 거느리고 있었다. 온라인 시장이 막 태동하는 시점이었고, 세진컴퓨터가 갑자기 등장해 시장을 좌지우지했다. 그리고 대우가전에서 넘어온 H 마트가 매장 평균 평수 250평의 초대형 매장이라는 기치를 내걸고, '다 있다 더 싸다'라는 슬로건으로 메이커 전속 점 위주의 가전 시장을 급속도로 잠식해 나갔다.

그 당시 삼성전자 대리점의 평균 평수는 32평 수준의 소규모 매장이었다. 그리고 지역 동네 주민을 대상으로 월평균 5천만 원에서 1~2억 정도를 판매하는 영세한 수준이었다.

나는 경영층에게 다음과 같이 건의했다.

"지금은 우리 회사의 변화와 혁신이 요구되는 시점입니다. 대리점은 영세하고 양판점은 하루하루 커지고 있으며, 향후 온라인 시장도 당사의 시장지배력을 잠식할 것입니다. 지금을 놓치면 전속 대리점이 모두 몰락하고 시장의 힘은 대형 양판 업체로 이동할 것입니다."

다행히 경영층에서, 내가 보고서에서 제안한 의견을 그대로 시행하라 지시했고 필요한 자금이 얼마 정도 될 것인지 뽑아 보라 했다.

"전체 3,300여 개 대리점 매장 중 H 마트 대응을 하려면 최소 100평 이상 대리점을 200개, 상권이 작은 곳에 70평 이상 100개 정도 유지하고, 자회사를 통한 직영점을 200점 정도 만들어서 대형 디지털프라자를 500개 정도로 유지하면 전국을 장악할 수 있습니다. 이를 위해서는 3년간 5천억 정도의 유통 투자(매장 얻는 비용 + 인테리어 비용)가 필요합니다."

그날 이후 디지털프라자 매장 키우기가 급속도로 진행되었고, 그 결과 오늘날까지 삼성전자의 전속 점으로 그 위치를 점유하고 있다.

2022년 말 기준으로 대리점이 170여 개, 직영점이 180여 개 등 디지털프라자 350여 점이 여전히 시장지배력을 공고히 유지하고 있다. 반면, 2022년 말 기준 H 마트는 적자를 기록했다. 만약에 전속 점이 없는 삼성전자였다면, 대형유통사 적자의 늪을 메꾸어주는 힘없는 메이커로서 역할로 변했을 것이다.

나중에 자세히 언급하겠지만, 2009년 M킨지 컨설팅은 글로벌로 전속체제는 없다. 미국을 보더라도 베스트바이 등 양판점이 독주한다. 따라서 비용투자가 많은 전속 점 체제를 버리고 양판점 체제로 들어서야 한다고 제안했다. 하지만 나는 그런 제안을 받아들이지 않았다. M킨지에서 파견 나온 담당자에서부터 팀장, 그리고 파트너와 1:1 디베이팅을 통해서 전속체제 유지라는 컨설팅 결과를 만들었다.

양판점이 겉으로 보기에는 돈이 덜 들어가는 것처럼 보이지만, 자체 O/H를 감당하지 못해 적자가 난다면 결국 메이커를 상대로 적자보전의 요구를 하게 될 것은 너무나 자명하다.

새로운 가격체계를 만들다

그 당시 삼성전자의 에누리 정책은 대부분 볼륨 에누리(Volume enuri)였다. 필자는 기존의 가격체계를 뛰어넘는 새로운 가격구조를 만들었다. 그 가격구조가 지금도 삼성전자 국내영업에서 사용되고 있는 SPI(Sales price innvation)제도이다.

그전까지만 하더라도 삼성전자의 가격정책은 많이 사가면 많이 깎아주는 가격체계였다. 이 볼륨 에누리는 전자제품이 속해 있던 '오픈프라이스 제도*' 상황 속에서는 아주 곤란한 가격정책이었다.

오픈프라이스 제도는 소비자 판매가격을 유통에서 정하는 구조다. 메이커가 개입하게 되면 공정거래에 위배된다. 그렇다면 볼륨 에누리 정책으로만 유지되면 시장은 어떻게 될까? 한마디로 판매량이 앞선 양판점이나, 자회사 직영점이 가장 높은 에누리율 혜택을 받게 될 것이다. 이 말은 판매량이 많은 유통에서

---

* 오픈프라이스 : 소비자 재판가를 메이커가 정하지 못하고, 판매업체가 정하라는 정부 지침. 위배 시에는 시장 재판가 개입으로 처벌을 받는다.

가격을 가장 싸게 팔 수 있는 여력이 생김을 의미한다.

　이럴 때 중소 영세상인 당사의 대리점들은 다 망하게 된다. 한마디로 가격 경쟁력이 없기 때문이다. 따라서 전 유통 별로 시장 가격이 안정화될 수 있는 새로운 가격체계의 도입이 요구되었다. 그래서 고안해 낸 아이디어가 필자가 제안한 SPI 제도였다.

　필자가 제안한 새로운 SPI의 골자는 다음과 같다.
　유통사별로 전자 공시된 재무재표를 기준으로, O/H에 입각해서 사전에누리를 정하는 가격 할인 구조다. 그러니까 유통사별 O/H에 맞추어 가격 에누리 정책을 시행하면, 소비자 가격은 비슷한 가격대에 형성될 것이라는 가정하에 출발했다.
　삼성전자는 아직도 필자가 만들었던 그 가격구조를 그대로 사용하고 있다. 오픈프라이스 제도가 이 상태로 지속한다면, 전체 구조를 바꾸기 쉽지 않을 것이다. 하여튼 결론은, 새로운 유통의 질서에 맞는 새로운 가격체계 도입이 이루어졌고, 삼성전자는 많이 가져가는 거래선보다, 소비자에게 직접 많이 파는 거래선 위주로 혜택을 받도록 변경했다.
　영업정책의 패러다임을 바꾼 것이다.

3. 장사에는 법칙이 있다

당신 딸이라면 헐값에 넘기겠는가?

삼성전자에서 85인치 TV가 처음 시판되었을 무렵의 얘기다.

세계 최초로 85인치를 예술 작품화하여 국내 첫 출시를 하는데 있어서, 판매가격을 얼마로 할 것인가에 이견이 있었다. 모든 공산품이 그러하듯이, 판매가격은 제조 원가를 base로 정하게 되어 있다. 그러나, 일부 특정 모델은 원가 베이스에 더하여 주변 환경 상황을 고려해서 결정하는 예도 더러 있다.

예를 들면, Loss leader 상품으로 손해를 볼 수도 있고, 노이즈 마케팅을 위해 쇼킹하게 고가 정책을 책정하는 예도 있다. 하여튼 간에 85인치 TV의 국내 시판 첫 판매가격을 얼마로 두느냐에 대해 제조사업부와 판매사업부 간 미팅 시간이었다. 2천만 원대, 3천만 원대, 4천만 원대 중 어떤 가격으로 판가를 결정하느냐가 마지막 의사결정의 문제였다.

원가와 품질을 생각하면 4천만 원대가 적당하지만, 위화감 조성 등 사회적 의식을 고려하면 손해를 보더라도 2천만 원대가 어떠냐는 두 가지 내용으로 갈라졌다. 그때 필자가 '딸 시집보내기' 이론을 들고 나왔다(솔직히 이론이 아니고 한마디로 궤변 비슷한 거라고 할 수 있다).

"지금 이 자리에는 사장님 이하 개발실장, 상품기획팀장 등 고위급 임원들이 모두 모였습니다. 개발팀장님! 제가 질문을 하나 하겠습니다. 올해 세계 최초로 출시하는 85인치 TV를 대충 만들었습니까? 아니면, 품질에 대해 자신이 없습니까?"

이 질문에 대해 개발팀장은 단호히 세계 최고의 품질과 스펙, 그리고 화질을 갖춘 명품임을 자랑스러워한다고 설명했다. 이어서 내가 다시 말을 이어 갔다.

"저는 제품도 사람과 같다고 생각합니다. 이 제품을 만들기 위해 개발팀, 구매팀, 생산팀 등 많은 사람이 불면의 밤을 지새웠고, 아름답고도 훌륭한 제품으로 보여주기 위해 금이야 옥이야 최선을 다했을 걸로 생각합니다. 따라서, 저는 이 TV가 그냥 무생물이 아니라, 여기 계신 제조사업부 여러분들의 늠름한 아들이고, 예쁜 딸이라고 생각합니다."

이상한 논리지만 내 나름으로 선배 임원들을 설득시켜 나갔다.

"그런데 왜 이 훌륭한 제품을 싼 가격에 팔려고 합니까? 왜 주위 눈치를 봅니까? 만약 여기 계신 임원들의 진짜 딸이라고 생각해도, 손해 보는 헐값에 넘기겠습니까? 주변의 눈치만 보고 있겠습니까? 저는 정정당당한 가격을 받아야 한다고 생각합니다."

내 말이 끝나기 무섭게 TV사업부장이던 Y 사장이 칭찬을 들고 나왔다.

"물건 파는 사람이 싸게 팔려고 하는 법이고, 만든 사람이 비싸게 받아야 한다고 말하는 법인데……. 우리는 지금 오히려 거꾸로 얘기하고 있다."

필자의 말에 판매자의 영혼이 들어 있다며 칭찬을 아끼지 않으셨다.

"저렇게 판매 단에서 자신이 있다고 하는데 우리가 무엇을 못하겠느냐, 정상적인 가격으로 승부하자."

라고 마무리를 끝냈다. 그리고는 85인치의 초기 출시 가격은 4천만 원으로 결정되었다. 그 당시 제조사업부는 비서실에서 가격을 좀 낮게 세팅하라는 주문이 들어온 터라, 개발팀에서는 그 제안을 받아들인 상황이었다. 난 그걸 반전시킨 것이다.

나는 지금도 우리 회사에서 만든 물건을 파는 사람이다. 파는 사람, 즉 영업의 주된 임무는 제값 받기다. 받아야 하는 기본가격보다 더 받아 와야 하는 게 영업의 기본이라 생각한다. 누구나 할 수 있는 일임에도, 받아야 하는 기본가격도 못 받는다면 영업인으로서 자격 미달이다. 좋은 물건을 싸게 파는 일은 누구나 할 수 있다. 좋은 물건을 제값 받고 정정당당히 영업하는 것이야말로 진정한 프로 영업인이다.

꼭 기억하시라.

'내가 팔고 있는 이 제품이 내 아들딸이라면, 과연 헐값에 넘

기자는 얘기를 할 수 있겠는가?'

피 흘리는 병사의 명예를 생각하라

　회사를 30년 다니면서 본의 아니게 TV 장사를 해본 경험이 생겼다. 나는 대부분을 기획, 운영, 전략 등 스탭 업무에 있었고, 실제 영업에 있으면서 장사는 처음이자 마지막 경험이었다. 이 또한 내가 원해서 시작한 게 아니라, 위기에 빠진 TV 사업을 일으켜 달라는 취지로 요청 아닌 명령으로 시작되었다.
　장사를 하면서 한 가지 원칙은 꼭 지키고 싶었다. 대한민국의 TV 판매 수장으로서 영업의 자존심은 지켜주어야 한다 판단했다. 영업의 자존심? 그게 말하는 것이 무엇인가? 그 답은, 수많은 전장에서 피 흘리고 싸우고 있는 우리 병사들의 명예라 생각했다.
　이런 결심에 따라, 처음 2년간 장사를 하면서 명절을 제외한 공휴일에 딱 두 번 휴일을 쉬었던 것 같다. 바꾸어 말하면 딱 두 번 빼고는 공휴일에 모두 출근을 했다고 보면 된다.

　그렇다면 도대체 왜 그랬는가?
　첫째는 동료의식과 리더십이었다. 전자제품은 주말에 손님이 많다. 그래서 주말 토일 이틀 장사가 주중 5일 장사와 거의 맞먹는 실적을 기록한다. 그래서 주말이면 판매현장, 즉 고객 접점인 매장에서는 더 바쁜 일상을 보내게 된다. 그래서 판매사원들은 주말에 근무하고 평일에 휴무일을 잡는다. 반면 필자는 스탭이라 주말에 출근하지 않는 게 원칙이다.

그러나 주말 아침 침대에 누워 있을라치면, 전쟁터에서 피 흘리며 싸우고 있는 우리 병사들이 떠올라 감히 누워 있을 수 없었다. 한마디로 내 마음이 홀가분해지고자 그냥 회사로 나갔다.

출근하면, 맨 처음 하는 일이 전 판매 경로 담당자에게 주중 실적과 주말 판매 동향에 대해 문의하는 일이었다. 그래서 한 주간의 현장 흐름을 파악하고 나면, 금주 주말과 내주 예상에 대한 판매계획을 수립하였다. 그리고 마지막으로, 한 주간의 판매 동향에 대해 제조사업부 수장인 사장에게 메일로 보고를 드리는 것으로 주말 업무를 마감했다.

둘째는, 내가 부임했던 이유가, 삼성전자의 대표 품목이자 자존심이라 할 수 있는 TV가 처음으로 적자 전환했다. 7월 누계 적자 90억 수준이었는데, 그걸 연말까지 +200억 흑자로 맞추라고 회사는 요구했다. 그러면서 나를 7월 중순에 발령을 낸 것이다. 그래서 그 위기를 단기간에 빠르게 돌파하기 위해서는 특단의 대책이 필요했고, 그렇게 하기 위해서는 주말을 쉬어가면서 일을 할 수가 없었다. 회사와 TV 판매에 관련된 병사들의 자존심을 생각하며, 휴일까지 내가 할 수 있는 모든 베팅을 다 했다.

결과는 어땠을까요?

독자들은 제가 이 글을 쓰고 있는 이유는 물론 좋았기 때문일 거로 생각할 것입니다. 맞습니다. 결과는 좋았습니다. 7월 말에 사업을 넘겨받은 누적 적자를, 9월 말 누계로 흑자 전환하였습니다. 연말 누계로 몇백억을 남기는 기적을 이루었고 그다음 해에는 1천억이 넘는 흑자를 기록했으며, 이익률로는 지역 총괄 중 단연코 글로벌 탑이었습니다. 아직도 한국 TV 사업 역사상 기록으로 남아 있습니다.

역시 진인사대천명입니다. 내가 내 역할을 뼈가 부서지게 다하고 나서, 하늘의 가르침을 기다리는 것입니다. 그리고 꼭 잊지 말아야 할 것이 있습니다.

리더의 덕목인, 병사들에 대한 최소한의 희생은 수습하고 반드시 명예를 회복시켜줄 수 있는 책임감은 잊지 말아야 합니다.

전략은 전술 위에 있고, 전술은 전략 아래 있다

허름한 시장에서 난전을 차린다 해도 반드시 '전략'은 있어야 한다. 장사하며 후배들에게 가장 강조한 부분이 바로 전략이다.

"지금 우리들의 '전략'이 무엇인가?"

그렇다면 지금 우리가 하는 일은 '전략'에 반하지 않는가? '전략'에 준하고 있는가?

"혹시 전략도 없이 임시방편으로 단순 전술을 펼치지는 않는가?"

등에 대해 항상 질문과 대답을 지속으로 하면서 업무를 추진했다.

예를 들어보자.

시장에서 장사한다고 치자. 그럼 어떤 장사를 할 것인가 정해야 한다.

국밥 장사를 한다고 친다면, 국밥 한 가지만 할 것인가? 나머지를 섞을 것인가를 고민해야 한다. 그럼 지금부터 우리의 전략은 '다른 식당에서 따라올 수 없는 국밥을 만들어 보자'라고 정했다면, 육수에서부터 소고기, 우거지, 그리고 김치까지 남들보다 더 뛰어난 무엇을 찾아야 한다. 그리고 그 방향으로 지속적인 일관성을 유지해야 한다.

그게 전략이다. 한 가지를 팔면서 열 가지의 구색을 갖춘 식당을 이기려면, 그 한 가지에 대해서는 전혀 남다른 전략이 있어야 한다.

여기서 생각해 볼 문제가 있다.

그런데 막상 장사를 해보니 국밥이 잘 안 팔린다. 그래서 나온 대안이 국수도 팔고, 라면도 팔게 되면 애당초 초기 전략에 위배된다. 이렇게 되면 이때부터 기본이었던 전략이 흔들리게 된다. 국밥 한 가지를 잘 팔자고 전략을 세웠으면, 국밥이 왜 안 팔렸는가의 원인과 이유에 대해 다시 철저히 따지고 들어야 한다.

그렇게 원인을 파악하고 문제점을 개선해서 국밥을 더 잘 팔리게 해야 하는 것이 전략이다.

혹시 국수와 라면을 추가하려고 한다면, 현 구조에서 국수와 라면을 추가해서 움직이는 전략을 새로 수립하고 나서야 시장에 뛰어들어야 한다. 그런데 대부분의 영세업을 하는 이들은 아무런 전략 수립도 없이 막연히 국수와 라면을 메뉴로 추가한다.

비단 기업도 이런 예가 다반사다.

　앞서 언급한 바와 같이 국수와 라면을 메뉴에 추가해야 한다고 하면 하루아침에 단순히 추가하면 안 된다. 이 상권과 고객의 특징을 연구한 다음 저가부터 고가까지의 다양한 라인업이 필요하니까 메뉴의 확장성이 더 나은 전략이라고 판단이 선다면, 그때의 새 사업전략은, '다양한 가격대와 품목을 통한 저변 고객의 확대'라는 새로운 전략을 재수립해놓고 출발해야 한다는 것이다.

　조금 더 이해를 돕기 위해 내가 했던 경험을 토대로 설명을 덧붙인다. 내가 사업을 맡았을 때가 7월 누적 적자 90억 수준이었다. 실로 국내의 TV 사업 역사상 처음 맞는 적자였다. 따라서 내가 할 수 있는 첫 번째 사업전략의 기조는 흑자전환이었다.

　맨 처음 한 일이 쓸데없는 비용 축소였다. 일단 군더더기를 버렸다. 그렇다면 군더더기의 정의는? 지금 당장 필요하지 않은 것은 다 정리했다. 언젠가 필요하다고 생각이 들고, 꼭 필요할 때가 오면 돈 벌어서 나중에 다시 하자고 판단했다.

　다음은 적자 사업의 정리였다. 그 당시 TV는 PDP, LCD, LED로 구성되어 있었다(Plasma diplay panel, Liquid crystal display, Light emitting diode-원어만 표기했으며, 기술적 방식은 생략한다).

　LED는 당해 연도 신형인데, 몇 대 팔리지 않았다. 그런데 이익률은 아주 높았다. 반면 PDP는 30% 정도의 비중을 차지하고 있었는데, 모든 모델이 모두 적자였다. 사업을 맡은 지 바로 다음 달 정책에서 PDP 가격을 10% 인상하라고 했다. 그러자 TV 사업을 7년을 했다는 후배가 다음과 같이 질문했다.

"아직 TV 사업을 잘 모르시는 모양인데요, 판가를 10% 인상하면 경쟁사에 M/S를 다 뺏깁니다. 안 그래도 PDP는 M/S 열세인데, 절대 그러면 안 됩니다."

이에 대해 내가 후배에게 다음과 같이 설득했다.

"S 과장! 우리의 지금 전략이 무어지?"

"예, 돈 버는 겁니다."

"그럼 이렇게 적자 구더기인 PDP를 왜 팔아야지?"

"돈도 중요하지만, M/S도 중요합니다. M/S 깨지면 난리가 납니다. 아직 잘 모르시는 모양인데요. 이익보다 영업은 M/S가 더 중요합니다. M/S 개악은 죽음입니다."

이에 나는 다음과 같이 또 질문했다.

"내가 또 묻겠는데, 우리의 전략 기조는 돈 버는 거야? M/S 지키는 거야?"

이에 S 과장의 대답은,

"돈도 벌고 M/S도 지켜야 합니다."

지루한 말장난은 계속 이어졌다.

"지금 전쟁을 한다고 생각하자. 우리의 목표는 원산(북한)에 주요 거점을 점령해야 해. 이게 목표야?. 그런데 나는 어떻게 이야기해야 할까?"

"제군들! 저 고지를 꼭 점령하기 바란다. 그게 우리의 목표다. '그런데 꼭 그대들도 살아오길 바란다.'라고 얘기하겠지. 그렇다면 투입되는 특공대 대장은 고지를 점령해야 해? 전우들을 모두

살려서 와야 해?"

그러자 S 과장은 잠시 멈칫하더니, '고지를 점령하는 게 우선일 거 같습니다.'라고 했다. 이에 내가 다음과 같이 말을 했다.

"전략은 우선순위가 있는 법이다. 1, 2, 3을 다 하는 게 가장 좋지만, 어떤 때는 그 셋 중에서 하나만 골라야 할 때가 있다. 지금이 나는 바로 그 때라고 생각한다."

S 과장을 설득하고 PDP 판가를 매월 10%씩 올렸다. 3개월 연속으로 가격을 올리니, BEP를 넘기는 수준까지 왔다. 하지만 PDP 매출은 급락했다. 다행히도 PDP 매출이 빠지는 것보다, LED 수요가 더 급증했다. 아이러니하게도 원래 경쟁사의 절반도 M/S를 못 하고 있던 PDP 인지라, PDP 시장수요가 줄어드니 오히려 TV 전체 M/S는 개선되는 효과를 보였다. 이해가 잘 안 될 것이지만 실제 그랬다.

더욱 놀라운 건, PDP 가격을 올리고 수요가 내려간 만큼 LED에다가 총력을 기울였고, LED가 모델군 MIX 비중 10%에서 단, 3개월이 안 되어서 비중을 30% 이상으로 끌어 올렸다. 이러니까, 이익이 쏟아졌다. 단가가 높은 LED 신모델의 팔리는 양이 늘어나니, M/S는 더욱 벌어졌다.

사업을 하다가 보면, 전략과 전술에서 헷갈릴 때가 많다. 그럴 때일수록 전략을 다시 돌아보아야 한다. '나는 처음 세운 전략대로 움직이고 있는가?' 그래야 의사결정의 일관성이 지속되는 것이다. 사업의 영속성이 계속되는 것이다.

사업의 기본은 판가(sales price)

장사는 무엇인가? 과연 무엇일까? 이 부분에 대해 끈질기게 질문하고 스스로 답을 구했다. 장사라고 함은 본인이 싸게 만들거나, 아니면 다른 곳에서 싸게 사 와서, 소비자에게 비싼 가격에 많은 개수를 팔아서 높은 이익을 남기는 게 장사다.

그래서 제조를 책임지는 생산공장의 지상과제는 싸게 만들어 원가를 낮추는 것이고, 그 공장 안에서도 구매의 과제는 남보다 싸게 매입을 해오는 일이다.

그렇다면 영업의 지상 목표는 무엇인가? 영업은 비싼 가격에 많이 파는 것이 업의 목적이 되는 것이다. 말이야 쉽지만 비싼 가격에 많이 팔 수 있을까? 과연 어떻게 하면 비싼 가격에 많이 팔릴까?

앞서 언급한 바와 같이, 나는 2010년 하반기부터 13년까지 상반기까지 삼성전자 한국지역 TV 판매 책임자로 일하면서 전무후무한 두 자릿수 이익을 매년 기록했다. 테크놀로지 사업은 이익이 박하기에 두 자릿수 이익 시현은 거의 불가능한 수준으로 인식되어 있었던 터였기 때문에 더 놀라운 수치였다.

결과적으로 말하자면, 6개월 정도의 짧은 시간에 그것도 장사를 한 번도 안 해봤던 초보자가 두 자릿수 적자 사업을 두 자릿수 흑자로 전환했다. 그리고 그다음 해부터는 두 자릿수 이익을 계속 만들어 냈다.

다시 본론으로 돌아오자.

비싼 가격에 많이 파는 게 가능할까? 어떻게 하면 비싼 가격에도 많이 팔 수 있을까? 그 당시 장사를 할 때 직원들에게 몇 가지 영업 철학을 강조한 부분이 있었는데, 오늘 여기서 얘기할 내용이 '장사=판가'의 철학을 얘기하려고 한다(판가 : 판매가격).

맨 먼저 장사의 첫 번째는 전략의 순위를 정해야 한다. 장사는 비싼 거를 많이 파는 게 핵심이다. 나는 상기 둘 중(비싼 거×많이 파는 거)의 하나를 우선 고르라고 하면, 비싸게 팔자를 선택했다. 이게 장사의 기본인 판가 관리이고 흔히들 말하는 프리미엄 전략이다.

가격정책은 최고급 모델의 포지셔닝에 따라, 그 밑에 있는 라인업의 성능과 디자인의 차이에 따라 적정 갭을 유지하며 아래 단계로 가격이 매겨진다. 따라서 최고급 프리미엄 라인의 가격이 아주 높은 곳에서 형성되지 않으면 나머지 라인까지 줄줄이 갭을 두고 내려가야 한다.

반대로는 어떨까? 많이 팔기 위해서 저렴한 제품으로 수량을 늘린다고 생각을 할 수 있다. 하지만 이럴 경우 십중팔구 가장 낮은 가격의 라인업이 그 위에 있는 고급 라인업까지 적정 갭에 따라 가격을 끌고 내려오는 성향을 가지고 있다.

이게 '가격의 하방경직성'이다. 한 번 무너져 내린 판가는 다시 세우기 쉽지 않다. 왜냐하면, 시장과 고객은, 그 포지셔닝을 감각적이고 본능적으로 기억하고 있기 때문이다. 따라서 특정 모델의 개별 판가가 유난히 떨어졌다면, 그 모델의 판가 회복을 위한 노력보다 차라리 그 모델은 단종하는 게 빠른 지름길이다.

단가가 떨어진 그 모델 옆에 있는 모델도 오염시키기 때문이다. 귤이 한 박스에 있으면, 썩는 귤이 처음에는 한 개였다가 곧 두 개. 2주 안에 박스 내 모든 귤을 썩게 만드는 이치와도 같다. 나는 직접 장사를 하면서, 먼저 가격을 세우고 그다음에 수량을 늘리려는 전략으로 움직였다. 이게 많은 이익을 견인한 결과였다고 생각한다.

지금까지의 내용을 정리해보자.

마켓쉐어도 늘리고 이익도 개선할 수 있을까? 물건을 비싸게 받으면서 많이 팔 수 있을까?

이런 등등의 딜레마에 직면하게 되면, '둘 다 할 수 없다' 아니면 '둘 다 할 수 있다'라고 생각하기보다는 전략을 돌아보고, 그 우선순위에 따라 목표를 설정해 나가야 한다.

제일 어리석은 결정이 한 번에 두 가지를 동시에 하려고 무리수를 두는 것임을 명심하시라. 자유형을 하면서 배영까지 동시에 할 수 없다. 속도를 내려면 자유형을 선택해야 한다. 그리고 휴식이 필요할 땐 배형으로 전환해야 한다.

장사의 기본은 우선이 판가임을 명심하자. 프리미엄 전략으로 평균가격의 포지셔닝을 상층에 형성한 뒤에 그다음에 수량을 늘리려고 하자.

끝으로 시장가격은 한 번 떨어지면 시장과 고객이 먼저 그 포지셔닝은 기억하게 된다. 또한, 맨 밑의 저가 라인업이 전체를 끌고 내려가는 '하방경직성'이 있다는 것도 반드시 기억해야 한다.

이익을 창출하는 가격 운영력

앞서 말한 바와 같이 필자가 생각하는 장사의 전부는 '판가'다. 판가는 두 가지 요소가 존재한다.

첫 번째는 가장 가격이 높은 하이엔드(High end)의 포지셔닝이다.

두 번째는 가장 가격이 낮은 로우엔드(Low-end)의 포지셔닝이다.

장사하는 사람은 상기 두 가지 모델의 포지셔닝을 목숨처럼 생각해야 한다.

우선, 가장 하이엔드에 있는 모델의 가격은 절대 아래로 내리면 안 된다.

가장 높은 가격 모델이 A라고 치자.

A 모델의 가격을 인하하는 순간, 그 밑에 있는 B, C, D까지 저절로 가격이 눌러서 내려가게 된다. 이걸 필자가 만든 말로 '하방눌림력'이라 한다(사전에 나오는 것도 아니고 이건 순전히 필자가 장사하면서 만든 말이다).

A 가격을 10만 원 인하하면, B, C, D는 가격을 건드리지 않았음에도 시장에서는 자연스레 10만 원 수준 밑으로 떨어져서 가격이 형성되게 되어 있다. 따라서 A 모델은 속된 말로, '얼굴마

담'격으로 절대 가치와 가격을 고수해야 한다. 그래야 만이 그 밑에 있는 친구들까지도 제 가격의 포지셔닝을 유지할 수 있기 때문이다.

다음은, 가장 로우엔드에 있는 모델의 가격을 내리면, 그 사업은 망한다. 필자가 장사할 때 가장 로우엔드에 있던 모델이 32인치 TV였다. 이 당시 중국산 32인치는 중국 내수가격으로 30~40만 원대였다. 이게 수입되어 국내에서 40만 원대에 팔렸다. 필자는 장사하는 내내 32인치 가격을 60만 원 이하로 판매해 본 적이 없다. 물론 원가는 좋았다. 하나 팔면 20% 정도 이익률이 났으니까 말이다.

제조사업부에서는 50만 원 정도 팔아도 이익이 가능하니, 가격 인하를 줄기차게 요구했다. 왜냐면 시장에서 이미 40만 원대 중국산이 있기 때문이다. 하지만, 나는 절대 동의하지 않았다.

32인치 가격을 10만 원 내리면, 32인치만 내리는 게 아니다.

32인치를 시발로 40인치 46인치 50인치도 가격이 내려와야 한다.

32인치는 10만 원 내리지만, 더 위로 올라가면 30만 원 40만 원이 내려와야 한다.

이걸 필자가 그냥 지어낸 말이 로우엔드의 '하방경직성'이다. 가격은 아래로 떨어지려고 하는 원천적인 성질을 가지고 있다는 말이다. 그런 상황에서 32인치를 내리게 되면 나머지는 따라 꼬꾸라지게 되는 것이다.

그때 제조사업부에서는 32인치만 5만 원 손해 보면 수량이 확대된다고 보았다. 하지만 국내시장을 책임지는 필자는 절대 동의하지 않았다. 그래서 내가 맡은 4년 동안 단 한 차례도 32인치 가격을 60만 원 미만에서 형성되게 만들지 않았다. 사람들은 32인치에서 많은 이익이 난다고 했다. 하지만 실상은 그게 아니다.

32인치가 그 위에 있는 전 모델의 가격을 떠받쳐 주고 있었기 때문에, 절대 금액은 그 위 모델들이 쏟아냈었다. 이런 결과, 국내시장에서 불가능해 보이던 TV 역사상 매년 두 자릿수 이익을 견인해 낼 수 있었다.

이 글을 읽는 독자 중 장사를 하고 있으시면, 필자가 말하고 있는 이 장이 가장 중요하다.

장사는 판가다. 그 판가는 제일 높은 놈과 제일 낮은 놈, 딱 두 놈이 쥐고 있다.

캠페인을 추진하다, BK7080

앞서 말한 바와 같이 가장 하이엔드 품목의 제값 받기와 성장성이 사업에서 가장 중요한 부분이다. 2011년 나는 국내시장에서 독보적인 위상을 마련하기 위해, 신제품 론칭 시점에 맞추어 특별한 캠페인을 준비했다.

그 이름은 'BK7080 캠페인' BK는 그 당시 TV사업부장인 Y 사장의 이름에서 따온 이니셜이다. 그리고 7080은 삼성전자 TV 모델 중 가장 하이엔드가 8000시리즈이고, 그 밑이 7000시리즈였다. 그리고 6000시리즈 이하가 보급형이며, 32인치는 4000시리즈까지 존재했다.

앞 장에서도 계속 말했지만, 수량을 많이 팔자는 캠페인은 의미가 없다. 그건 필자가 유독 싫어하는 분야다.

그래서 가장 하이엔드 딱 2개 군만 골라서 확판 캠페인을 전개한 것이다.

우선 각 지사나 지점별로 목표를 정했다. 다음은 우수조직과 우수사원에 대한 시상을 걸었다. 그리고 매주 진척을 체크하며 독려했다.

결과는 대성공이었다.

론칭 시기에 맞추어 진행했음에도 대부분이 전년비 50% 이상 성장률을 보여주었다. 앞장에서도 설명한 바와 같이 가장 하이엔드가 수량이 늘어나면 절대 매출액과 이익은 앉은 자리에서 저절로 만들어지게 되는 것이다.

이 장에서 말하고 싶은 바는, 영업에서 캠페인을 전개하더라고 로우엔드에 치중하면 망한다. 무조건 하이엔드의 수량과 비중을 얼마나 늘리느냐 하는데 주력해야 한다.

단, 가격을 고수하면서 말이다. 괜히 캠페인 한다고 하이엔드의 가격을 건드리면, '하방눌림력'으로 인해 전 모델의 가격이 따라서 아래로 꼬꾸라지기 때문이다.

명목판가를 지키면서 행할 수 있는 프로모션이 가장 현명하다

장사=판가에 대해서 많이도 언급했다.

오픈프라이스 제도하에서 시장가격 대응이 필요하긴 하다. 하지만 그 대응에서도 우선순위가 있다. 필자가 직접 장사했던 경험을 토대로 설명하고자 한다

A. 사은품

만약에 가격을 건드려야 하는 경우가 생기면, 제1순위는 사은품이다. 사은품은 명목가격을 유지하면서, 경쟁 가격 갭을 현물이 메우는 것이다. 이럴 경우, 여하간 TV를 취급하는 전 경로에서 명목가격은 유지가 되는 것이다.

참고로 TV를 판매하는 곳은 디지털프라자, H마트, J랜드, E마트, 홈+, 각종 할인점 온라인, 홈쇼핑, 집단상가 등이 있는데, 한쪽의 가격이 내려가면 나머지가 따라가게 된다.

필자는 직영점만 명품 밥솥을 사은품으로 사용한 적이 있었다. 백화점 소비자 가격은 70만 원인데 40만 원에 매입했다. 그리고 40만 원 가격 인하할 모델에 사은품으로 책정했다. 이럴 경우, 일단의 명목가격은 지킨다(대신 직영점 그 모델의 소비자가는 40만 원이 높아진다).

소비자에게는 70만 원의 혜택임을 부각시켜서 대응했다. 국내에서 최초로 명품 밥솥을 사은품으로 진행했다. 사은품은 명품에 가까울수록 더 잘 먹힌다. 왜냐하면, 가격이 서 있는 품목이 그 효과도 좋기 때문이다.

어떻게 되었냐고요?

흡족할 정도로 성공했습니다.

지금도 그 당시를 기억하는 많은 사람이 남아 있으니까, 그분들이 더 잘 기억할 겁니다.

가장 하이엔드 모델을 직영점 전용으로 사용을 했고, 그 모델의 명목 판가를 40만 원 더 올려서 책정했고, 그렇다 보니 그 밑에 모델들의 명목 판가도 따라 높게 책정됐거든요. 그 역할을 사은품이 해낸 겁니다.

B. 포인트

사은품 다음은 무엇인가?

명목가격 유지하되 소비자 혜택이 동일한 것은 '포인트' 정책이다. 이때 말하는 포인트는 카드사에서 주기도 하고, 유통에서 카드사와 협의해서 반반 부담하거나 아니면 유통업체가 100% 다 부담하는 방법이 있다(참고로 요즘은 현찰로 사면 제일 비싸다. 예전 90년대까지만 하더라도 현찰 주면 빼주는 그런 때가 있었는데, 지금은 거꾸로다. 부가세 탈세할 일 없으니 현금 받아봐야 덕 볼 일이 없다. 반면, 카드는 카드사에서 주는 정책 등이 더 실리기에 현찰이 제일 비싼 지급 방식이 되어 버렸다).

하여튼 포인트를 주면 그 즉시 가격 반영은 안 되지만, 차후에 소비자 혜택으로 돌아가게 된다.

그나마 이 포인트 정책이, 명목가격을 유지하는 방법 중 하나이다.

C. 판매 장려금

판매 장려금은 메이커가 유통업체에 판매 활성화를 위해서 주는 것을 말한다.

메이커에서는 즉시 손익에 영향을 받는다.

그러나, 소비자 혜택의 문제는 달라진다. 그 즉시 혜택을 반영하면 유통업체의 판가가 인하되어야 한다고 하지만 업체에 따라 장려금을 즉시 반영하지 않기도 한다. 이럴 때 소비자 판가는 떨어지지 않는다.

하여간 메이커 측에서는 장려금 정책을 쓰는 순간, 손익 측면에서는 즉시 반영되는 항목이므로 결코 권하고 싶지 않다. 하지만 유통업체에 사후 정책을 반영하려면 장려금 정책밖에 없는 현실이다.

D. 사전 에누리

출고가격을 정하고, 제품을 구매할 시에 사전에 가격을 할인해 주는 방식을 에누리라고 한다.

이는 메이커가 사전에 정하는 것이기 때문에 유통업체가 제품을 받을 때 이미 판가에 녹아 들어가 있다. 그렇기에 메이커나 유통업체에서 할 수 있는 게 아무것도 없다. 그냥 판가에 반영된 채로 유지된다.

그렇다면 사전에누리를 왜 쓰는가? 사실 쓸 필요가 없다. 시작할 때부터 깎아 줄 바에야, 출하가를 낮추어서 책정하는 게 정상인 것이다.

그러나, 사전 에누리를 쓰는 딱 두 가지 이유가 있다. 첫째는 사전에 깎아주더라도 경쟁사보다 출고가가 높아 보이게 하려는 경우, 다음은 혹시 사전에누리를 사용하지만, 어떤 경우 회수하여 다시 판가를 회복시키려는 의지가 있는 경우이다.

현재 에누리를 사용하고 있는 대부분이 첫 번째에 해당된다. 두 번째는 필자도 단 한 번 진행된 사례를 본 바가 없다.

E. 출고가 인하

앞서 말한 사전 에누리와 장려금이 자꾸 늘어간다면, 출고가와 실판가 차이에 갭이 점점 커지게 된다. 이럴 때 소비자는 가격에 불신을 초래하게 된다.

그래서 선택하는 것이 출고가 인하조치다.

출고가를 인하할 경우, 유통재고분은 그 가격 갭만큼 보상이 따라야 한다. 따라서 출하가 인하는 가장 최후에 선택하는 가격통제 수단이다. 지금까지 메이커가 쓰고 있는 가격정책에 대해 알아보았다.

그렇다면 왜 이런 정책들이 존재할까? 그건 경쟁사가 존재하고, 그 경쟁사에 걸맞은 가격정책이 따라야 하기 때문이다. 필자가 이 장에서 말하고자 하는 부분은 좀 다른 면이 있다. 가격정책을 쓰더라도 명목가격을 해치는 폭이 작은 것에서부터 고려하라는 측면이다. 명목가격이라도 유지하려고 노력하는 것은 이익 견인을 위해 매우 중요한 요소다.

공장이나 사업장에서 천원을 아끼기 위해서는 피나는 노력을 다한다. 그러나 의외로 시장 판가는 천원에 대해 너무 쉽게 생각한다.

결국, 장사해서 이익을 창출한다는 것은 처음부터 정한 가격에서 그 모델이 마지막 죽기 전까지의 판가가 훨씬 중요하다는 것을 말하고 있다.

장사=판가
영업하는 사람들은 꼭 명심해야 하는 명제다.

4. 영업은, 역발상의 연속이자 직진성의 결과

3D TV를 팔면서 안경을 빼다

TV 장사하면서 그때가 경쟁사와 가장 첨예하게 싸움을 했었다고 기억한다.

경쟁사 K 부회장이 L 전자 CEO를 맡으면서, '3D로 한판 붙자'라는 슬로건을 잠실야구장에 대형 현수막으로 내걸었다. 삼성전자는 세계 1등이라는 자존심이 걸린 문제고, L 사는 한국에서라도 어떻게든 1등을 꺾어보겠다는 필승의 다짐이었다.

그날 이후 TV 시장 전체가 3D로 대세가 확 바뀌는 순간이었다. 하지만 삼성전자의 3D는 L 사와 구동 방식이 달라서, 안경값이 상대적으로 비쌌다. 회사에서는 진짜 3D를 구동하려면 액티브 방식의 안경만이 가능하다는 엔지니어 입장이었고, L 사는 편리한 천 원짜리 안경으로도 어디서나 3D를 쉽게 볼 수 있다는 편의성을 내세웠다(엔지니어는 철저히 기술 중심의 사고를 하기 일쑤인데, 이게 1등일수록 더 고집스러운 경향이 있다).

어느 날부터 L 사는 3D 안경을 10개씩 지급하기 시작했다. 제품 박스에 아예 10개 묶음으로 포장해서 온 가족이 시청 가능하다고 광고를 강화했다. 이는 글로벌시장도 동일한 상황이었다.

앞서 말한 바와 같이 나는 매주 주말에 출근했다. TV를 팔고 있는 병사들이 전쟁터에서 피 흘리고 있는데, 그냥 발 뻗고 지낼 수가 없었다. 그냥 출근하는 게 마음이 더 편했다. 내가 출근을 하니까, 차장급 이상의 직원들도 따라서 회사로 출근했다. 누구 하나 기분 나쁘거나, 내가 왜 출근해야 하는지가 아니라, 스스로가 알아서 나왔다. 그게 PM(product manager)의 자존심이다.

그날도 토요일 오전에 회의실에서 우리끼리 얘기를 나누고 있었다. 그 주제 중의 하나가 3D 안경이었다. 그 와중에 N 과장이 기발하고도 어이없는 제안을 했다.

"상무님! 우리 그냥 안경을 빼는 게 어떻겠습니까? 쟤들은 안경 2개로 시작했다가 4개, 지금은 10개씩 주고 있습니다. 근데 그래 봐야 원가 만 원밖에 안 됩니다. 그러나 우리가 안경 10개 주면 망합니다. 안경값만 100만 원입니다. TV 본체보다 더 비쌉니다."

평소에 N 과장은 엉뚱한 소리를 잘하기로 유명했다. 하지만 그는 심지가 굵었다. 진짜 목에 칼이 들어와도 안 되는 건 안 된다고 했다. 본인의 의견 중 반하는 경우는 어느 누가 설득해도 수정하지 않는 친구였다.

"그래서 말입니다. 우리가 가장 경쟁력 있는 6350 모델은 아예 안경을 안 주는 겁니다. 대신 우리의 약점이 안경이 비싼 거 잖아요? 거꾸로 말하면 안경을 한 개 안 주면 가격을 10만 원을 내릴 수가 있습니다. 반면 L 사는 죽어도 그걸 못합니다. 안경이 천원이니까요"

완전한 역발상이었다.

그날 우리는 회의실에서 하이파이브하면서 박장대소했다.

그다음 주 월요일, 필자는 전 영업지점장이 모인 자리에서 6350을 주문할 때, 안경이 필요할 경우는 지금의 모델로 주문하고, 안경이 필요 없으면 새로 등록한 6350-X 모델로 주문하라고 설명했다. 나는 뻔히 알고 있었다. 그냥 안 준다고 하면 현장에서는 무조건 난리를 칠 것이다. 안경을 빼면 소비자가 외면하고, 거래선이 쌍수를 들고 반대할 것이라고 얘기할 게 너무 뻔하기 때문이다. 그래서 주문을 동시에 열었다.

결과는 어땠냐고요?

6350 모델 주문의 95%가 안경 없는 거로 들어왔습니다. 또한, 그 6350 한 모델의 판매 비중이 거의 40% 수준이었고, 그 모델이 원가도 낮아서 매출도 견인하고, 수익성도 좋게 했습니다. 당연히 3D TV 시장 M/S도 더욱 벌렸습니다. 그 당시 중동에 있던 후배 PM(product manager)이 연락이 왔습니다.

"L 사가 안경을 10개나 주는데, 우리는 무슨 방법이 없습니까?"

나는 한국처럼 안경을 빼라고 주문했습니다. 그러나 그의 대답은 너무나 단순했습니다. 3D TV에 안경을 안 주면 그게 3D TV냐 하면서 끝내 그 제안을 거부했습니다.

사람의 생각은 정말이지 생각하기 나름이고 또한, 사람들은 설득하기 나름이며 어려울 때일수록, 불가능해 보일수록 그냥 거꾸로 뒤집어 보면 답은 의외로 단순하게 생각 밑에 웅크리고 있을 경우가 많습니다.

홈쇼핑에 방송을 시작하다

지금은 홈쇼핑 채널에서 가전제품 판매가 일상화되어 있지만, 내가 TV 장사를 할 그 시기만 해도 홈쇼핑에 수수료 주고 나면 남는 게 없어서 적극적으로 어필을 하지 않았을 시기였다.

나는 생각했다.

채널은 마음에 드는데, 팔아봐야 적자이기 때문에 사전에 고민이 많이 됐다. 안 할 수도 없고, 하려니 돈만 까지고……. 그래서 두어 달을 고민한 끝에 다음의 결론에 이르렀다. 우선 적자를 내던 PDP, LCD 품목은 모두 방송에서 제외했다. 그리고 신제품인 LED 중 50인치에 대만산 패널을 채용해 홈쇼핑용으로 제작했다.

홈쇼핑 수수료를 제외하고도 흑자를 낼 수 있는 가격으로 신규 론칭했다. 처음으로 LED를 방송에 태운 결과 폭발적인 수요가 일어났다. 매출도 정상화되고 이익도 나는 구조로 바뀌었다.

다음은, 오프라인 전 채널에 PDP를 단종시켰다. 왜냐하면, PDP

는 팔아봐야 무조건 적자였기 때문이었다. 그리고 유일하게 홈쇼핑 중 신생 채널 한 곳에만 PDP 50인치를 공급했다. LED는 40인치와 46인치가 주력인지라, PDP 50인치를 LED 40인치보다 약간 비싸게 가격을 포지셔닝 했는데, 그게 먹혀들었다.

물론 홈쇼핑 수수료를 떼고도 흑자를 만들었다. 신생 홈쇼핑은 TV 판매 덕분에 매출이 몇 배로 뛰어올랐다. 드디어 2년 연속 적자이던 PDP도 흑자로 돌아섰다. 아무 유통업체에서도 못 팔게 단종을 시키고 홈쇼핑 한 채널에서만 방송을 때리니 그 수요는 그대로 존재하고 있었다.

결국, 같은 모델로 유통업체들이 각자 살고자 판매가격을 깨뜨리면, 전 유통이 다 골병이 든다. 그 골병은 다시 메이커에 손익보전을 요구하고, 메이커나 유통업체 모두 망국의 그늘로 들어가는 것이다.

그래서 싸움의 장을 서로가 구분 짓게 만드는 것도 '영업의 기술'이다. 채널이 원래 적자만 내는 곳이 아니라, 장사꾼이 적자가 나게 채널을 그렇게 운영한 것이다.

H 양판점과 OK 목장의 결투

한국의 전자시장은 메이커와 양판점의 힘겨루기가 일상이다. 비단 미국이나 구주도 한국과 다른 양상은 아니다.

내가 처음 TV 장사를 맡았을 때, 이미 설명했듯이 적자에서 흑자로 전환하는 게 최대의 목표였다. H마트는 국내 최대 양판점이다. 그곳에서 물건을 팔지 않으면, 출하량이 줄고 시장점유율도 영향을 받는다. 하지만 양판점의 가격 할인으로 인해, 거래하는 메이커는 거의 적자 수준이다. 이는 삼성이나 L 사도 예외가 아니다.

난, TV 책임자가 되고 나서, H마트 거래선을 아무도 만나지 않았다. 내가 물건을 더 사달라고 요청을 하지도 않았고, 그들에게서 어떤 부탁이나 청탁도 받지 않았다.

그러자 H마트 내에서 L 사와의 경쟁력이 절반 수준으로까지 추락했다. 하지만 난 꿈적도 하지 않았다. 내 방식대로 나의 길을 밀고 갔다.

웃기는 현상이 발생했다. H마트에 아무런 추가정책을 넣지 않으니까, 매출은 절반 정도로 줄었으나, 손익은 적자에서 흑자로 전환됐다. 어디 그뿐인가? 적자 채널이던 H마트에서 두 자릿수 이상의 큰 이익률이 발생하였다.

거래선에서는 나를 만나고 싶다고 사정사정했다. 하지만 난 삼성 TV 안 팔아도 좋으니까, 만날 이유도 없다고 했다. 왜냐하면, 괜히 만나봐야 L 사보다 마진이 작으니, 삼성의 마진을 더 올려달라고 얘기할 게 뻔하니 말이다.

나를 혼쭐내 주려다가 꿈쩍도 하지 않자, 결국은 H마트가 삼성 TV를 다시 팔기 시작했다. 경쟁력이 100 정도로 올라왔다. 하지만 그렇다고 난 추가정책을 더 주거나 하지 않았다. 똑같은 말을 했다. 당사의 마진이 없으면, 마진이 발생하게 가격을 높여서 팔라고 했다. 그리고 혹시 팔기 싫으면 안 팔아도 무방하다고 했다.

필자가 TV 사업을 맡은 3년 동안, H마트의 이익률은 단 한 번도 두 자릿수에서 떨어지지 않았다. 추가정책을 쓰지 않으면 무조건 메이커는 이익이 난다. 단지 유통업체들의 협박 아닌 협박에 굴복하여 추가정책을 넣는 순간 망한다.

예를 들어보자.

어느 한 거래선에 추가정책이 들어가면, 본인들이 더 많이 팔기 위해 그만큼을 또 가격에 반영해 판가를 인하해 버린다. 그럼 다른 유통업체의 매출이 빠지고, 그곳도 어쩔 수 없는 판가 반영이 들어간다. 서로 물고 물리는, 이런 악순환 사이클로 공멸하는 것이다.

그렇다고 H마트와 사이가 처음부터 끝까지 나쁘지는 않았다. 1년 지난 시점에는 저녁도 먹고, 운동도 하고 친근한 거래선으로 지냈다. 하지만 친하다고 해서 추가정책은 절대 넣지 않았다. 그렇게 함으로써, 그 깐깐하다는 H마트 거래선을 상대로, 매년 두 자릿수 이익률을 유지할 수 있었던 이유다.

32인치 가격을 흔들다. E와의 혈투

1월 1일이면 할인점 E에서는 새해 판촉을 한다. 한마디로 새해 벽두부터 가격전쟁을 벌이는 것이다. 혼자만 가격 할인을 해버리는 순간, 할인점 E의 매출은 확대된다. 그러나 이를 지켜보던 B, C, D에서 대응하게 된다. 이럴 때 전체매출은 그대로인데 시장 판가는 빠지고, 서로의 마진만 손해 보는 지경에 이르게 된다.

위에서 말하는 게 대학교 시절 경제학개론에서 배운 'Game's theory'이다. 그 해도 예외가 아니었다. 새해 첫날이었는데, 할인점 E가 당사 제품의 가격 할인과 함께, 중국에서 직구한 32인치 TV를 헐값에 떨이하는 광고를 했다.

앞에서 누누이 얘기했지만, 32인치는 가격의 하방경직성을 몸소 몸으로 버티는 마지막 보루다. 그런데 유통업체에서 당사보다 훨씬 저렴한 가격에, 그것도 스스로 손해를 보면서 로스리더 역할을 시켰다. 할인점 E에게는 앞으로 중국산 TV나 공급받아서 팔라고 하고, 당사 제품은 취급을 못 하게끔 했다.

공정거래상 문제가 될 소지는 사전에 법무팀과 협의했다. 오더는 오픈하되 정책만 제외시켰다. 딱 3개월이 지나자 할인점 E의 전체 가전 매출을, 홈+에게 역전당하는 지경에 이르렀다. 그제야 할인점 E 담당자가 제발 정상화시켜 주십사 애걸복걸했다. 나는 그때도 꿋꿋했다. 저가 중국산 좋아하면 거기서 공급받아 팔면 되지, 왜 나한테 사정하냐고 했다.

그로부터 한 달 후 나는 다시 할인점 E와 거래를 재개했다. 모든 정책도 정상화시켰다. 단, 중국산 저가 제품을 들여오거나, 당사 제품을 사전 협의 없이 가격 인하는 하지 않는다는 조건에 합의하고 나서다.

오픈프라이스는 유통업체가 소비자 판매가격을 써 붙인다. 메이커가 나서서 이래라저래라할 수가 없다. 그러면 공정거래에 걸린다.

그렇다고 100원짜리는 50원이 파는 것을 두고만 보고 있으면 안 된다. 왜냐하면, 그곳에서만 50원이 아니라, 곧 다른 업체에서도 50원짜리로 전락해 버리기 때문이다. 이렇게 되면 메이커는 다시 유통업체에 50원을 손익보전해주어야 하고, 이런 사이클로 망하게 되는 것이다.

국내 대형 유통업체나 백화점 등에 납품하는 중소업체들이 힘없이 느끼는 근본적인 문제다. 유통업체는, 본인들이 전국에 점포가 많다고 메이커의 가격을 본인들 마음대로 장난질하는 건 분명 잘못된 일이다.

그건 소비자를 위하는 게 아니라, 메이커에 대한 일방적인 횡포다. 그 납품업체가 중소업체면 더 말할 것도 없다. 나는 단 한 번도 싸움에서 지지 않으려 했다. 더구나 대형 유통업체와는 더욱 그랬다.

그건 영업의 자존심이다.

내가 내 제품을 사랑하고 헐값에 넘기거나 팔리는 걸, 용납해서는 안 된다. 누가 우리 회사 제품 100원짜리를 50원에 팔고 있으면, 절대 가만히 있으면 안 된다. 내가 애지중지 키운 딸 아들을 그런 개값에 처분하는 것과 같은 이치기 때문이다.

경쟁은 더 센 경쟁으로 붙다가, 끝에는 자폭하라

L 사와 시장에서의 경쟁은 더욱 첨예하게 벌어졌다. 오너인 L

사의 CEO는 유독 TV에 관심이 많았다. 우리는 그 당시 경쟁가격지수를 CPI(Competitive price index)라고 불렀다

당사는 세계 1등이라는 자부심에 걸맞게 CPI가 100 이하는 제조사업부에서 용납하지 않았다(100 미만은 당사가 경쟁사보다 동(同) 조건일 때 더 싼 것을 의미한다). 물론 한국 책임자인 필자의 생각은 더욱 그 분야에서 철저했다.

그러나, 유독 경쟁사는 L사 디스플레이가 생산하는 패널의 특정 인치 대에서는 가격을 싸게 밀어붙였다. 이 가격에 대응은 해야 하는데, 따라가면 모두가 공멸하는 그런 상황이었다.

이럴 경우, 우리는 당사에서 가장 버리기 쉬운 모델을 하나 골랐다. 반면 절대 버릴 수 없는 모델은 선택지가 아니다.

그런 버리는 모델을 경쟁사보다 100 혹은 더 심하게 싸울 때는 100 미만으로 던지기도 했다. 어차피 이 모델은 이왕에 버릴 거니까, 경쟁사의 많은 모델과 같이 자폭하게 만들면, 그게 오히려 여러모로 유리한 것이다.

그 모델은 그런 식으로 쓰임새가 끝나면, 단종 처리하고 판매를 중단했다. 하지만 이게 말처럼 결코 쉬운 일이 아니다. 거래선마다 유통재고가 남아 있으면 재고 보상까지도 해 주어야 한다. 이 전술을 사용하기 위해서는 거래선의 유통재고 수량까지도 감안해서 미리 사전에 전략을 수립해야 한다. 그렇게 철저하게 가격에 대응했고, 그렇게 어려운 상황을 이겨나갔다.

독자 여러분도 기억하시라. 첨예한 경쟁상황에서 경쟁하지 않으면, 단기적으로 시장점유율을 잃는다. 이럴 때는 무조건 대응

은 해야 한다. 대응은 하되, 항상 선점·선제의 정신은 바닥에 깔고 있어야 한다. 경쟁사에 대응해서 따라가는 정책은 언제나 후발 주자이기 때문이다. 따라만 가기보다는 어느 한고비에서는 더 격하게 대응해야 한다.

  그리고 그 한 모델을 가지고 경쟁사의 여러 모델과 함께 자폭할 수 있으면 그걸로 되는 것이다.

5. 장사의 목표는 항상 '높게' 책정하라

7년 연속 세계 판매 1위

경쟁사가 가장 뼈아픈 광고 카피가 무엇일까 고민하고 또 고민했다. 그건 누가 뭐래도 세계 1등이었다. 삼성전자가 일본 S 사를 제치고 세계 1등을 하고 있다는 사실은 한반도 반만년 역사에서 충분히 의미 있는 일이었다.

반면 L 사는 세계 1등 하는 게 별로 없다. 반면 당사는 1위 품목이 제법 있는 편이었다. 그중에서도 단연코 최고 등급은 TV다. TV는 모든 가정의 거실 한복판에 놓여 있다. 한마디로 그 집의 거울인 것이다. 그런 TV 시장에서 당사는 일본 S를 누르고 드디어 2007년에 세계 1위에 올랐다.

한국에서 시행하는 모든 광고나 카피에 감성 문구, 7년 연속 세계 1위를 넣었다. 모든 판촉물에도 그 문구를 넣었다. 요즘은 차량 내 휴대폰 번호를 표기하는 것을 붙이고 다닌다. 그때 차량

용 표기 판도 만들었다. 필자는 지금도 그때 만든 7년 연속 세계 1위라는 표식 위에 휴대폰 번호를 붙이고 다닌다.

그리고 그해 연말에 7년 연속 세계 1등 우표를 만들었다. 그리고 TV에 관계된 전 임직원에게 원판 1개씩을 나누어 주었다(25장X250원=6,250원). 연말연시에 진짜 우표로 사용하라고 했다. 그때 우표를 나누어 주면서, 특히나 해외법인에 보낼 때 직접 우표를 사용하라고 독려했다.

그렇게 되면, 삼성전자 TV가 세계 1등이라는 표식이 전 지구를 돌고 돌아 홍보를 해 줄 것으로 생각했다. 특히나 우표 수집가에게는 몇십 년 이상 보관될 것임도 강조했다

기술이 아니라, 사람과 시장을 이해하라

PDP TV는 일본 파나소닉이 끝까지 포기하지 않았던 방식이었다. 물론 당사의 TV 개발자들에게도 너무나 매력 있는 구동 방식이다. PDP는 플라즈마가 스스로 빛을 발현하여 구동하는 방식이다. 반면 LCD는 백라이트에서 빛을 쏘여서 간접 발현하는 방식이다. 엔지니어들은 철저히 자연발화 하는 쪽에 비중을 둔다.

개발 엔지니어들은, 기술쟁이들이라 기술의 원천에 많이 매달린다. 필자는 경영학을 전공한 관계로 기술보다는, 가성비가 더 좋고 소비자 관점에서 유리한 품목이면 그게 최고라는 생각뿐이다.

그런 결과 당사 개발팀에서는 끝까지 PDP를 포기하지 않으려 했다. 그리고 필자에게 한국에서도 1~2 모델은 PDP를 유지

하고 있기를 원했다. 그 이유는 앞서 말한 원천 기술의 아름다움 측면에서 그렇다.

나는 엔지니어의 바람대로 2년 정도를 더 시장에서 생명을 유지하였다. 사실 이것도 개발실 엔지니어의 애절한 요청에 따라 그렇게라도 한 것이다. 이익도 안 나고 명암비도 떨어져서 화질이 좋아 보일 리 없는 PDP 방식은 이미 시장에서 외면당하는 시기였다.

2012년에 드디어 PDP를 국내시장에서 단종시켰다. 참고로 PDP 패널은 L 사 디스플레이가 잘 만들었기 때문에 PDP 시장의 단종은 당사에 무조건 유리한 상황을 예견해 주었다.

엔지니어의 무리한 욕심은 인간 세상의 발전을 도모하기도 한다. 하지만 엔지니어의 맹목적인 추구는 한편으론 시장에서 외면을 받는다.

영업하는 자는 무조건 시장과 고객 편이어야 한다. 제조사업부의 원가나 방식이 무엇인지도 알 필요 없고, 그 제품의 가격과 성능이 소비자에게 행복을 주면 된다. 그 제품의 생산이 얼마가 걸리느냐 보다, 소비자에게 제때 쥐어주었냐가 무조건 맞는 일이다.

영업은 그렇다. 왜냐면 영업의 왕은 고객이니까.

두 자릿수 성장과 두 자릿수 이익 시현

TV 책임자로 있으면서 목표는 오직 하나였다.

더블 디짓, 더블 프랏폿. 이는 필자가 TV 사업을 맡은 이후 단 한 번도 전략 콘셉트에서 내려놓지 않았던 문구다.

장사를 왜 하는가?
회사에서는 무조건 돈을 벌어야 한다. 어디 흙 파서 장사하는 거 아니지 않은가? 장사하는 사람이 적자를 낸다는 건 죄악이다. 적자는 고용과 더불어 그 회사의 영속성에 제1의 치명이기 때문이다. 그래서 두 자릿수 이익을 핵심 슬로건으로 채택했다

다음은 두 자릿수 성장이다.
IMF 때나, 리만브러더스 사태일 때나 경기가 침체하고 소비지수가 하락하면 장사는 어려워진다. 필자가 하던 TV 장사도 그때 대동소이했다. 가전제품이 두 자릿수 성장을 한다는 건 별안간 시장이 커지지 않으면 결코 쉬운 일이 아니다. 하지만, 아무리 어려워도 시장은 있다.
시장이 축소되더라도 경쟁사가 존재하는 한, 여력의 시장은 존재한다. 따라서 어떤 경우라도 두 자릿수 성장이라는 명제는 살아있다. 필자와 우리 직원들도 어려운 일임을 잘 알았다. 설령, 추진하다가 두 자릿수 성장을 못 하는 경우가 있을 수도 있다.
그때는 겸허히 받아들여야 한다. 왜 '겸허히' 인가? 이때 욕심을 부리면 모든 게 무너진다. 필자는 성장이 무너질 경우, 무조건 이익을 택했다. 두 자릿수 성장을 고집해서 잘못 밀어붙이다 보면, 두 자릿수 이익도 자연히 무너지기 때문이다.

이럴 때 필자는 두 자릿수 이익을 우선 선택했다는 얘기다. 기업은 성장과 영속성을 주목적으로 한다. 그렇기에 일단은 성장을 목표로 해야 한다. 동시에 이익도 반드시 시현해야 한다. 그게 기업에서 사업을 맡은 책임자 몫이다.

순댓국 한 그릇에 새해를 맞이하다

이 장은 예전에 TV 장사할 때 같이 고생했던 친구들을 글로써나마 죄송의 마음을 전하려 한다.

매년 12월 31일이 되면 사람들은 분주해진다. 연말이라 휴가를 가기도 하고, 때 이른 퇴근을 해서 가족과 함께 내년의 준비를 하곤 한다. 하지만, 그 당시 우리 TV 식구들은 매 연말 31일에 새벽 1시까지 업무를 하다가, 새벽에 회사 앞 순댓국집에서 간단한 저녁 식사를 겸하고 소주 한잔하고 헤어졌다.

지금도 직원들을 만나면 그때 이야기를 많이 한다. 며칠 전에도 몇몇이 모여서 그 옛날 추억의 얘기를 했다.

"전무님! 그때 사실 너무 했습니다. 순댓국 7천 원짜리 한 그릇 시켜놓고 소주를 얼마나 먹었습니까? 그때 좀 맛있는 거 좀 사주시지 그랬어요?"

그러자 N과 K 등이 말을 이었다.

"그때가 제일 행복했습니다. 1월 1일 자로 출고가 세팅을 새로 하는데, 우리는 매년 밤새워서 일일이 모델별로 다 세팅하고 퇴근하고 그랬잖아요? 그런데 확 기분 나쁜 건 뭔지 압니까?"

"돈도 못 버는 생활가전은 대충 출고가 세팅하고 퇴근하는데, 돈도 잘 버는 우리만 남아서 출고가 세팅한다고 개고생이잖아요? 게다가 나중에 돈 없으면 좀 보태 달라고 하지나 말지. 맨날 구걸하고 다니면서 저렇게 대충하니까 돈을 못 벌죠."

내가 맡고 있던 3년 동안 단 한 번도 12월 31일은 밤 12시 이전에 퇴근을 시켜주지 못했다. 그리고 단 한 해도 순댓국을 먹지 않은 적도 없었다. 이 자리를 빌려 진심으로 고마웠고, 정말로 사랑했다고 마음을 전한다. 그 덕택에 임원도 되고 출세도 하고 했는데……. 나이가 드니까 문득문득 고생했던 조강지처 생각이 절로 난다. 정말이지 그때의 용사들은 누가 시켜서가 아니라, 본인들이 나서서 자발적으로 더 열심히 했다. 우리는 목표가 있었고, 결과에 탐닉했다.

어느 누가 가정이 소중하지 않겠는가? 그들이 있어서 오늘날의 삼성전자가 만들어지지 않았겠는가? 그들이 모여서 조직과 문화로 융화하기 때문이다.

아래의 글은 어느 해 12월 31일 야근을 하는 직원들을 보며, 필자가 그날 밤에 썼던 글이다.

서초동 삼성사옥에도 어둠이 깃듭니다.
세밑이라 모두 일찌감치 퇴근들 하셨는데, 유독 우리 TV 식구들만, 남아 있습니다.
늦게 일해서 좋다는 게 아니라 하면서도 그렇다고 나쁘다는 것도 아니라네요.

출고가 인하(28일), Cash-back 전환 등 1월에 준비할 사항이 많아서,
그게 말일(末日)에 몰려서 어쩔 수 없다고 하네요.

저는 부서장이라 혼자 일이 없어서 지금이라도 퇴근이 가능하지만,
우리 친구들이 모두 남아 있는데…….
뒤를 두고 돌아설 수가 없어서 인터넷 뉴스만 실컷 보고 있습니다.

연말이고 세밑이라 갑자기 감상적으로 변하네요.
올 1년은 잘 산 것일까? 내년 1년은 잘 살 수 있을까? 등등

지금, 이 순간에 제일 미안한 건,
우리 TV 식구들이 올해가 몇 시간 남은 줄도 모르고,
그저 열심히 하는 모습에 눈물이 찡하네요.

사면초가 아시지요, 초와 한이 싸울 때
초나라 노래로 초나라 병사들을 심적으로 동요시켜 전열을 와해시키지요.
이때 역발산기개세 항우를 따르는 병사 28명이
마지막까지 남아 목숨을 같이 합니다.

한나라 유방의 군사 수만 명이 단 28명을 죽이기 위해
1주일을 몰아붙이지만 2명만의 목숨만 빼앗고 본인들은 수천의 목숨

을 잃습니다.

바로 항우의 엄청난 괴력과 28명이 똘똘 뭉친 결과이지요.

마지막에 항우는 26명의 병사 목숨을 살려주는 대가로 본인은 자결을 택합니다.

예전에 데리고 있던 부하에게 자신의 목을 헌납하고, 목을 가져간 이는 큰 상을 받습니다.

저는 초한지에서 절대 패하지 않는 한신과 부하들의 목숨을 살리고 죽는 항우를 좋아합니다.

올해의 막바지에서,

제 앞에서 열심히 하는 후배들의 모습을 보니 항우의 마지막 모습이 떠오릅니다.

(일대일 맞짱에서 단 한 번도 지지 않았던 역발산기개세 그의 이름으로, 내년의 승리를 소원해 봅니다)

내년에는 지금 제 앞에 있는

총망한 눈망울로 무작정 열심히 일하고 있는 12명의 정성에 감복되어…….

하늘이 따뜻한 축복을 주었으면 좋겠습니다.

그게 부질없는 미신이라도 말이죠.

하지만 이런 와중에

무엇보다도 현장에 계신 선배님들의 열정과 노력 없이는 또한 안 될 일이죠.

물은, 물고기가 없어도 살 수 있지만……. 물고기는 물이 없으면 살 수 없습니다.

TV 사업을 한답시고, 까불고 있는 어린 물고기 새끼들을 어여삐 여기시어 내년에도 따스한 품으로 넉넉한 물이 되어 주소서.

그 물에서 언제나 밝고, 힘차고, 이기고, 호탕한 물고기가 되게 하소서.

12월 31일 어둠이 깔리는 저녁에 사랑하는 지원들에게 드립니다.

제3장

불황 극복을 위한 혁신의 정석

　두 번째 장에 이어 이번에 필자가 말하고 싶은 이야기는 불황을 극복한 이야기다. 1997년 말 한국은 IMF 통제하에 들어갔다. 금리는 20% 수준까지 오르고 원 달러 환율은 2,000원을 넘어섰다. 오륙도, 사오정이란 얘기가 나오면서 무수한 실직자들이 거리로 나앉았다. 그리고 2008년 리먼브라더스 금융위기가 찾아왔다. 모든 기업이 파산 지경에 이르렀다. 이후 2019년 코로나 사태가 전 지구를 불황의 늪으로 빠뜨렸다. 글로벌 위기는 거의 10년 주기로 찾아온다.

　이런 경제 불황의 상황에서 영업이 잘된다는 것은 불가능하다. 하지만 불가능하다고 주저앉아 있으면 모두가 그대로 죽는다. 현재 한국의 상황이 그러하다. 이에 삼성전자 국내영업이 IMF부터 금융위기, 그리고 코로나 불황기를 지나서, 2022년 현재까지도 불황의 시대에 경기 부진을 어떻게 극복하고 생존해 왔는지, 실제 일어난 사례들을 중심으로 독자에게 쉽게 설명해 드리고자 한다.

그리고 최근에는 판매 자회사에서 실제 소매 장사하면서 코로나 불황 극복을 위한 점포혁신 작업을 지휘했다. 점포나 영업의 방식도 불황의 그늘에선 새로운 방식을 도모해야 한다. 기존의 영업 관행을 그대로 유지하면 결국에는 망하고 만다. 왜냐하면 '시대'는 절대 안주해서 그 자리에 가만히 있지 않기 때문이다. 그래서 영업은 철저하게 트렌드에 민감해야 한다. 더구나 저성장 시대 불황의 그늘에서는 더욱 그러하다.

그 내용을 설명해 보면서, 불황과 저성장 시대에 살아남는 이야기를 해보고자 한다.

1. 매장을 생물처럼 만들어라

삼성스토어에 별다방을 입점하다

가전제품을 판매하는 사람이라면 누구나 한결같이 부러워하는 것이 있다. 그것은 바로 집객력이다. 가전 내구재는 대체 구매 주기가 길다. 그래서 몇 년에 한 번 사용하던 제품을 교체하기 위해 가전 매장을 방문하는 정도가 대부분이다.

필자가 신입사원이던 20~30년 전에도 가전매장 위치는 늘 트래픽이 우선이었다. 그래서 공식처럼 시장 입구라던지, 버스 정류장 앞 등이 가전매장이 출점할 수 있는 최고의 목이었다. 그 모든 것이 집객이 바탕이 되어야만 장사를 할 수 있기 때문이다.

최근 들어 삼성 스토어의 규모가 예전보다 대형화되었다. 하지만 매장이 커졌다고 집객력이 따라오는 건 아니다. 그래서 필요한 것이 서비스센터와 동시 입점이다. 삼성스토어에 전자제품을 구매하기 위해 방문하는 고객은 하루 50명을 넘기 힘들다.

반면 서비스센터에는 일 평균 200여 명의 내방객이 휴대폰 수리를 위해 내방한다. 그래 봐야 전국에 몇만 개나 널려있는 10평짜리 편의점보다 내방객이 적은 숫자다.

만약 가전 내구재를 편의점처럼 팔아 치우면, 매출과 이익이 엄청날 거다. 또한, 다이소나 대형 할인점처럼 매장에 손님이 우글거리면 삼성스토어는 대박날 것이다. 이처럼 서비스가 입점되어 있는 점포와 미입점 점포는 내방객에서 4배 이상의 현격한 차이가 나고, 이게 곧 매출의 차이로 이어진다.

최근 들어 유통과 고객의 트렌드가 바뀌고 있다. 온라인에서 대부분 쇼핑을 즐기거나 아니면 복합몰에서 원스탑 쇼핑을 원한다. 따라서 특정의 목적성 구매를 원하는 고객이 아니면 삼성스토어 방문은 잘 하지 않는다.

이런 문제점을 해결하기 위해 매시간 고객들로 우글거리는 별다방을 입점시키자는 전략을 세웠다. 우선 실무자들이 별다방 입점을 위해 컨택을 했다. 하지만 이미 입점 대기 요청만 수백 명이 기다리고 있거나 별다방과의 컨셉이 맞지 않아 입점이 불가하다는 피드백만 돌아왔다.

이에 필자가 직접 컨택에 참여하기로 작정했다. 그리고는 S백화점 출신 고위 임원을 통해 별다방 고위층을 소개받았다. 필자가 직접 만든 자료를 가지고 콜라보 컨셉에 대해 직접 필자가 고위 임원에게 브리핑을 진행했다. 브리핑 결과는 우선 샘플로 1점만 출점을 해보자고 의견이 모아졌다.

삼성스토어는 기존 별다방의 출점 컨셉에서 2가지가 충족되지 않았다.
① 건축주가 직접 임대를 할 것
② 건축물을 통으로 별다방에 임차권을 줄 것

샘플로 선정된 대치점은 건물 전체를 통으로 별다방에 줄 수는 없었다. 삼성 제품과 별다방이 공존해야만 하는 것이 당사의 필요 전략이었으니까.
이에 필자는 별다방에게 다음의 4가지 추가 혜택을 강조했다.
① 1층 층고 6m의 시원스러운 개방감.
② 1층 단위면적 300평의 대형 매장(물론 1층 공간은 전자와 커피가 나누어 사용)
③ 주차장 80대 이상의 고객 편의성.
④ 서비스센터 방문 고객이 대기하면서 커피를 구매할 것이다

상기 4가지의 장점이 2가지의 출점 컨셉의 제약을 충족하고도 남을 것이라는 게 필자의 의견이었고, 그 대안에 대해 별다방 측이 최종 합의를 했다. 하지만 마지막 순간에 한 가지 걸림돌이 더 부상했다.
1층 별다방 매장을 별도 공간이 아니라, 벽을 확 트이게 만들어서 고객이 상호 교류가 가능하도록 하자는 추가 의견이 내부에서 발의됐다. 이에 별다방 측은 글로벌 컨셉이 단독 공간에 한하여 입점한다는 원칙하에 불가하다는 답을 피드백해 왔다.

이 문제를 해결하기 위해 필자는 다시 서너 번의 미팅을 통해 설득 작업에 들어갔다. 필자의 논리는 시대의 트렌드였다. 백화점이나 몰도 복합화 추세로 움직이는 마당에 별다방만 단독 샵만 고집하는 건 구시대적이며, 상호 콜라보를 통해 고객의 편의성 증대에 초점을 맞추면 고객의 만족도가 상승할 것이라는 이론으로 대응했다.

결국, 필자의 설득에 별다방은 미국 본사에까지 글로벌 최초로 단독 매장을 포기하고 상호 교류가 가능한 매장 출점이라는 품의를 득했다. 이런 협의에 따라, 서울 강남구 대치동에 있는 삼성스토어 대치점에 제1호 콜라보 매장이 입점했다.

결과는 어땠냐고요?

매일 600~1,000명의 커피 고객이 내방 합니다. 이 고객이 다시 전자제품 구매에 호영향을 미칩니다. 이에 삼성스토어 대치점이 전국 매장 중 3위 밖으로 밀려난 적이 없습니다. 삼성전자는 별다방에서 커피를 판 수수료를 임대료로 받아 수익성에도 호영향을 끼쳤다. 반면 별다방도 애초 예상 매출을 초과 달성해서 이익이 나는 매장이라 상호 윈윈의 결과가 되었습니다.

삼성스토어 대치점은 국내 최초 주차시설 100여 대를 보유한 별다방 1호 매장임과 동시에 1층 매장을 트이게 만듦으로써 상호 콜라보 가능한 세계 1호점입니다.

대치본점을 필두로 부천, 안산, 울산, 대전, 부산 등 전국으로 별다방이 삼성스토어에 입점한 매장이 10개까지 늘었습니다.

트렌드에 맞춰 백화점 매장을 키우다

필자가 이 책에서 누누이 말한 게 있다.

IMF 때나, 리먼 금융위기 때나, 코로나 시국이나 등등 불황일 때는 무조건 하이엔드 층을 공략해야만 승부수를 낼 수 있다고 했다. 행여나 돈이 없으니까 로우엔드 제품을 확대해 보자는 생각을 하는 순간 기업의 매출은 오히려 꼬꾸라지고 망한다.

한국의 백화점은 전 세계적으로 특이한 구조다. 특히나 일본의 경우 백화점에서 가전제품은 완전히 철수했고, 미국에서도 백화점에서 가전판매는 거의 이루어지지 않는다. 그러나 한국 시장은 여러 가지 예외가 많은 부분이 있다.

그중 하나가 명품의 지속적인 성장이다. 이에 필자는 코로나 시점 이전부터 백화점이 전자제품의 성장 채널이 될 것으로 판단했다. 그 당시 백화점 내 가전매장의 평균 평수는 30평 내외의 소규모였다. 이를 확장하기 위해 백화점 바이어와 협의에 들어갔다. 필자의 이론은 다음과 같다.

가전제품은 3가지 특징을 가지며 발전할 것임을 강조했다.

1) 대형화
- 가전제품은 TV를 위시해서 냉장고 세탁기까지도 점점 대형화될 것이다.
- 특히나 한국은 트렌드에 빠르게 움직이는 경향이 있어, 미리 준비가 필요하다

결과적으로 그 이론은 맞아떨어졌다. 2022년 말을 기준으로

TV는 75inch가 대세, 냉장고는 700L, 세탁기는 20kg 이하는 잘 팔리지도 않았다.

2) 고급화
- 이제 전자제품은 보급률이 거의 100%다. 따라서 지금부터 팔리는 제품은 교체 수요가 대부분이고, 교체하는 원인은 하이엔드 중심의 고급화 제품일 것이다
- 2022년 말 기준으로 전 세계적으로 QLED 8K나 OLED TV 비중이 한국이 제일 높다. 냉장고 세탁기도 동일한 하이엔드 수요 비중이 높은 패턴을 보인다

3) 복합화
- 예전에는 가전제품이 단품으로 팔렸다면, 향후에는 컨버전즈와 블루투스로 갈 것이다.
- 휴대폰 하나로 TV와 냉장고 세탁기를 콘트롤하는 세상이 올 것이다.

이를 시현하기 위해서는 30평 매장으로는 불가능하다. 이에 2017년부터 백화점 매장의 대형화 작업에 착수했다. 이런 결과 2022년 말까지 전국에 100평 이상의 백화점 매장을 50개 이상 확보했고 나머지는 전부 70평 이상으로 개편했다.

이에 따른 결과는요?
2019년 말에 코로나가 전 세계를 휩쓸었습니다.

해외여행은 위축되고, 신혼여행도 취소되는 등 수요의 이전이 발생했습니다.

이게 가전 시장은 오히려 기회의 시기가 됐습니다.

백화점 내 가전 매출은 코로나 3년간 매년 50% 이상의 놀라운 성장세를 기록했습니다.

만약 그때 매장 크기를 늘려 놓지 않았다면 가능한 일이었을까요?

이에 영업은 선견, 선제, 선수가 필요한 법입니다.

더구나 매장이나 채널의 경우는 더욱더 그러합니다.

가전과 가구, 혼수와 입주는 동일 타깃

독자들도 잘 아시는 바와 같이 가전은 가구와 동일한 수요층을 보유하고 있다.

가구회사 임원과 미팅하는 자리에서는 농담처럼 하는 얘기가 있다.

신혼부부가, 가전 코너 먼저 들르면 가구 매출이 쪼그라들고 가구 코너에 먼저 들리면 가전 매출이 하락한다는 이야기다.

결국, 신혼 예산에 맞는 구매는 양쪽의 합으로 한다는 결과다.

이에 따라 삼성스토어에 가구매장을 동시 입점하고 싶은 욕구가 생겼다.

이는 별다방 입점과 무관하지 않게, 로드샵에서도 동일 욕구의 고객에게 원스탑 쇼핑을 제공하자는 취재에서였다.

맨 먼저 S백화점으로 최근에 편입된 까사미A를 타깃으로 택했다.

그 이유는,

① 중소업체에서 S백화점에 M&A된 직후라 매출 확대가 필요할 것이다
② 대기업 중 신생업체라 타픽이나 이슈가 목마를 거다
③ 가구업체 중 가장 많은 주방 소품을 보유한 브랜드다. 누누이 강조한 집객에 가장 도움이 될 것으로 판단했다.

까사미A 임원과 미팅을 의뢰했다.

다행히도 그 임원과 말이 잘 통했다. 미팅에서 나온 주요 골자는 각각의 매장이 아니라 상호 교류가 가능한 콜라보 매장으로 전환하자는 게 중점 의제였다

일사천리로 진행됐다.

이런 결과 제1호점이 디지털프라자 부산 본점에 오픈했다.

1층 매장에 디지털프라자 250평, 서비스센터 200평, 까사미A 250평으로 로드샵 기준으로 국내 최대 매장을 오픈했다.

결과는 어떻게 됐을까?

디지털프라자 부산 본점도 연매출 300억 수준의 초대형 매장으로 자리 잡을 수 있었다.

이후 창원, 서초, 양산, 안산, 마포 등에 복합화 출점이 지속 이어졌다

커피 가전 가구가 망라한 복합화 매장을 오픈하다

2020년 경기도 안산에 커피와 가구와 가전이 종합적으로 입점한 삼성스토어를 오픈했다.

층별 MD 구성은 다음과 같다.

1층 : 별다방과 삼성휴대폰 판매장
2층 : 삼성 가전매장과 까사미A 가구점
3층 : H사 리바T 가구점
4층 : 삼성 서비스센터

국내 최초로 삼성스토어에 가구업체 두 곳과 커피숍을 입점한 명실공히 최대의 콜라보 매장이 탄생했다.

참고로 테넌트를 구하는 작업은 쉬우면서도 어려운 일이다.

필자가 경험한 바에 의하면 테넌트는 무조건 본사 직영점을 입점해야 한다.

대리점이 테넌트로 입점할 경우 다음의 문제가 발생한다.

1) 최초의 점포 컨셉을 유지하기 힘들다

대리점은 개인 사업자이기 때문에 개인 경영주의 마음에 따라 점포가 변한다.

본사가 요구하는 컨셉이나 품격을 무너뜨리기 십상이다.

참고로 전주시에 있는 삼성스토어에 개인 커피숍을 입점시켰다. 장사가 안된다는 이유로 휴대폰 케이스를 매입해서 팔기도 하고 포스터나 X배너 등을 무당집처럼 덕지덕지 붙이는 등 삼성스토어까지 망치는 사례를 본 적이 있다.

그 이후로는 공실을 유지하더라도 절대 개인 사업자는 테넌트로 받지 않는다. 당장 임차료 몇 푼이 문제가 아니라, 삼성스토어의 브랜드 에쿼티까지 갉아먹는 사태까지 갈 수도 있기 때문이다.

2) 점포 임차료가 밀리기 십상이다

개인 대리점은 장사가 계획대로 되지 않으면 임차료도 제때 주지 못한다. 임차료만 밀리면 끝이 아니라, 삼성이란 이름만으로도 생떼를 쓰기 일쑤다.

당장 임차료를 받지 못하면 출점 계획 때 잡아 두었던 손익도 흔들리게 된다. 따라서 점포를 출점하기 전에 대기업 본사 매장이 입점 가능한지 의사를 타진한 후 그 결정에 따라서 건축에 돌입해야 한다. 그게 필자가 경험한 리스크를 줄이는 방법이다.

삼성스토어 안산점도 출점 이후 매년 200억 정도의 매출 수준을 유지했다.

당연히 안산 시내에서 전자 유통 중 매출 1위를 지속 유지 중이다.

가전·가구 전문 몰에 삼성 단독으로 입주, 가전을 독식하다

어느 날 중소업체 대표가 미팅을 요청해 왔다. 용인 기흥 지구에 가전, 가구 전문 몰을 만들고 싶다는 취지였다

그 회사 본사에는 필자와 까사미아, 리바트, 한샘 등이 참석한 출점을 위한 사전 리뷰 회의가 열렸다.

처음에 가구업체들은 망설였다.

하지만 필자는 출점하겠다고 의견을 피력했다.

대신 조건을 달았다.

L전자나 H전자마트는 동시출점 불가하다는 익스크루시브를 조건으로 내걸었다.

가구사들은 눈치를 보다가 삼성전자가 입점한다는 결정에 따라 긴가민가하면서 입점을 결정했다.

1층 좌측에는 당사와 까사미A로 1,000평의 MD를 구성했다

1층 우측에는 한샘이 지하와 함께 2,000평을 잡았다

1층 지하에는 리바트가 1,000평을 디자인했다.

입점 마지막 시점에 까사미A 측에서 마지막 홍보에 박차를 가했다.

만에 하나라도 집객이 잘 안될지 모르니까, 까사와 삼성스토어 사이에 50평 수준의 별다방을 입점하자고 했다. 필자도 100% 동의했다. 다행히도 까사미A는 S백화점 소속이라 별다방과 동일 S 계열이라 촉박한 시간임에도 출점할 수 있었다.

결과는 대박이었다.

삼성스토어 역사상 외부 몰에 입점해서 년 50억을 상회한 경우는 없었다.

그런데 이 매장은 연간 매출 200억 수준으로 점프했고, 이익

에서도 크게 기여했다.

  정말 난산으로 태어났으나 나중에는 효자로 떠올랐다.

  L전자나 H마트나 공히 땅을 치고 후회했다.

  결국, 영업은 혜안과 선택이다.

  그리고 선택이 결정된 이후에는 흔들림 없는 추진력이 영업의 처음과 끝이다.

  가구회사들은 어땠냐고요?

  물론 가구회사들로 모든 매장에서 매출과 이익 모두에서 대박을 쳤습니다.

  이 모두가 코로나 시국이 호영향을 주기도 했고요.

  중요한 건 시대의 트렌드가 움직인다는 것입니다.

  소비자의 새로운 것에 대한 끊임없는 욕망,

  고객의 본능입니다.

2. 점포는 태어날 때, 이미 생사(生死)가 정해져 있다

매장을 구하는 법칙

필자는 삼성스토어 출점을 하고 점포를 얻는데 7년간을 일했다. 30년 직장생활 동안 2~3년이면 부서를 바꾸곤 했는데, 가장 오랜 기간 한 개 업무에만 집중했던 시기다.

입사 후 유통전략 부서에서 뼈가 굵은 터라 어느 정도 점포 출점은 대략으로 알고는 있었다. 하지만 책상에 앉아서 전략만 짜던 거랑 직접 매장을 구하는 일은 매우 달랐다. 하지만 한 개 업무를 7년 동안 할 수 있었던 천금의 기회였다.

이에, 내가 7년 동안 배운 '점포 얻는 공식'을 이 책에서 공유하려 한다.

이 분야에서는 필자가 국내 최고라는 자부심은 그때나 지금이나 여전하다.

왜냐하면, 임원 7년 동안 살펴본 업무니까 더욱 그렇다.

점포는 태어날 때 이미 그 생사가 정해져 있다.

대부분은 다음 3가지 오류에 빠져서 점포 출점을 망치는 원인이 된다.

1) 경험의 오류

과거에서 허우적대는 것을 말한다. 이는 더군다나 임원이나 고위층이 저지르기 쉬운 실수 중 하나다. 앞 장에서 한 번 언급한 적이 있는데, 필자 신입사원 때의 매장 구하는 목은 시장 입구나 버스정류장 앞이었다.

그때의 점포당 목표 매출은 월평균 1~2억 수준이었다.

지금도 월 3~4억짜리를 만들기 위해, 과거 속에서 헤매는 경우가 많다. 처음 맡았을 때 삼성스토어 점포의 80%는 월 4억 미만이었다.

하지만 필자는 완전히 생각을 달리했다.

지금은 삼성스토어는 월 3~4억 매출하면 다 망한다. 최소 월 10억은 해야 한다.

그리고 점포를 출점할 시는 월평균 15억 정도를 할 수 있는가를 염두에 두고 검토해야 한다. 점포는 항상 목표보다 보수적으로 매출이 나와도 생존할 수 있느냐가 중요하기 때문이다.

필자는 월 15~20억짜리만 후보지로 컨택 했다. 이렇게 하려면 오히려 과거의 경험이 방해가 된다. 이럴 땐 새로운 모멘텀을 찾아야 만이 가능하다.

그, 새로운 모멘텀은 다음 장에서 하나하나 자세히 다루기로 하자.

결론적으로 필자는 4년간 80여 개의 로드숍 매장을 출점했다.

그리고 그 80점의 월평균 매출은 15억 내외였고, 당연히 모든 점포가 수익을 창출했다.

2) 경쟁의 오류

새로운 패러다임을 읽는데, 경쟁의 오류만큼 큰 게 없다.

상대적인 가치는 현 상황을 읽기 쉽게 도움을 주지만, 그 한계 내에서 머물게 하는 습성이 있다.

전자제품 유통 4사 중 H마트가 점당 매출이 제일 많았다. 매장도 제일 많다.

십수 년간의 결과에 따라 삼성스토어는 H마트의 절반이나 그 이하의 출점 목표를 찾는다. 더군다나 H마트 주위를 떠나면 금방이라도 망할 것처럼 난리를 친다

필자는 이 모든 것을 한 방에 반대로 날려버렸다.

경쟁사가 있기에 과거의 패턴 속에서 헤어 나오지 못한다고 판단했다.

이게 경쟁 오류이다.

예를 들면, H마트가 월 10억을 팔면 삼성스토어는 월 5억을 판다.

L사가 월 5억을 팔면, 삼성스토어는 월 5~7억 정도를 팔 것이다.

이런 상대적 오류를 가지고서는 영원히 출점과 점포는 한계 상황 안에 갇히게 된다.

필자가 처음 출점을 준비할 시기에, H마트는 월 20억 원을 판매하는 매장이 전국에 8개가 있었다.

당연히 삼성스토어는 한 개도 없었다.

지금은 어떨까?

완전 역전이 되었다. 월 20억 이상 판매하는 매장 수가 H마트보다 월등히 많아졌다.

이는 경쟁사와의 오류에서 벗어나, 한계를 긋지 않았기 때문에 얻은 결과다.

3) 트렌드의 오류

시장과 고객은 트렌드에 따라 움직인다. 트렌드는 생물처럼 매년 매월 살아서 더 나은 방향으로 진화한다.

그런데 이 트렌드를 읽지 못하면 점포나 출점은 망하게 된다.

과거에는 시장 옆이나 버스 정류장 옆에 점포를 구했다. 배후 상권의 크기도 작았고 기대 매출도 작다. 무엇보다도 그 당시에는 가전제품을 둘러보러 도보로 오는 경우가 대부분이었다.

지금은 어떤가?

승용차 없이는 아무 곳도 가지 못한다.

밥 한 그릇도 못 먹는다.

입지의 핵심은 주차장이다. 그리고 승용차로 갈 수 있는 거리가 핵심이다.

예를 들면, 강동구 명일동 사거리 동부기술교육원 교차로에 점포가 있다고 치자.

과거의 발상으로는 이 점포는 강동구 고객만 상대해야 한다.

중랑구 면목동에 있는 고객이라고 치자.

휴대폰 서비스를 받으려고 한다면 두 가지 방법이 있다.

먼저 용마터널을 지나 구리 암사대교를 건너서 명일동 사거리까지 15분이면 도착한다

두 번째는 시내를 관통해서 휘경동에 있는 서비스센터를 가거나 용두동에 있는 서비스센터를 방문해야 한다. 두 곳 모두 30여 분이 걸린다.

만약 당신이라면 어디로 가겠는가?

지금 시대에서의 거리는 km가 아니라 시간이다.

이게 트렌드인 것이다.

배후상권의 크기가 중요하다

매장을 구하는 데 있어서 가장 중요한 요소는 무엇일까?

여러 가지 요소가 있지만 가장 중요한 포인트는 그 매장에서 얼마까지의 매출이 가능할까 하는 배후상권의 크기를 아는 것이다.

배후상권의 크기에 따라 그 매장의 웨이트(weight)는 정해진다.

필자는 직접 과거 데이터를 기준으로 배후상권의 크기를 만들

었다.

이건 진짜 아래 직원들 시키지 않고 내가 직접 엑셀을 돌려가면서 만들었다.

과거 10년의 데이터를 기반으로
한국 시장 전자수요
삼성의 마켓쉐어
휴대폰과 가전의 매출 비중
지역에 따라 백화점의 유무
그리고 경쟁사 매출까지 합산해서 시뮬레이션했다.

이 결과를 기준으로 점포 후보지의 객관 가능한 목표 매출을 산출했다.

과거에는 배후상권의 크기와는 상관없이, 점포 크기가 크면 목표 매출을 높였고 점포 크기가 작으면 목표 매출을 낮추었다.

결국, 점포의 오버헤드에 따라서 목표 매출이 달라지는 것이다.

이는 더 큰 오류에 빠진다.

상권의 사이즈가 더 큰 곳에는 점포를 작게, 상권 사이즈가 작은데 더 큰 점포를 만드는 모순을 만들 수 있다는 데 있다.

이렇기에 후보지의 상권 사이즈가 출점에 있어서 제일 우선의 가치가 되는 것이다.

점포 입지는 시간이 거리이다

'km의 거리가 아니라, 이제는 시간이 거리이다.'

사실, 이 명제는 필자가 만든 게 아니다.

이제는 작고해서 하늘에 계신, 세상에서 가장 존경하는 선배 P가 만든 말이다(P는 나중에 자세히 설명하므로 이 장에서는 생략한다).

삼성전자 판매 대표이사였던 그는 점포에 애정이 많았다.

점포를 구하기 위해서 12인승 스타렉스를 타고 관계자가 모두 한 차로 움직였다.

그러고는 후보지 근처 상권을 몇 바퀴나 돌고 또 돌았다.

관계자들(현장 지사장이나 임원)과 스타렉스 안에서 1차 의견을 주고받았다.

1차 의견에서 부결되면 버리고, 1차 의견에 합의가 되면 그 이후 작업은 필자가 팔로우업 하는 구조였다.

그때 P 대표가 내게 말했다.

"김 상무! 점포를 출점하는 사람들은 거리의 기준을 바꾸어야 할 거 같아."

"무슨 말씀이세요?"

"아니……. 과거에는 이게 몇 킬로미터냐를 질문하는 게 거리의 정의였잖아. 그런데 지금은 누가 도보로 다녀. 모든 사람이 차를 타고 다니지?"

"그러니까 몇 분 걸리는 거리예요?가 맞는 질문인 거 같고, 킬로미터는 가깝더라도 차가 많이 막혀서 40분이 걸리면 그게 가깝다고 말할 수 없다는 거지."

"하하하, 참으로 맞는 말입니다."

나는 그 말에 흔쾌히 동의했다.

"그럼 앞으로는 김 상무랑 나는 거리를 시간이라고 통일하는 거야?"

이렇게 그날 스타렉스 안에서 '거리는 km가 아니라, 시간이다.'라는 명제가 탄생했다.

의정부에 있는 점포를 이전해야 할 필요가 있었다.

동 상권 내에 H마트, L전자, 디지털프라자가 한 곳에 몰려 있었다.

그런데 L전자가 매장을 확대 이전하고 나니, 삼성스토어 매출이 그중 꼴찌였다.

H마트가 월 10억, L전자 월 8억, 당사 월 4억 수준이었다.

당사의 이전 후보지를 L전자 앞으로 이전하자는 게 현장의 의견이었다.

필자가 현장 답사를 갔다.

L전자 앞으로 가는 건 경험의 오류, 경쟁사의 오류, 트렌드의 오류 등 세 가지에 모두 역행하는 후보지였다.

말로는 쉽지만, 대부분은 이 세 가지 안에 갇힌다.

반면 이 세 가지 오류 내에서는 출점의 Risk는 줄어든다.

'경쟁사와 비교하면 원래 그 수준이었습니다.'라고 대변하면 된다.

필자는 차를 타고 북쪽으로 가보자고 했다. 중고차 매매상이 있었는데 부지 규모는 1,500평 건폐율 20%의 나대지다. 300평 매장을 짓고 나면 주차 공간은 100여 대 가능하다. L전자 건너편에 나와 있는 후보지로부터 정확히 800m 이격 되었고, 승용차로는 정확히 3분이 더 걸렸다.

현장에서는 이 부지를 반대했다. 주변에 아무것도 없이 텅텅 빈 곳을 누가 찾아오겠냐는 것이었다. 하지만 필자는 그 모든 경험의 오류들을 설득해 나갔다.

마침내 점포가 오픈했다.

3가지 오류를 역발상으로 뒤집은 첫 번째 매장이었다.

결과는 대박으로 이어졌다.

같은 상권 내에서 부동의 1위가 되었다.

전국에서 항상 같은 상권 1위를 하는 H마트보다 1.5배 이상 매출이 크게 나왔다.

L사보다는 3배 이상의 격차를 벌렸다.

주차가 편의성을 확보하면, 거리는 시간에 비례한다.

도심 지향적이어야 한다

점포를 얻는데, 있어서 길 건너 이편저편이 무슨 차이가 있나?

별반 차이 없는 거 아닌가?라는 사람들이 있다.

이건 진짜 몰라도 너무 모르고 하는 이야기다.

또한, 예전에 도보로 쇼핑하던 시대의 오래된 구태다. 도보로는 건널목만 건너면 앞에 있는 매장을 둘러볼 수 있다. 그러나 자동차로 쇼핑하는 시대에는 얘기가 달라진다. 단순히 길 건너라지만, U턴이 없는 경우 한참을 가야 하는 경우가 많다.

강북지역에서 의정부까지는 약 10km 정도 되지만, 유턴은 의정부 입구에 가야만 가능하다. 결국, P턴이나 여러 방면으로 우회하여야만 길 건너 도로로 올 수 있다는 얘기다. 물론 다시 돌아가려면 한 번 더 우회하는 수고를 쏟아야 한다.

따라서 길 건너라고 단순히 똑같거니······. 생각하면 안 된다

파주에 가면 삼성스토어와 L전자 H마트 J랜드가 한꺼번에 몰려 있는 매장이 있다.

그중 유독 삼성만 길 건너에 있다. 나머지 세 군데는 파주에서 일산으로 진행하는 방향에 놓여 있고, 삼성만 일산에서 파주로 들어오는 길목에 있다.

아니나 다를까?

삼성스토어만 매출이 꼴찌일 뿐만 아니라, 경쟁사의 절반도 안 되는 터무니 없는 실적을 보이고 있다.

이는 강북지역에 있는 삼성스토어 공릉점도 똑같은 상황이다.

길 건너편에 있는데, 서울 도심 방향으로 앉아있는 H마트나 L전자 매장의 절반도 안 되는 매출을 기록하고 있다.

이유는 간단하다.

점포를 얻는 첫 번째 원칙.

'배후상권에서 도심 방향으로 가는 길목에 점포가 앉아야 한다'

위성도시에서는 핵심상권으로 빨리는 구심의 힘이 발생한다.

반면 도심 내에서는 외곽지역으로 잘 나오지 않는다.

이게 점포 입지를 정하는 첫 번째 원칙인 것이다.

강남에서는 강북으로 잘 올라가지 않는다.

반면 강북은 무조건 강남향의 구심력을 가지고 있다.

혹시라도 매장이 크면 가능하지 않을까 하는 건 오판이다.

강북 쪽에 아무리 큰 매장을 꾸미더라도 강남에서는 가지 않는다. 그게 도심 지향이다.

L백화점 본점의 주고객은 그 점포보다 더 위쪽에 있는 은평구나 강북구 성북구 등의 주 타깃이 된다.

절대 강남구 고객이 L백화점 본점으로 가지 않는 이치다.

이런 이론으로 보면, 향후에 점점 더 L백화점 본점이 S백화점 강남을 이기기는 힘들어진다. 왜냐하면, 강북 고객은 강남으로 들어가지만, 강남 고객은 강북으로 가지 않기 때문이다.

독자 분들도 곰곰 생각해 보면 이런 예는 진짜 많이 만날 수 있다.

애초 삼성스토어 부천점은 부천에서 인천 쪽으로 가는 맨 끝에 위치해 있었다.

다른 점포에 비해 턱없이 모자라는 매출 결과를 보였다.

부천의 다른 곳도 마찬가지였다.

부천 고객이 인천으로 가기보다는 서울로 향할 가능성이 몇 배나 더 높기 때문이다.

또한, 부천 중동점은 중동 한가운데에는 있으나, 서울 방향이 아닌 역방향에 있다. 그러다 보니 상권 사이즈가 커서 매출은 제법 하나, 경쟁사에는 턱없이 모자라는 결과를 보이고 있었다.

이런 분석의 결과에 따라 이전해서 새로 오픈한 점포가 지금의 삼성스토어 부천 중동점이다. 옮기기 전 매출은 연간 70억 수준이었다. 그러나 이전 후 매출은 연간 300억을 상회한다. 이는 비단 점포의 크기만으로는 안된다. 입지가 어디냐에 따라서 천지 차이가 나는 것이다.

꼭 기억하자! 점포 입지의 첫 번째 조건은 '도심 지향적이어야 한다.'이다.

배후상권이 깔때기처럼 모이는 곳을 찾아라

혹시 독자 중 골프를 쳐본 적이 있는지 모르겠다.

고인이 된 P 대표와 나는 점포 입지에 대해 많은 이야기를 나누었다.

그중에 일화 하나를 소개하려 한다.

"김 상무! 우리 골프장에 가면, 비가 억수로 오잖아. 그런데 그렇게 많은 비가 와도 30분만 있으면 공을 칠 수 있잖아? 그건 왜 그런 거 같아?"

"그거야 물이 잘 빠지게 설계한 모양이죠"

내가 그렇게 대답했다. 그러자 P 대표가 이렇게 말했다

"그래, 바로 그거야. 모든 골프장은 필드에 배수구가 있는데, 산에서부터 오든 어디에서 오든 모든 물은 배수구로 향하는 거야. 그리고 그린 주변에도 그냥 평평한 거 같아도 비가 오면 한

쪽으로 물이 빠지게끔 설계를 하니까 금방 그린 주변에 물이 없는 거야."

"그렇다면 우리 점포도 이런 이치가 아닐까? 고객들이 물처럼 쏟아지는 깔때기 같은 지역에다가 점포를 박아야 그냥 막 고객이 쏟아질 거야. 이런 데를 찾아야 해."

그날 둘이서 했던 말은 점포를 얻는 또 하나의 규칙으로 들어왔다.

그건 바로 '배후상권이 반드시 지나가는 길목을 찾아라' 였다.

서울 중랑구에 있는 사람들이 시내로 들어오는 길은 동부간선도로나 동일로가 가장 큰 도로다. 대부분 이 두 가지 도로를 이용할 수밖에 없다. 그렇다면 동부간선도로에는 점포를 입점할 수 없다. 그렇다면 동일로 중 서울로 향하는 쪽에 큰 매장을 내면 성공할 확률이 높은 것이다.

성남시에는 삼성전자 스토어 성남 본점이 있다.

모란동 사거리에서 서울 쪽 큰 도로 진입 전, 우측에 있다.

이 점포도 환경이 비슷하다. 단대오거리 등 구 성남시 상권 고객은 성남 시내나 서울 시내로 나가려면 반드시 이 사거리를 통과해야 한다.

그런데 여기서도 한 번 더 생각해 봐야 할 문제가 있다.

삼성스토어는 구도심에서 시내로 나오면 바로 우회전으로 들어올 수 있다.

그러나 L전자와 H마트는 유턴을 한 번 더 해야 그 매장으로 갈 수가 있다.

이럴 때는 무조건 당사의 매출이 경쟁사보다 압도적으로 높을 수밖에 없다.

비단 한 번의 유턴이지만, 고객들은 이를 큰 저항으로 받아들이기 때문이다.

그런 상황에서 성남 본점 1층에 별다방까지 입점을 시켰다.

이런 결과 그 상권 내에서 H마트나 K전자는 절대 성남점의 매출을 이길 수가 없다.

경쟁사는 몇 번의 점장이 바뀌었지만, 결과는 마찬가지다.

이건 사람의 문제가 아니라 점포의 문제이기 때문이다. '점포는 태어날 때 이미 그 웨이트를 가지고 태어난다.' 이건 필자의 신념이다.

삼성스토어 서전주도 마찬가지다.

김제시에서 전주시로 가기 위해서는 80%의 고객은 서전주본점 사거리를 지나가야만 한다.

고객이 물처럼 쏟아지는 곳. 그곳이 점포의 최상의 입지인 것이다.

경쟁사와 위치와 순서의 문제

독자들께서는 혹시 수산시장이나 회센터에 가본 경험이 있을 것이다.

노량진 수산시장도 입점 위치에 따라 장사가 잘되고 안 되고 하기에 몇 년에 한 번씩 제비뽑기하여 점포의 위치를 정한다.

이 중 가장 좋은 입지는 어딜까? 단연코 첫 점포이다.

왜냐하면, 고객이 첫 집은 무조건 통과해야만 하기 때문이다. 이건 비단 전자 유통에서도 예외가 아니다. 과거 전자 유통은 H마트를 따라서 출점을 하느라 대부분이 다 모여 있다.

이러면 대부분 첫 집이 장사가 잘된다.

이건 브랜드의 문제가 아니다. 필자가 경험한 수십 군데의 상권의 매출 결과를 보고 말을 하는 것이다. 물론 고객은 브랜드를 정하고 오기도 한다. 하지만 H마트를 가면 모든 브랜드를 동시에 모두 쇼핑할 수도 있다.

그럼에도 불구하고 첫 번째 점포가 장사가 제일 잘된다.

구리시에 가면 점포가 L전자 H마트 삼성 이렇게 있다. 당연히 삼성이 매출이 꼴찌다. 공릉동은 L전자가 H마트 보다 먼저 있다. 이럴 경우 L전자 매출이 높다. 그런데, 얼굴마담 역할만 하는 점포도 있다. 매우 중요한 부분이다.

파주시에 가면 가장 큰 대로에 L전자 점포가 있다. 제일 노출도가 좋다. 그러나 L전자를 가기 위해서는 반드시 H마트를 지나야 한다. 어디가 매출이 좋겠는가? 당연히 H마트가 매출이 훨씬 높다. 이런 경우 L전자는 얼굴마담 역할만 하는 것이다.

청주시 삼성스토어가 예전에는 분평동 구상권에 있었다.

반면 H마트와 L전자는 외곽 상권에 있다. 이에 점포 이전을 하되 H와 L의 머리맡 입구에 나대지 2천 평으로 대형매장으로 출점했다. 당연히 3개 점포 중 청주점이 단 한 번도 1위를 내어 준 적이 없다.

제3장. 불황 극복을 위한 혁신의 정석 | 223

외곽 순환도로를 찾아라

20만 이상의 중견 도시는 구도심이 있고, 신도심이 있다.

해안가 도시라면 구도심은 바닷가 쪽이고, 육지라면 구도심은 무조건 기차역 쪽이다. 이건 진리다. 바닷가는 해상운송이 외부의 통로였고, 육지는 기찻길이 소통 길이었다. 그러나 지금은 차량 통행이다. 무조건 그 도시의 최대 차선의 도로를 찾아보아야 한다. 구도심 도로는 아무리 넓어도 6차선이 최대다. 반면 신도심이나 외곽 도로는 8차선이나 심지어 10차선까지 확장한다.

충주시에 가면 모든 점포가 모두 시내 중심에 있었다. 필자가 하루 승용차를 타고 충주시를 두 번 돌았다. 그중에 외곽 도로가 있었고, 남쪽에서 외곽 도로가 끝이 나 있었다. 직원을 통해 확인한 결과 지금 남부 외곽 도로는 공사 중이고, 2년 후 완공이 될 예정이라고 했다.

그래서 현재 도로가 끝나는 지점의 사과밭 과수원 1,600평을 점포로 얻었다,

그리고 직접 건축을 올리고, 주차장 90대의 대형매장으로 오픈했다. 오픈하기 두 달 전에 외곽 도로는 개통을 완료했다. 명실공히 충주시 외곽 순환도로가 완성된 것이다. 이럴 때 신흥 아파트도 외곽에 존재하게 된다.

그리고 시내까지 이동 수단도 시내를 관통하기보다는 외곽 도로를 타다가 내부도로로 갈아타게 된다.

물론 삼성스토어 충주점도 역대 최고의 매출을 기록한 건 물론이다. 인구 80만인 청주도 마찬가지다. 청주를 한 바퀴 돌리

는 외곽 순환도로가 청주의 핏줄이었다. 앞서 말한 바와 같이 외곽 순환도로 중에서 H사와 L전자 앞쪽에 있는 식당과 콩밭 나대지 3천 평을 얻었다.

삼성스토어 청주점은 오픈한 이후 연매출 300억은 꾸준히 달성했고, 전체 스토어 중 항상 3위 이내 최고의 실적을 올리고 있다.

경쟁사를 떠나, 독자 생존하라

과거 전자 유통은 H마트를 필두로 집단 출점이 원칙처럼 되어 있었다. 삼성스토어는 H마트의 30% 정도밖에 매출을 내지 못했다. 그래서 과감히 독자 노선을 가기로 했다. 그중의 가장 큰 자신감은 삼성 서비스센터였다. 삼성스토어가 산꼭대기로 가더라도 휴대폰 서비스는 반드시 받으러 올 것이라는 신념이 있었기 때문이다.

그 시범케이스가 삼성스토어 연수 송도점이다. 삼성만 단독으로 출점했고, 인근에는 땅이 없어서 절대 경쟁사가 따라올 수가 없다. 출점 이후 송도점은 여전히 장사가 잘되고 있다. 앞서 말한 송도에서 인천으로 나오는 딱 2개 다리 중 가장 번화한 다리를 건너면 그 끝쪽에 입점했기 때문이다.

그 이후로도 삼성스토어를 H마트 근처에서 분리하려고 노력했다. 왜냐하면, 당사가 없어지게 되면, H마트가 장사가 더 잘되는 게 아니라 오히려 매출이 축소되는 결과를 보였기 때문이다. 결국, H마트 때문에 삼성스토어가 먹고 산 게 아니라 삼성서비스 센터가 H마트를 먹여 살렸는지도 모를 일이다.

나대지의 장점은 경쟁사의 약점이 되기도 한다

당사가 경쟁사를 피해서 독자적으로 나대지를 찾아 떠났다. 나대지는 같은 가격으로 주차장을 넓게 만들 수 있는 장점이 있었다. 5km가 떨어져도 자동차로는 5~6분으로 가능하다. 결국, 고객은 주차의 편의성을 가장 최우선 가치로 뽑고 있으므로 나대지가 입점 후보로 충분히 가능해 보였다.

삼성이 나대지로 가면 L 사도 근처로 따라 이전을 한다. 하지만 나대지는 금방 구해지는 게 아니다. 제법 2~3년 공을 들여야만 가능하다. 그래서 속된 말로 독자적으로 2~3년은 잘 뽑아 먹을 수 있다. 그런데 H마트는 나대지에 출점할 수가 없다.

한국의 나대지는 판매공간 300평이라는 제약이 따른다. 모든 상권이 동일하다. 삼성과 L 사는 300평이면 단일 브랜드 진열과 연출이 가능하다.

그러나 H마트와 같은 양판점의 경우는, 300평으로는 MD를 할 수가 없다. 나대지는 메이커 유통에는 장점이 많은 데 비하여, 양판 유통에는 치명적인 결함이 있는 땅이다.

이런 사실을 알고 있다면 여러분이면 어떡하겠는가? 더더욱 나대지 쪽으로 점포를 이전해야 한다. 그러면 H마트는 시내 상권에서 비싼 임차료를 지급해야 하고, 그리고 결국 혼자만 외톨이로 남게 된다. 이래저래 H마트의 고민이 늘었을 것이고 지금도 고민이 클 것이다.

공무원도 밥 먹고 노는 게 아니다

　점포를 출점하면서 기존 관념과는 다르게, '내 생각이 틀렸구나' 하는 게 있었다.

　속된 말로 '네가 공무원이냐? 공무원처럼 일할래?' 이런 말은 게으르거나 복지부동 같은 자세의 샐러리맨들에게 쓰는 관용구다.

　필자도 좋은 의미로 듣거나 사용해 본 적이 없다. 그러나 점포 출점 관련을 하면서 '아, 공무원이 그냥 노는 게 아니구나.'라는 생각을 하게 됐다.

　필자가 점포 출점을 하면서 느낀 건, 도로가 혈관이다. 대동맥이 있고, 동맥과 정맥이 있다. 도로도 마찬가지다.

　공무원들이 이름을 절대 그냥 부치지 않는다. 그렇다면 서울 시내에는 어떤 대로가 있는가?

　이런 고민을 독자들은 한 번도 해보지 않았을 것이다.

　강남대로, 양재대로, 영동대로 등등 대로는 대동맥과 같은 역할을 한다. 무조건 왕복 8차선 이상이다.

　천안에도 대로가 있다. 구도심에 쌍용대로가 있고, 그 당시 서쪽에서 외곽에 서부대로가 있었다. 이제 서부대로는 천안의 한 가운데 중심이 되었다. 오히려 지금은 서쪽으로 불당대로가 새로 생겼다. 향후에는 이 불당대로가 가장 큰 대동맥 역할을 하게 될 것이다.

서울 시내 대동맥인 영동대로를 보고 출점한 점포가 삼성스토어 대치점이다. 영동대로는 서울 시내를 관통하는 제일 큰 도로다. 삼성스토어가 출점을 하기 전 그 땅에는 삼원가든이라는 식당으로 유명했다.

하여튼 영동대로에 점포가 필요했다.
한국에서 가장 소득지수가 높은 지역이 강남구다. 다음이 서초구, 분당구, 수지구, 송파구 순이다. 그럼 영동대로 어디에 점포가 위치해야 할까?
한강 이북 고객층까지 노린다면 영동대로의 우측 편이 좋다. 실제 대치점은 성수동과 건대 입구 상권까지 노리고 출점을 진행했다. 개포와 수서 상권을 염두에 둔다면 건너편이 좋을 것이다. 지금 L전자는 건너편에 있다.
결론적으로, 점포의 입지를 구한다면 제일 먼저 해야 할 일이 지도를 펴고 공무원들이 그려놓은 동맥을 찾는 일이 최우선 시급한 과제다. 그런 다음 이 장에서 언급하고 있는 사례들을 망라해서 후보지를 물색하는 것이 좋을 것이다.

새로운 도로의 부상-지하철

반드시 빼놓지 말아야 할 게 지하철노선이다.
지금 서울을 위시한 대도시는 지하철이 대중을 움직이는 혈관의 역할을 한다. 자동차와는 또 다른 역할이 분명히 있다. 단 필자가 본 차이는 쇼핑을 하는 고객은 대부분 승용차를 이동하고 단순 이동을 위해서는 지하철의 역할이 훨씬 크다.

하지만 지하철이 이동 수단의 대표격인 관계로 절대 무시해서는 안 된다.

그 대표적인 점포가 삼성스토어 서초점이다, 교대역은 환승역이다.

필자가 점포 출점을 맡기 전에 강남구 서초구를 통틀어서 삼성스토어가 세 군데 있었는데, 모두가 도곡로와 효령로 동일선상에 위치했다. 양재대로와 남부순환도로가 아닌 그 안쪽 소도로에 점포 3개가 대치동 역삼동 서초동에 나란히 있었다.

이럴 경우 죽도 밥도 아무것도 안 되고 3개가 다 망하기에 십상이다. 그중 하나는 도곡동 남부순환도로로 옮겼다. 그게 삼성스토어 도곡점이다.

다른 하나는 대치점으로 이전했다. 제일 나중에 효령로에 남아 있던 서초점을 교대역 사거리로 이전했다. 이전하기 전 매출은 연간 100억을 못했다. 이전 후에는 연간 2백억을 여유 있게 만들었다. 매출은 단순 100억 차이지만, 흑자점포와 적자점포로 구분되는 중요한 의미를 지니기 때문에 점포의 입지는 중요하지 않을 수 없다.

내비게이션을 활용하라

마지막으로 점포 입지를 정하는 사람은 반드시 내비게이션을 사용해야 한다.

  흔히들 상권 담당자들은 본인이 잘 알기 때문에 네비 없이 운전을 잘하기도 한다. 필자가 실무자들과 처음 동승하고 상권을 돌았을 때, 그런 친구들을 여러 명 보았다. 그들은 담당 임원에게 내비게이션 없이도 훤히 길을 알고 있다는 전문지식을 보여주고 싶었을 것이다.

  그러나 필자는 반드시 내비게이션을 켜게 한다.

  그리고는 담당자에게 다음과 같이 말한다

  "K 과장, 당신은 길을 잘 알아서 내비게이션 없이도 상권을 잘 알지만, 만약에 고객이 우리 점포를 방문한다면 내가 생각기에는 100% 내비게이션을 켜고 올 것으로 생각하네. 그러니 내비게이션이 안내하는 길이 표준이 되는 거야. 따라서 당신도 길을 잘 안다고 그냥 다니지 말고, 무명의 고객이 점포를 찾는다고 생각하고 무조건 내비게이션을 켜고 다니시게."

  이 말은 지금도 유효하다. 내비게이션은 모든 고객의 표준 모드다. 따라서 상권에 입지와 점포를 알기 위해서는 반드시 내비게이션이 지시하는 길을 따라서 동선과 흐름을 파악해야 한다. 길을 몰라서 내비게이션을 켜는 게 아니라, 불특정 잠재고객이 네비로 우리 매장을 찾아온다는 가정하에 동선을 꾸려야 한다.

3. 불황일수록, 조직의 마음을 다잡아야 한다

* 영업의 귀재 L 사장

　삼성전자 국내영업의 수장 중에서 내가 영업에서 처음으로 만난 분이 L 이다. 그는 진주 출신이며, 연대 상대를 수석 졸업했다. 한국은행으로 입사를 했다가 이후에 비서실로 스카우트 되어 삼성과 인연을 맺었다.
　국내영업본부장으로 대표이사 사장까지 지낸 인물이다.
　1995년 그가 국내 영업 서울지사장일 때 필자와 처음 만났다(당시 필자는 서울지사 성북영업소 영업사원이었다). 그리고 2002년까지 7년 동안 지근에서 일을 했다. 내가 아는 그는, 영업의 귀재였고, 경영의 천재였다. 국내시장이 몰락했던 IMF를 거치면서도 성장을 지속했고, 매년 영업이익 두 자릿수를 기록했다. 지금부터 삼성전자 국내영업이 어떻게 IMF를 극복하고, 매년 두 자릿수 성장과 두 자릿수 이익을 시현할 수 있었는지에 대해, 바로 옆에서 근무했던 그때 상황으로 돌아가 독자들에게 설명하고자 한다.

플러스 1, 마이너스 1 캠페인

영업하다 보면 여러 가지 캠페인들을 많이 한다. 그중에서도 삼성전자 국내영업에서 불황을 돌파하기 위해 추진했던 캠페인 하나를 소개하겠다.

어느 날 책상 위에 만 원짜리 지폐 한 장이 A4용지에 코팅된 채 놓여 있었다. '지폐 상단에는 +1, 지폐 하단에는 -1'이 인쇄된 채로 말이다. 나중에 알아보니 나뿐만 아니라 전 영업사원에게 코팅된 만 원짜리를 전부 지급했다.

그 당시 삼성전자는 위기의 상황이었다. 더군다나 영업에서는 경기가 안 좋으니 물건이 안 팔리는 위기에 직면하던 상황이었다. 영업본부 전 직원들을 다 모아놓고 코팅된 만 원짜리와 캠페인을 설명했다.

'지폐의 상단에 있는 +1은 모든 제품에 대해 부가가치를 늘려서, 만 원만 더 받아보자는 얘기입니다. 전자 국내영업이 월 2십만 개 정도의 물건을 파니까, 만 원만 더 받으면 월 20억 정도의 새로운 부가가치를 창출할 수 있습니다. 그리고 밑에 있는 -1은 비용을 품의 하거나 돈을 쓰고자 할 때, 만 원만 줄여서 품의하고 실행하도록 방법을 찾아보자는 의미입니다. 단지 이 한 건은 만 원이지만, 수천 건의 만원이 모이면 월 몇억의 비용 절감은 우습게 할 수 있을 겁니다.'

캠페인을 진행하며 성공을 보장하는 가장 근본은 직원들의 마음가짐이다. 직원들이 스스로 감화되어 발 벗고 나설 때 캠페인이 성공할 수 있는 것이다. 그 당시 우리 영업사원들은 하나로 똘똘 뭉쳤다.

내가 파는 물건을 만 원만 더 받을 수 있다면 얼마나 좋을까? 과연 어떻게 하면 만 원을 더 받을 수 있을까? 라는 질문에 질문으로 이어졌다. 그러면서 조직의 문화가 서서히 바뀌어 나갔다. 또한, '내가 쓰는 비용 중 단돈 만 원이라도 절감할 수 있으려면 어떻게 해야 할까…….'라는 사고를 직원들끼리 더 챙겨주고 독려했다.

캠페인의 활성화를 위해 우수 아이디어를 낸 직원들은 매월 시상을 했다. 캠페인에 자발적으로 참석하여 문화를 확산하자는 취지였다. 나는 그때 받은 만 원짜리 코팅을 직장생활을 은퇴할 때까지 책상 앞에 붙여두고 있었다. A4용지 한 장은 비단 그냥 만 원짜리가 아니라, 내 마인드를 콘트롤하는 중요한 도구였다.

이런 조그만 캠페인을 통해서인지는 몰라도, 불황과 경기침체를 지나는 동안 국내영업은 단 한 번도 적자를 내거나 위기에 빠지지 않았다. 오히려 IMF 위기 가운데 영업에서 돈을 벌어 제조에 기여할 수 있는 사업부로 더욱 우뚝 설 수 있었다.

놓치고 있는, 로스(Loss)를 찾아라

이어서 도입한 캠페인이 '로스 찾기'다.

경기침체에 따른 불황이라 사실 매출이 잘 안 나기 때문에 손익에도 여유가 없는 편이었다. 이때 도입한 것이 '내 주변에서 놓치고 있는 로스는 없는가?' 이다. 전 임직원에게 참석 기회를 제공했다. 그리고 임직원이 아이디어를 내어 로스를 찾았다면, 그 기대효과에 따른 금액을 1년간으로 환산해서, 총금액의 1%를 아이디어를 제안한 직원에게 시상금으로 지급했다. 잘못된 프로세스를 한 방에 바로 잡아 천만 원이 넘는 시상금을 받은 직원도 나왔다. 거꾸로 상상을 해보라. 직원이 천만 원을 받았다면, 그 아이디어 하나로 회사는 10억의 생각지도 않던 이익이 창출됐다.

전 직원의 참여를 더욱 확대하기 위해서 아이디어가 좋든 나쁘던, 월 5건 이상 제안한 직원들에게는 별도 시상을 했다. 왜냐하면, 전 직원이 참석하고 더 많은 아이디어가 필요하였기에 인센티브로 지속해서 독려했다.

그렇게 함으로써, 그해 직원들이 찾은 로스가 연간 100억이 넘었다. 물론 어려운 시기니까 이런 궁여지책의 아이디어를 냈지만, 지금 시점에 실행해도 전혀 나쁠 거 없는 캠페인으로 보인다.

위기돌파의 선봉, 신시장을 개척하라

IMF와 리먼 브라더스 사태 이후 한국의 국내 경기 상황도 좋은 편이 아니었다. 국내시장을 책임지고 있던 나는 여간 고민스러운 한 해, 한 해가 아닐 수 없었다. 그래서 이런 암흑 상황을 돌파하고자 1월 초부터 캠페인을 진행했다.

캠페인 명은 '콜럼버스 대작전' 참고로 IMF 당시 삼성전자 국내영업 수장은 L이었다. 나는 그 당시 L 밑에서 유통전략 담당으로 불황 극복을 위해 여러 가지 아이디어에 동참했다.

아무리 어려운 상황이지만, 그 옛날 콜럼버스가 신대륙을 발견했던 것처럼 새로운 고객을 찾아서, 새로운 시장을 찾아서, 새 역사를 창조하자는 의미의 캠페인이었다.

맨 먼저 캠페인 발대식을 통해 정신 재무장에 들어갔다. 금요일 밤부터 시작해서 토요일 오전까지 1박 2일로 행사를 진행했다.

행사를 간단히 살펴보면, 먼저 심야극장에서 전 임직원이 '캐스트 어웨이' 영화를 관람했다. 영화를 본 분들은 내용을 알겠지만, 영화의 구체적인 스토리는 인간의 의지다. 아무리 어려운 환경이라도 살아나고자 마음만 먹으면 기필코 살아서 돌아갈 수 있다는 마인드와 개척정신을 본받자는 기획 의도였다.

다음은 동대문 도매시장에서 새벽에 상인들이 어떻게 물건을 팔고 사는지 벤치마킹을 하고, 동대문에서 소형 물품 구매까지 해보는 시간이었다. 인당 현금 몇만 원도 별도로 지급했다. 새벽 1시부터 5시까지 동대문 평화시장 광장시장을 다녔다. 그 와중에 도매시장이 밤을 새우며 일하는 모습을 보았고, 주변 식당이나 지게 배달 등 밤을 낮처럼 일하는 무수히 많은 세상을 볼 수 있었다.

그리고 아침에 다시 사무실로 모여서, 영화관람과 동대문 벤치마킹 결과를 토론했다. 토론의 주제는 '불황을 뛰어넘는 신시장을 개척하자' 였다. 하룻밤 사이에 직원들의 의지는 할 수 있다고 바뀌었다. 끝으로 '콜럼버스 대작전'의 결의를 다지고 제각

각 임무가 부여된 전투 수첩을 받으며 발대식은 끝났다.

지금 시대에서 보면 구태의연하고도 낡은 방식으로 볼 수도 있다. 하지만 무슨 일을 하더라도 '일체유심조'다. 결국, 그 일을 하는 직원들의 마인드가 제일 중요하다.

우리는 그때 '콜럼버스 대작전'이라는 캠페인을 통해 전 직원이 정신을 다잡고 혼연일체로 캠페인을 밀어붙였다. 그 결과 일사분기가 전년비 성장으로 전환할 수 있었고 그 해, 영업실적도 성장으로 마감할 수 있었다.

한국에서 위대한 시장점유율을 만들자

콜럼버스 대작전이 끝나고 1년여 시간이 흘렀다. 한 해도 이틀밖에 남지 않은 12월 30일 오후였다. 스텝 간부들 미팅 시간에 다음과 같은 아이디어가 나왔다.

1) 내년도 시황이 불투명한데, 1월부터 고삐를 바짝 조여 나가야 하지 않겠는가
2) 콜럼버스 대작전처럼 전 사원 차원의 캠페인을 전개해서 일사분기를 선수치고 나가자
3) 칭기즈칸이 지구의 70%를 점령했듯이, 우리 영업이 국내 시장의 70% 장악하는 시나리오를 만들어 보자. 불황일수록 경쟁사 쉐어를 뺏어와야 한다
4) 캠페인 시작 시점은 1월 2일, 출근하자마자 사장에게 보고를 드리고 1월 3일부터 곧바로 시행에 들어간다.

그러니까 물리적으로 캠페인 전략자료를 만들 수 있는 시간이 12월 31일, 1월 1일 이틀밖에 없는 것이다. 절대적으로 시간이 촉박했다.

우선 나는, 내 동기인 W와 함께 휴일이었지만 31일 오전 9시에 출근을 했다.

그러고는 물리적으로 시간이 너무 없다는 판단하에, 내가 캠페인 내용을 칠판에 쓸 테니, W가 바로 타이핑 하는 방식으로 보고서 초안을 만들어나갔다. 그리고 다음 날에 이미 타이핑된 드레프트를 각자 나누어서 보고서로 만든 다음, 두 사람 합본으로 마지막을 완성했다.

그렇게 해서 1월 1일 오후 18시경 53장 짜리 캠페인 보고서가 만들어졌다. 캠페인 명은 '칭기즈칸 대정복'. 부제가 '한국 시장 MS의 70%를 점령한다.'였다.

그 캠페인 안에는 열심히 뛰자는 의미에서 전 직원에게 속옷(새 정신으로 몸을 감싸고)과 양말(발이 부르트게 뛰자)까지 지급한다는 아주 세세한 부분까지 들어 있었다.

그렇게 캠페인은 시작됐다. '칭기즈칸 대정복 캠페인'은 성공적으로 끝이 났고, 일사분기도 성장으로 마감했다. 그리고 그 해 1년 농사도 순조롭게 풍년을 거두었다.

위기에 빠지거나, 위기의 신호가 올 때는 직원들의 마음을 다 잡고 한마음으로 똘똘 뭉치게 하는 캠페인이 필요하다. 하지만 그 캠페인은 직원들의 헌신적인 마음을 움직여야 만이 결과를 성공적으로 이끌 수 있다.

보고서를 만들면서 계수를 바닥에 깔아야 하는 것도 중요하지만, 그보다도 직원들의 감성을 건드리려고 노력했다. 결국, 캠페인의 주인공은 직원들이기 때문이다. 행여나 공염불처럼, 습관처럼, 타성에 젖어 캠페인만 진행하게 되면 무조건 실패할 확률이 높다. 캠페인을 성공시키기 위해서는 그만큼의 정성과 감성이 섞여야 만이 전 조직원 전부의 감동을 끌어낼 수 있다.

캠페인이, 왜 칭기즈칸인가?

칭기즈칸은 777만 제곱킬로미터에 달하는 넓은 땅을 차지했다. 세계 정복자 중 단연코 최고였다. 나폴레옹의 7배, 히틀러의 3배 반, 알렉산더 대왕의 2배나 되는 영토를 정복했다. 소수의 기마부대를 데리고 최단기간에 최대 영토를 확장했다.

그 당시 몽골 인구는 1백만 명 수준이었다. 그중 20만 명의 기마부대를 데리고 세계를 정복했다. 이게 어떻게 가능한 일인가? 컨설팅업체인 창업자인 마이크 예이츠는 '칭기즈칸 리더십'이라는 이론에서 4E를 주장했다.

첫째가 Envision이다. 정복을 통한 영토 확장만이 빈약한 자원과 동족 간 분쟁을 해결하는 유일한 방법이라 설정했다.

다음이 Enable이다. 소수지만 군사 능력을 극대화시키려고 집중했다.

다음은 Energizing이다. 끊임없는 동기부여를 주었다. 굴복한 국가에 대한 기득권은 공평하게 나누어 주는 시스템을 운영했다.

마지막으로 Empowering이다. 전쟁을 잘하는 사람은 누구나 발탁했고, 발탁한 리더는 그에게 충분한 권한 이양을 했다. 그러므로 자율적으로 움직일 수 있는 군대로 만들었다.

여기에 효율적인 식량 보급을 위해 보르츠(말린 고기)를 활용했고, 기마 군대를 이용해 적은 병사로도 엄청난 위용처럼 보이게 했다. 1만의 기마병이 동시에 움직이면, 3km 밖에서도 진동을 느낄 수 있다.

밀레니엄을 얼마 지나지 않은 새 시대에, 더군다나 경기침체가 지속하는 상황에서, 선제 선점의 마케팅으로 칭기즈칸의 대정복은 여러모로 의미 있는 제안이었다. 그렇게 우리는 자원은 빈약하지만, 꿈은 위대하게 그리고 이성은 철저히 현실에 바탕을 둔 정복자 칭기즈칸 대정복 캠페인을 마무리했다.

4. 위기돌파의 필살기, 새로운 신제품의 도입

불황과 경기침체의 시기일수록 프리미엄에 치중하라

불황의 그늘이 짙을수록 경영의 단연 화두는 판매다. 팔아야 공장을 돌릴 수 있기 때문이다. 최근 들어 한국 시장도 불경기가 지속하는 와중에, 더 큰 문제는 양극화다. 며칠 전에 통계로 나온 데이터가 돈이 없어서 젊은이들이 결혼하지 않고, 아이도 낳지 않는다는 것이다.

그러나, 여기에는 숨겨진 기회가 여전히 존재한다. 상위 10% 소득 분의 자녀와 하위 10% 소득 분의 자녀도 양극화되고 있다고 통계에서 지적했다. 결국, 경기침체의 불황임에도, 가진 사람들은 여전히 돈을 쓴다는 것이다.

예를 들어 IMF나 리먼 브라더스 금융위기 때를 기억해 보자. 그 당시 영업의 화두도 양극화였다. 그러나 많은 기업이 엔트리 로우엔드(Entry low-end) 제품의 수요에 치중했다. 결국, 가격이 싼 제품을 공략한 회사는 거의가 다 망했다. 물량이 늘지 않는 저가품은 악순환의 고리로 들어가기 때문이다.

이전의 불황 시대를 극복할 때도 삼성전자 국내영업은 양극화 중 프리미엄에 주목했다. 하이엔드군의 개발이 새로운 수요 촉발로 이어질 수 있다고 판단했기 때문이다.

경기침체라고 더 싼 제품의 공급량을 늘려봐야 수요는 촉발되지 않았다. 왜냐하면, 로우엔드 군에서는 결국 돈이 없어서 수요 창출을 하지 못하기 때문이다.

이에 하이엔드 포지션인 프리미엄 제품으로 시장에서 승부를 보자고 판단한 삼성전자의 영업전략은 경기침체와 불황이던 그 시절에 더욱 빛을 발했다.

그 당시 나온 프리이엄 제품이 대형텔레비전 파브, 양문형 냉장고 지펠, 젊은 층을 위한 개인용 컴퓨터 매직스테이션, 유명 연예인과의 최초의 콜라보레이션인 젝스키스폰 등이 대표 품목이었다.

불황 극복을 위한 프로젝션 대형 TV, PAVV의 탄생

IMF 이전까지의 TV는 전부 브라운관 TV였다. 이 브라운관 TV 분야에서 일본의 소니는 35년간 세계 1등을 유지하고 있었다. 대형 TV의 탄생은 두 가지가 다 맞물려 있었다. 첫 번째는 아날로그에서 디지털로의 전환이었다. 다음이 대형 화면을 갈구하는 소비자의 열망이 잠재되어 있었다.

이 시기에 맞춰서 디지털 방식의 대형 TV가 태어났다. IMF 상황에서는 소비가 빈익빈 부익부였다. 현금과 순금이 있는 사람들은 더욱 부자가 되었다. 반면 이자와 월세에 허덕이던 사람은 더욱 곤경하게 만들었다. 어려울 때 프리미엄 고객을 공략하기 위해 론칭한 새로운 브랜드가 파브였다.

PAVV는 프로젝션 TV로 43인치 50인치로 나왔다. 그 당시 브라운관 TV는 29인치가 최고 대형 인치였다. 그러니 43인치가 얼마나 커 보였겠는가? PAVV는 약자였다. 그 때 당시가 마케팅에서는 약자를 따다 쓰는 게 무슨 유행처럼 번졌다. Powerful Audio & Vast Vision의 앞글자만 따왔다.

마케팅은 성공적이었다. 프리미엄 고객들은 프리미엄 제품에 환호했다. 게다가 대형 TV는 PAVV라는 선망성도 창출했다. 대형 TV에 목말라 있던 하이엔드 소비자들은 전부 삼성 TV PAVV를 구매했다. 이 PAVV가 키운 시장과 PAVV가 벌어들인 수익성이 향후 보르도 TV를 론칭 함으로서 명실상부하게 세계시장 1위에 오르는 기염을 토하게 된다.

대한민국 TV가 전 세계 거실에서 마켓쉐어 1등을 차지하는 역사적 순간이 온 것이다.

1998년 IMF 때나 2008년 리먼 브라더스 사태나 2019년 코로나 시절이나 처한 상황이 비슷하다. 빈곤한 소비자는 쓸 돈이 없다. 반면 현금과 순금이 넉넉한 소비자들은 돈이 넘친다. 이런 시장 환경일수록 철저히 하이엔드 중심으로 영업을 전개해 나가야 한다. 개발이나 영업, 명실공히 프리미엄과 하이엔드 소비의 흡수를 타깃으로 움직여야 한다고 필자는 지금도 그 생각에는 변함이 없다.

PAVV, 교단 선진화를 제패하다

2000년 밀레니엄 시대로 접어들면서 드디어 디지털과 커뮤니케이션에 눈을 뜨기 시작했다. 여기에서 학교도 예외가 아니었다. 학교에서 학생들 교육을 위해서 TV가 필요했다. 그때는 PC가 막 보급되던 시기였기 때문에, 이 PC 화면을 대형 모니터로 학생들에게 보여준다는 새로운 수요가 나타났다.

국내영업은 이런 상황을 주목했다. 이미 학교별로 대형 TV 예산은 교육청마다 편성되어 있던 터였다. 그래서 각 교육청이나 학교에 직접 영업할 수 있는 B2B 특판팀을 만들었다. 그들을 통해서 일명 '교단 선진화'에 전념해서 대응할 수 있도록 체제를 확대 개편했다.

그 수요는 엄청났다. 약 2~3년 내 전 학교의 교실에 대형 TV가 다 보급된 것이다. 삼성이 아니면 일본산이 주요 경쟁자였다가 나중에 국내 L 사가 뛰어들었다. 초기에는 PAVV라는 유일의 대형 TV 제품을 삼성만 보유하였으므로, 그야말로 학교예산=매출로 반영되던 시기였다.

여기서 주목할 것은, 그냥 쉽게 영업은 이루어지지 않는다는 것이다. 듣다 보면 쉬워 보일지 몰라도, 미리 충분한 '사전영업'이 만들어져 온 것이기 때문에 가능했다.

1) 당사는 대형 TV PAVV를 보유하고 있다.
2) 교육청과 학교는 교단 선진화 예산을 가지고 있다.
3) 전담 B2B 영업팀을 만들어, 교육청 하나하나에 전부 사전 영업을 한다.
4) 브랜드와 걸맞은 애프터캐어를 내세운다. 서비스는 역시 삼성

상기와 같은 전체적인 계획이 수개월 전부터 미리 예견된 것이기 때문에 가능했다. 물론 예견과 함께 그에 걸맞은 충분한 사전 준비와 인프라 구축은 당연히 필요한 일이기도 하다.

국내 최초 양문형 냉장고의 탄생

삼성전자 국내영업은 불황을 극복할 방법으로 택한 게 양극화에 대한 발 빠른 대응이었다. 그때 사람들이 경기 부진 환경하에서는 엔트리(Entry) 라인업의 강화를 주창했었지만, 국내영업은 오히려 정반대인 하이엔드를 타깃으로 정했다.

이런 전략적 배경 아래 탄생한 냉장고가 양문형 냉장고다. 그 당시 시대 상황은 국내는 무조건 투 도어(2 door) 방식의 냉장고만 존재했다. 아래, 위 2개 종류의 문만 좌우로 여는 방식으로 냉장고를 생산했다.

국내 전 브랜드가 동일한 상황이었다. 양문형 냉장고는 미국 제조사인 월풀이나 GE 등에서만 생산됐다. 우리는 그 당시 양문

형 냉장고는 한국인의 김치나 젓갈 등 큰 용기를 담기에는 효용력이 떨어지는 상품 컨셉이라고 평가절하했다. 그도 그럴 것이, 당사는 양문형이 없으므로 무조건 안 좋다고 까야만 2도어 냉장고가 살아남을 수 있기 때문이다

그런데 당사도 프리미엄 전략의 일환으로 양문형 냉장고를 기획했다. 국내에서는 제일 발 빠른 횡보였다. 그건 경기침체 상황을 역발상으로 이해하고 하이엔드 고객을 공략해야 한다는 우리의 간절함 속에서 나온, 신시장을 위한 새로운 제품이었다. 저성장 상황에서는 단가를 올리고, 철저히 프리미엄 비중을 늘리는 방향으로 마케팅 타깃을 잡았기 때문이다.

양문형 냉장고를 기획하고 냉장고 단가가 거의 2배 수준으로 올랐다. 덕분에 매출과 이익이라는 두 마리 토끼를 모두 취할 수 있는 전략이었다.

그런 배경으로 국내에서 삼성전자가 처음으로 양문형 냉장고를 론칭하였고, 어려운 시장 환경하에서도 성장이라는 역사를 지속하게 된다.

실수가 전화위복, 대박을 치다

당시 삼성전자가 국내에서 처음으로 양문형 냉장고를 기획하고 한국 시장에 첫 론칭을 준비할 때였다(그 이전까지 삼성전자와 L전자는 양문형 냉장고를 만들지 않았고 오로지 투(two) 도어 뿐이었다. 미국의 GE나 월풀에서 양문형을 생산, 공급했다).

바로 내일모레가 각종 미디어에 홍보기사를 Publicity 하게 되어 있어서, 마케팅실 전원이 정신없이 바쁘게 움직였다. 그러던 그때, 독일에서 어릴 때 거주하다 온 직원 한 명이 조심스럽게 말을 꺼냈다.

"지금 사용하고자 하는 브랜드 문구는, 독일에서 남성의 성기를 지칭하는 속어로 사용되기도 합니다. 아마도 나중에 이런 비슷한 말이 틀림없이 나올 겁니다. 그래서 지금이라도 이름을 바꾸는 게 좋을 듯합니다."

완전 핵폭탄급 발언이었다. 물론 그 순간 마케팅실은 패닉 상태가 되었다. 곧바로 각종 사전을 탐독하고, 독일어 전문가에게 의뢰한 결과 그 말은 사실로 밝혀졌다. 긴급회의가 열렸는데, 그 자리에서 삼성전자는 다음과 같은 의사결정을 내린다.

"지금 영문 글자에서 F를 들어냅시다. 그러면 한글 발음은 똑같을 거고 영문 글자는 바뀌니까, 독일어 속어의 뜻도 없어지는 거 아닙니까?"

정말 간단하지만 엉뚱한 발상이었다. 삼성전자의 그 유명한 냉장고 브랜드가 이런 과정을 겪었다면 누가 믿기나 하겠는가?

하지만 사실이 그랬다.

"더구나 F를 빼고 릴리즈 하면, 한글 브랜드명의 발음은 똑같으니 우리가 이미 준비해 둔 많은 홍보물을 새롭게 바꿀 필요도 없을 것 같고 그러면 버릴 것도 없어 보이네요. 단지 영문으로 쓰여 있는 것만, 오늘내일 수정합시다. 이게 최상책이 아닌가 싶습니다. 다른 사람 의견은 어떤지요?"

실제 그날 회의 이후로 그 zipfel 브랜드는 F 스펠링을 빼고 초도 론칭을 했고, 그 브랜드가 지금까지도 유명한 양문형 냉장고 지펠이다. 그러니까 처음 그 브랜드가 탄생하려고 했을 때는 P 다음에 F가 있었는데……

위와 같은 우여곡절 끝에 F는 사라지게 되었다.

의사결정은 단순하고 빨라야 한다

나는 그때, f를 빼고 지펠냉장고를 작명할 때 많은 것을 배웠다.

1) 순간적인 직관

지금 결정하지 않으면 모든 프로세스가 뒤로 밀려야 한다. 그렇다면 지금 의사결정을 해야 한다. 지금 하지 않으면 아무것도 할 수 없다

2) 위험에 대한 의연한 대처

이미 엎질러진 물은 주워 담을 수 없다. 잘잘못을 따지기보다는 지금의 위기를 해결할 구체적인 실행을 추진하라. 일단 일을 진행하고 나서 나중에 그 원인에 대해 충분히 논의하는 시간을 가지면 된다. 지금 깬다고 일이 해결되는 것은 아니다.

3) Risk를 반전시키다

f 하나를 들어내어 전혀 새로운 글자를 만들었다. 앞서도 얘기

했지만, 그 당시는 이니셜을 따와서 작명하는 게 유행이었다. 그때 지펠도 무슨 이니셜이 있었다. 필자와 누구도 기억하지 못하는 이유는 f가 사라지면서 그 풀네임이 가치를 상실했기 때문이다. 그래 봐야 뭐가 달라지는가? 누가 풀네임을 기억하는가? 그냥 지펠이면 되는 것이다.

4) 잘잘못은 나중에 가려라. 현안에 집중

그 어려운 순간에도 그 브랜드를 작명한 담당자를 혼내지 않고, 그 순간의 위기를 어떻게 헤쳐나갈 것인가로 몰입하는 미래지향성을 보았다.

보통의 사람들은 그런 경우, 그 브랜드를 만든 직원을 혼부터 내고 본다. 그리고는 어떻게 할 것인가 아이디어를 가져오라고 하거나, 그 아이디어조차도 대안으로서 부족할 때 당신이 책임지라고 하는 경우가 다반사다.

그러나, 이미 엎질러진 물이다. 주워 담을 수 없지 않은가?

그렇다면 그다음 프로세스를 유연히 안정화시키는 것이야말로 리더의 덕목임을 그 날 깨달았다.

매직스테이션과 센스의 탄생

PC 제품도 당연히 sub brand가 필요했다. 그때의 유행이 그랬다. 그 당시는 서브 브랜드가 없으면 신상품이 아닌 것처럼 느껴졌다. 지금 삼성전자는 갤럭시를 제외한 대부분이 sub brand 정책을 취하지 않는다. 반면 L 사는 아직도 서브 브랜드 전략을 지속하고 있다.

트롬, 휘센, 디오스, 그램, 올레드, 오브제 컬렉션 등 여전히 소비자가 떠올릴 수 있는 서브 브랜드를 거의 전 제품에 아직도 사용되며 소비가가 기억을 떠올리게 된다.

아무튼, PC의 서브 브랜드로 데스크탑은 '매직스테이션'으로 명명되었고 노트 PC의 서브 브랜드로 '센스'가 출시됐다. 센스 브랜드는 그때 이후 근 10년 동안 노트북의 대명사처럼 여겨졌다. 당연히 국내시장 MS가 삼성이 70%에 육박했다.

특히 센스는 항상 적자이던 국내 PC 사업을 흑자를 전환하는 효자 품목이 되었다. 물론 제품 단가도 1백만 원을 훨씬 뛰어넘어, 대형 TV나 대형 냉장고 가격과 대동소이했다. 따라서 국민 브랜드 센스 노트북이 삼성이 IMF를 극복하고, 새로운 밀레니엄을 맞이하는 시대의 변화 속에서 불황 탈출을 위해 크게 기여하였다.

삼성전자가 내놓은 서브 브랜드 중 아이러니한 게 있다. 결과적으로 보면 유독 두 글자 브랜드만 강하게 살아남았다. 이음절 브랜드는 거의 모든 브랜드가 일류가 되었다. 파브, 지펠, 센스 등이 그러하다. 반면 하우젠, 블루윈, 매직스테이션 등 세 글자 이상은 크게 히트 치지 못했다.

PC 사업영역을 확장하라

2000년대 이전에는 PC 보급률이 30% 수준밖에 되지 않았다.

지금은 모든 집에 데스크탑이나, 노트 PC, 그리고 태블릿까지 있지만, 그 당시는 한 가구에 데스크탑 한 대 있는 집이 많지가 않았다. 그나마 자녀들이 초등학교 고학년이나 중학교 들어갈 때 입학선물 정도로 PC가 활용될 시기였다.

그 당시 국내영업은, 속된 말로 PC를 많이 팔아먹을 방법으로 국민, 즉 소비자들이 컴퓨터를 제대로 알아야만 구매로 이어질 것으로 예상했다. 누구나 PC를 사용하면 그 시장은 무한대로 커진다

이런 배경하에 나온 것이 '전 국민 대상 PC 무상교육' 프로젝트다. 전국 단위 단위별로 PC 교육장을 만들었다. 도시급에는 모두 들어갔다. 교육장을 임대하고, 무료 교육을 통해 개인용 컴퓨터의 사용을 활성화시켰다.

삼성전자가 이런 일을 한 것은 사실 기적 같은 일이다. 흔히들 세상의 여론처럼 삼성전자는 돈이 되지 않는 것은 잘 뛰어들지 않기 때문이다. 더구나 그 당시는 IMF를 지나고 경기침체의 시대였기 때문이다.

하지만 국내영업은 완전한 역발상으로, 우선 투자가 동반되는 전 국민 PC 무상교육에 뛰어들었다. PC를 알아야 PC를 구매할 것이라는 명제하에 진행된 전술이었다. 실제 그 효과는 엄청났다.

전국의 초등학생 중학생들이 PC를 사용함으로써 부모들에게 구매해 주길 요청하기 시작했다. 그즈음 온라인 게임의 등장도 보급률 증가에 한몫했다. 또한, 개인용컴퓨터를 잘 모르는 기성세대들도 인터넷의 확산과 더불어 개인용 컴퓨터의 필요성이

급증했다.

여기에서 배울 점은 '팔아먹고 가르친다.'가 아니라 '가르치고 팔아먹는다.'였다. 아무것도 아닌 것 같은 말 뒤집기가 실로 현장에서는 엄청난 결과를 뒤집기 때문이다. 그렇게 전 국민 PC 무상교육 프로젝트는 2000년대 이후 PC 시장의 급속한 확대를 창출했고, 삼성전자가 PC 시장 M/S를 70% 이상 차지하는 효자 품목의 역할을 톡톡히 했다.

젝스키스와의 콜라보 폰 탄생

국내 최초로 연예인과 콜라보한 모델이 탄생했다. 이미 언급한 바와 같이 그 당시는 서브 브랜드가 난립하고 있던 때였다. 거기에 한술 더 떠 연예인의 이름을 딴 제품을 출시했다. 그게 바로 젝키폰이다. 모델명은 SPH-8750.

이때 국내영업에서는 인기 아이돌그룹인 젝스키스와 공동으로 '젝키폰'을 개발하여 10대 후반부터 20대 초반을 겨냥한 공동 마케팅을 펼쳤다. 물론 통신사와 협업을 통해 통화요금도 최대한 절약할 방안을 마련해 특히 N세대에게 어필했다. 우선 젝스키스의 노래 중 8곡을 나만의 벨 소리로 무료로 지원해 주었다. 그리고 전원을 켜고 끌 때, 젝스키스의 로고가 화면에 애니메이션으로 보이도록 지원했다.

특히 삼성전자는, 그 당시는 생소했던 스피커폰 기능, 음성녹음기능, 다양한 LED 컬러 변경 등 최신 기능을 젝키폰에 다 모았다. 또한, 젝스키스는 소비자들에게, 휴대용 목걸이, 공연 티켓, 브로마이드, 스티커 등을 지원해서 명실공히 콜라보의 원조 격이 되었다.

IMF나 불황일수록 초강도 마케팅이 필요하다. 그걸 교과서적으로 보여준 게 젝스키스 폰이 아닐까, 한다. 2023년 지금 한국은 불황의 그늘에 있다. 이럴수록 남다른 전략, 차별화된 마케팅이 절대적으로 필요한 시기다.

하이엔드 고객을 위한 Sub brand의 시대

경기침체 시대는 시장이 급격히 얼어붙었다. 모든 게 장사가 잘되지 않는다. 삼성전자 국내영업은 빈익빈 부익부라는 사회 분위기에 맞춰 오히려 프리미엄 마케팅이 주력했다. 이때 프리미엄 마케팅을 위해서 활용되었던 방식이 서브 브랜드(Sub brand)였다.

서브 브랜드 전략은 크게 두 가지로 소비자에게 접근했다.

하나는, 이 브랜드가 가장 신상품이라는 가치 소구다. 파브 TV는 대형 티비의 대명사고 지펠은 양문형 냉장고가 처음 나왔을 때 취한 브랜드였다.

다음은, 그 제품군 중에서 하이엔드 프리미엄이라는 전략이다. 파브가 그랬고 지펠이 그랬다. 나중에 나온 센스도 노트 PC 중에서 백만원을 초과하는 고가였다. 이 서브 브랜드가 나옴으로써, 하이엔드는 서브 브랜드가, 서브 브랜드를 취하지 않는 모델은 엔트리 군에서 볼륨을 취하는 전략으로 자연스럽게 분류됐다.

현재 삼성전자는 서브 브랜드 전략을 위하지 않는다. 삼성전자의 브랜드 전략은 본사 스탭에서 주관하기 때문에 영업에 근무한 필자는 현재의 배경에 대해 자세히 알지 못한다. 아마도 모든 모델이 전부 프리미엄이나 고급 브랜드이기에 따로 구분하지 않는 게 좋은 전략이라 서브 브랜드를 없앤 게 아닐까, 정도로 추측한다.

하지만 이 전략은 반대로, '어느 한 모델도 별도의 이름으로 하이엔드에 포지셔닝 시킬 수 없다.'라는 치명적인 약점을 지니고 있기도 하다. 독자들도 모두 다 아시는 바와 같이 아직 L 사는 서브 브랜드 전략을 국내에서는 특히 유용하게 취급한다.

모든 품목군에 서브 브랜드가 있다.

올레드TV, 디오스, 트롬, 휘센, 그램뿐만 아니라 오브제 컬렉션까지 신상품이 나올 때마다 서브 브랜드뿐만이니라 그 아래 세컨 네이밍까지도 사용하고 있다.

저의 생각요?

하하하. 무식하지만 제가 생각하는 견해는요.

글로벌 전략은 단일 브랜드 하나만 가져가는 게 유리해 보입니다. 왜냐하면, 아직 애플이나 다른 글로벌 초일류 비하면 여전히 단일 브랜드로 포지셔닝을 유지하는 게 필요해 보이기 때문입니다.

그러나 한국의 상황은 다를 수도 있다고 생각합니다. 국내에서 삼성전자를 모르는 사람이 어디 있나요?

하물며 르노 자동차까지도 작년까지 S 브랜드를 사용했습니다. 따라서 한국에서 삼성 모르는 사람이 없을 거 같습니다. 더군다나 한국에서 삼성이라는 브랜드 광고가 필요한지도 의문을 가져 볼 일인 거 같습니다.

하지만 하이엔드군을 위한 서브 브랜드가 있다면 말이 달라질 것으로 판단됩니다. 타깃을 잡아서 광고 홍보에 집중할 수 있기 때문이죠.

왜냐하면, 불황기, 저성장기, 경기 침체기일수록 하이엔드를 집중해서 팔아야 판매단가가 올라가고 이익률도 상승하기 때문입니다.

제4장

영업 고수들의 혁신 노하우

나는 30년간 영업이라는 일을 하면서 여러 훌륭한 선배들을 회사에서 만날 수 있었다.

그렇게 많은 훌륭한 분들이 있었기에 1997년 말에 찾아온 IMF 구제금융에도, 2008년 리먼 금융위기 때도, 2019년 이후 코로나 시기에서도 오늘날의 삼성전자를 만들 수 있었을 것이다.

특히나 영업인이라면 알아야 할 필수 아이템에 대해 요목조목 제시해 주었던 선배들이 존재하였기에 필자도 삼성전자라는 울타리 안에서 안정적으로 성장할 수 있었고, 직장생활 내내 고맙고 행복했다.

지금 한국 시장은 경기침체와 불황의 연속이다. 이런 시대일수록 이미 많은 경험을 한 선배들의 지혜와 노하우가 절실하다. 특히나 IMF나 금융위기, 코로나 사태를 극복한 경험은 현재의 경기침체와 불황 시기를 탈출할 수 있는 좋은 교재가 될 수 있을 것이다. 지금 이 장에서는 내가 만났던 선배 중 직장인들에게 도움이 될 수 있는 에피소드를 골라서 정리했다.

이에 삼성전자 영업 분야 고위 임원이었던 몇 분들의 핵심 필살기를 살펴보고자 한다(대신 현직에 계신 분들은 생략했다. 괜히 누가 될 수 있기 때문이다).

한편, 이 챕터에 나오는 선배들의 이름은 전부 영문 이니셜로 처리했다. 하지만 에피소드가 끝나는 단락의 맨 마지막에 각주를 달아서, 그분의 경력과 이력을 해설했다.

본 장에 나오는 모든 이야기는 그때의 실제 발생했던 스토리임이 분명하다. 따라서 사실에 입각한 사례들을 살펴보면서 지금 현세에도 도움이 될 수 있는 이야기라고 믿어 의심치 않는다.

역사는 반복과 순례를 계속한다. 과거는 끝나는 것이 아니라 현재의 학습 교과서이고, 이 현재가 미래를 만드는 초석이기 때문이다.

처음도 삼성, 중간도 삼성, 끝도 삼성

C가 저녁을 같이하자 했다. 그분의 업무차를 타고 저녁 먹을 장소에 가는 길이었다. 이동 중 차 안에서 여러 가지 대화를 나누었는데, 와중에 그는 내게 이런 질문을 했다.

"김 과장! 회사에서 성공하려면 필요한 게 뭔 줄 아나?"

갑작스러운 질문에, 나는 '잘 모르겠다.'라고 답변했다.

C가 나에게 말을 시작했다.

"한 회사의 직원이라고 함은, 그 회사에 대한 로열티(loyalty)가 가장 중요하다. 내가 지금 모시고 있는 상사에 대한 로열티뿐만 아니라, 조직에 대한 충성도를 의미하는 거다.

난 지금까지 살면서, 첫째도 삼성이었고 둘째도 삼성이며 셋째도 삼성으로 살아왔다. 이러하듯 본인 스스로가 어떻게 살 것인가에 대한 마음가짐을 항상 바닥에 깔고 살아야 만이 그 조직을 위해 헌신할 수 있는 것이다. 오늘부터 김 과장도 처음부터 삼성, 중간도 삼성, 끝까지 삼성맨이 되려고 노력해 봐라."

나는 그날 C의 그 말을 들은 이후, 항상 나 스스로 가치관을 다잡으려 노력했다. 특히 개인에 대한 충성이 아니라 조직에 대한 loyalty에 가치를 더 부여하기로 했다. 그리고 더 나아가 후배들에 대한 소명의식과 책임감이 직장생활에 있어서 무엇보다 중요하리라 다짐했다.

이 책을 읽는 독자 여러분도 인생을 살면서 구심점을 만들어 보라.

스스로 어디에 로열티를 두고 살 것인지 생각해 보라.

지금부터 어떤 마음가짐으로 하루하루를 대할지, 스스로 고민해 보는 것도 나쁘지 않을 것이다.

팔로우 투 마이 보스, 매니저 투 마이 보스

여러분들은 혹시 장어 만(鰻)이라는 글자를 아는가.

이게 얼마나 신기한 한자인가 하면, 만(鰻) 자를 어순에 따라

쓰면 다음과 같다.

'이 물고기를 먹으면, 하루에 네 번 하고 또 한다.'

이 얘기를 전해준 이가 앞 장에서 말한 C˚선배였다. 장어가 그 정도로 몸에 좋다는 거를 에둘러 표현한 예라고 했다. 그리고 C는 한자를 기억할 때도 그런 식으로 기억한다고 했다. 난, 그날 이후로 장어 만(鰻) 자를 절대 잊어본 적이 없다. 지금 쓰라고 해도 너무나 잘 쓴다. 이 물고기(魚)를 먹으면 하루에(日) 네 번 하고(四) 그리고 또 한다(又).

여러분도 이제 장어 鰻은 절대 잊지 못할 것이리라.

언제가 C는 나에게 다음과 같은 질문을 한 적이 있었다.

"follow to my boss or manage to my boss. 이 두 가지 중에서 어떤 게 맞는 말인 거 같나? 스탭 생활을 하면서 이 두 가지가 아주 중요하거든."

"잘 모르겠습니다만, follow to my boss 아닌가요?"

"대부분은 팔로우 투 마이 보스라고 답하는데, 그건 틀린 말이야. 매니저 투 마이보스가 궁극적인 길이지."

그는 위 두 가지를 다음과 같이 부연 설명했다

"보스를 스탭이 따르는 것처럼 보이지만, 실제로는 스탭에서 보스를 매니저 하는 거야. 그렇게 함으로써 보스가 옳은 길로 가게끔 만드는 거지."

---

* C : 삼성전자 회장 비서실에서 임원인사를 담당하고, SAMEX 법인장, 국내영업 유통 관장 그리고 디지털프라자 대표이사를 역임했다.

"결국, 겉으로 보기엔 팔로우 투 마이 보스지만, 내적으로는 매니지 투 마이 보스의 길로 가게 하는 거지. 그게 스탭에서 제일 중요한 일이야."

나는 그날 C에게서 중요한 경영철학을 들었다. '팔로우 투 마이보스처럼 보이면서도 매니지 투 마이보스가 되도록 하는 거'

그렇게 하기 위해서는 철저히 나를 더 숙이면서, 보스의 그림자가 되어야 한다. 그리고 보스는 그냥 따르는 게 아니라, 철저하게 매니지 해야 한다는 것을….

원대한 꿈을 가져라

내가 과장이었을 때다. 당시 사장이던 L*을 모시고 대구 출장에 동행하였다. 업무를 끝내고 대구 시내 음식점에서 저녁과 간단한 술자리를 가졌다. 어느 정도 취하는 분위기인 와중에 L이 나에게 다음과 같은 질문을 했다.

"너는 이 회사에서 장차 무엇이 되고 싶으냐?"

갑작스러운 L의 질문에,

"스무 살에 서울 와서 대학을 다녔는데, 학생 과외를 한 적이 있습니다. 그 집은 대기업 부장 댁이었고요. 그 댁에 가보니 시골에서 온 제가 보기에 너무 잘 살더라고요. 그래서 저도 대기업

---

* L : 창업 회장 계실 때 비서실 인사팀에 근무했고, 그 이후로는 전자 생활용품 사업부장을 지냈다. 이후 영업통으로 전환해 서울지사장 상무, 가전사업부장 전무, 국내영업본부장, 사장, 전자 대표이사까지 지냈던 입지전적인 사람이다

부장까지만 해도 좋을 거 같습니다."

내 대답이 끝나기도 전에, L은 나에게 불같이 화를 내셨다. '젊은 놈이 그렇게 약해 빠져서 어디에 쓰겠냐.' 하시면서 말이다. 그러면서 다음의 말씀을 이었다.

"너는 앞으로 지금 말하는 세 가지만 꼭 지켜라. 그러면 너는 나(사장)보다 더 높은 위치에 갈 수 있다.

첫째, 원대한 꿈을 가져라. 목표가 낮으면 항상 그 목표에 안주하거나 그 수준에서 머물게 된다.

둘째, 다른 사람보다 조금이라도 더 노력해라. 나는 지금도 5시간 정도를 잔다. 너는 나보다 더 적은 시간을 자고 더 열심히 살아야 한다. 그래야 나보다 더 높은 자리에 올라갈 수 있다.

셋째, 김 과장은 젊으니까 앞으로 참아야 할 순간이 많이 올 것이다. 앞으로 살면서 스무 번 정도는 참아야 할 순간이 올 거다. 그런 순간이 오면 무조건 눈 딱 감고 참아라. 젊은 객기 부리지 말고 무조건 참아야 한다."

그분의 말씀하시는 얼굴과 눈빛에는 열정이 흘러넘쳤다.

"그런데 언제 참지 않아도 되는 줄 아나?"

그분이 빙그레 웃으면서 물었다. 잠시 정적이 흐르고 조심스레 여쭈었다.

"언제 참지 않아도 됩니까?"

"그건 당신이 힘이 있을 때 참지 마라. 나보다 더 힘이 있는 자가 없을 때는 더 이상 참지 않아도 된다. 그래서 그때까지는 힘을 키워라."

그날 이후로 나는 L이 말씀하신 세 가지를 지키려고 부단히 노력했다. 직장에서 어려운 일이 닥칠 때마다 항상 곱씹었던 것으로 기억된다.

물론 최종 결과는 L 선배가 나에게 기대하는 만큼 높은 직급으로 승진하지 못해서 조금 송구할 따름이다. 아니 너무 죄송하다.

거래선 댁내 숟가락 개수까지 알아야 한다

다음은 L에 대한 에피소드 한 가지를 더 말해보려 한다.

새해를 맞이한 1월이었다. 신년 단합대회를 겸해서 부산지역 대리점 경영주와 모임이 있었다. 대리점 경영주들과 거나하게 먹고 있을 찰나, L 사장이 나를 불렀다. 나는 재빠르게 L 곁으로 갔다.

"김 과장! 당신은 대리점 사장님들에 대해 얼마나 알고 있나? 우리 회사 직원 중에서는 그나마 뛰어난 편이지? 그럼 넌 직원 대표로, 난 대리점 사장님들 대표로 게임을 하자. 벌칙은 게임에 지는 사람이 소주잔을 한 잔 가득 마시는 거야."

그리고 게임 내용을 설명했다.

"지금부터 이 자리에 앉아 계시는 대리점 사장님들의 법인명, 사장님 성함, 자제분 수, 자제분이 남녀 어떻게 되는지, 결혼은 했는지 등등?"

순간 어안이 벙벙했다. 나도 나름으로 전국 대리점 경영주들과 최소한 한 번 이상 소주 한잔은 했었고, 나름으로 친하다고 생각하고 있었건만, 자녀 수? 남녀 구성? 이건 말도 안 되는 게임 같았다.

이윽고 게임이 시작되고 난, 첫 번째 거래선 사장님에 대해 법인명과 성함을 맞추었다. 그리고 매출도 말했다. 그리고 '자제분에 대해서는 잘 모르겠다.'라고 했다. L 선배는 '자녀분은 셋'이라고 하셨다. 그리고는 자네가 졌으니까 일단 소주 한잔을 먹으라 했다.

그리고 두 번째도 나는 법인명과 성함, 매출을 맞추었고, 자녀와 집안 사정에 대해서는 모른다고 했다. 세 번째, 네 번째 모두 마찬가지였다. 모두 내가 계속 졌다. 7전 7패. 나는 소주 생잔 7잔을 연거푸 들이켰다. 그때까지만 해도 소주가 25도였다. 안주 없이 한잔 가득 일곱 잔을 마셨으니, 순간적으로 1병을 먹은 꼴. 머리가 핑 돌았다.

그러자 L은 다음과 같은 말씀을 하셨다.

"힘들어? 그 정도로 힘들어? 야 이놈아, 명색이 영업한다는 놈이 대리점 사장님 댁 숟가락 숫자도 몰라서 말이 되느냐? 그 정도는 꿰고 있어야 진정한 동반자로 공생할 수 있는 거야."

순간 부끄러움이 밀려왔다. 나름 알 만큼 안 다고 까불었던 것 같아서 스스로 미안했다. 이어서 L은 나를 불러 조용히 다음의 말을 이으셨다.

"내가 너라면, 사장을 모시고 지방으로 온다면, 무슨 주제로 출장을 가는 건지, 혹시 참석하는 사람이 누구인지, 그리고 그날 참석하는 분들의 면면에 대해서 밤을 새워서 공부했을 거다. 명색이 사장 정도 모신다고 하면 미리 여러 가지 시뮬레이션을 해 보아야 한다. 사장을 모시고 출장을 간다는 건 좋은 기회이기도 하지만, 한 번 찍혀서 서로 감정이 나빠지는 계기도 된다는 것을 알아라. 오늘 고생했다. 좋은 공부가 됐으면 한다."

그리곤 같이 원샷을 하자고 해서 소주 한 잔을 가득 따라 마셨다. 앞으로 다가올 내 꿈까지 섞어서 쭉 들이켰다. 부산의 밤이 기분 좋게 뜨거워져 갔다.

He can do, she can do, why not me?

사장 L은 지방 출신이라 그런지, 전자 사장에 걸맞지 않게 수수했다. 그가 값비싼 식사를 하는 것을 나는 본 적이 없다. 직원들과도 시간이 되면 호프 한잔하는 정도가 다였다.

하루는 L과 생맥주 한 잔을 할 수 있는 시간이 있었다. L은 유난히도 내게 여러 가지 조언을 게을리하지 않았다. 그 이유가 같은 동향 출신이라 그랬는지, 아니면 그가 내 결혼식 주례를 섰기 때문인지, 아니면 내가 열정이 많은 후배라서 그런지는 정확히 알 수 없다. 하지만 이런저런 식으로 나를 챙겨주시는 모습에 지금도 고마움을 표한다.

L이 생맥주 한 잔 들이켜고 나에게 아래와 같이 말했다.

"김 과장! 나는 세상에서 김태연 회장이 말한 'He can do, she can do, why not me?'이라는 말을 가장 좋아하네. 아무리 힘든 일이 있더라도 이 말을 중얼거리면서 버텨왔어."

L은 독학으로 Y대 상대를 수석 졸업했을 정도로 뚝심이 넘쳤던 분이다.

"난, 김 과장도 이 말을 꼭 기억했으면 하네. 봐라, 나도 사장이 되었잖아. 근데 왜 당신이 사장이 되지 말란 법이 있겠어? 누구나 할 수 있으면 나도 할 수 있는 거야. 알아들었지?"

얼마나 아름다운 말인가!

독자 여러분도 직장생활하면서 여러 괴로운 순간들이 많을 것이다. 물론 나도 그런 적이 여럿 있었다. 그럴 때마다, 외롭고 쓸쓸하고 힘겨울 때마다, 항상 그날 들었던 그 말을 머릿속으로 주문처럼 되뇌인다.

히 캔두, 쉬 캔두, 와이 낫미? 내가 영업을 하는 사람이라면 내가 장사꾼이라면 위에 말한 것을 절대 명심할 필요가 있다. 영업은 생짜로 부딪칠 경우도 많다.

그럴 때면 마음속으로 외쳐라. 히 캔 두, 쉬 캔 두, 와이 낫 미?

상대에 따라 대답의 레인지를 달리하라

나는 현역시절, 어떠한 회의에 참석하더라도 참고 서류를 가지고 다니지 않았다. 모든 것은 머리에서 즉답하는 방식을 즐겼다. 그런 나를 보고 다른 이들은 신기하다고 하거나, 무슨 머리가 그렇게 좋냐는 식이었지만, 사실 그렇지 않다. 내가 참고 보충 서류 없이도 답을 할 수 있는 건 철저히 길러졌기 때문이다.

내가 과장 시절이었던 2000년대 초 L 사장은, '선배들에게 답변하는 방법'이라고 나에게 몇 번을 가르치고 검사했다.

"김 과장, 상사가 질문하면 대답을 해야 하는데, 그에 대한 방법은 상사에 따른 레인지(range)를 만들어야 해. 예를 들면 지금처럼 내가 물으면, 내가 의사결정을 할 수 있는 범위 안에 숫자가 있으면 되는 거야. 그게 마켓쉐어 40이면 어떻고 39나 42면 뭐가 바뀌겠어? 40 내외라는 것만 알면 나는 그걸로 족한 거야. 큰 그림에서 1~2 차이는 별 게 아니니까."

"만약 임원이 물으면, 임원이 의사결정을 할 수 있는 범위 내에서 답을 해야겠지. 그래서 임원이 물으면 사장보다 조금 더 정교할 필요가 있지. 예를 들면 방금 한 대답의 경우, '38에서 40 사이 정도로 알고 있습니다.'라고 답을 하면 정확한 거지."

"또한, 부장이 질문하면, 그때는 다음과 같이 대답하는 거야. '40% 내외인데, 바로 찾아보고 말씀드리겠습니다.' 그러고는 자료를 직접 보면서 답변 드리시게. '늦게 답변 드려 죄송합니다만 정확히 40.3%입니다.'라고 대답하는 것이 가장 현명한 답이야."

그리고 항상 다음의 말을 덧붙였다.

"아 참, 근데 사장이라 대충하라는 건 아니야. 만약 대충하다가 그 레인지 밖에 있는 게 한두 번 들키면, 그때는 바로 잘리는 거야. 내가 말하는 건 레인지와 그림을 항상 머리에 넣고 있으란 얘기야."

나는 그 당시 사업부장의 질문과 대답에서 많은 모범답안을 찾았다. 그리고 모든 자료와 숫자를 볼 때는, 레인지와 프레임으로 숫자를 읽는 버릇을 길렀다. 어차피 모든 숫자를 다 외울 수는 없다. 그러나 질문에 대해 즉답을 할 수 있을 정도의 레인지 만드는 연습을 했다.

머릿속에 전체 프레임으로 숫자를 채워 나가는 연습을 하다 보면……. 자연이 머릿속에 레인지와 프레임이 남는다. 그렇게 되고 나면, 웬만한 질문에는 즉답해도 거의 범위 내에 있게 되는 것이다.

여러분들도 지금부터 이 연습을 해보기 바란다. 숫자를 정확히 외우기보다는 범위와 프레임으로 사진을 찍듯이 하는 방법으로 연습하다 보면, 어느 순간 숫자에 해박하다는 얘기를 들을 것이다.

영업의 강자가 되는 법, 맷집

UFC 라이트급 랭킹10 중에 '저스틴 게이치'라는 선수가 있다. 이 선수의 주특기는 맷집이다. 상대가 아무리 때려도 잘 쓰러지지 않는다. 그러다가 한 방 얻어걸리면 이 선수의 승리가 된다. 영업사원도 하도 궂은 일이 많은 직업이다. 이렇다 보니 어느 정도 맷집은 가지고 있어야 버틸만하다. 그냥 맞으면서 버텨라. 그게 이기는 길이다.

내가 과장 3년 차 때의 일이다. 우리 부서의 부장이 어느 날 하루아침에 의정부에 있는 매장의 지점장으로 발령이 났다. 그 당시 삼성전자는 디지털프라자라는 직영점을 보유하고 있어서 가능한 일이었다. 그 이후 나는 과장 3년 차로서 유통 부서 내에서 최고선임으로 직무 대리를 하게 되었다. 사건이 있었던, 그날은 전국 지점장 회의가 있는 날이었다. 회의실에 사장과 전 임원들, 그리고 전 지점장이 참석해서 대략 50여 명이 회의실에 모였다.

회의가 거의 마무리되는 마지막 시간에 공석인 유통부장 대신 유통 관련 스탭의 월간보고를 드렸다. 그러자 약 5분이 흘렀을까!

L 사장은, 발표하고 있는 자료에 대해 몇 가지 질문을 했다(세세한 질문 내용은 지금 기억이 나지 않는다).

질문에 대한 답변을 드리자 곧바로, '그런 말도 안 되는 소리를 하고 있냐, 잘 알지도 못하면서 사장 앞에서 아무렇게나 지껄이네.'라고 강하게 질책을 했다.

그리고 또 질문이 날아왔다. 난 대답을 할 수가 없었다. 그러자 이번에는, '사장이 질문하는데, 과장 나부랭이가 대답도 안 하고 개긴다고. 지금 바로 대답하라.'라고 하며 다그쳤다.

그래서 할 수 없이 대답했다. 그러자 다시, '사장이 질문하는 의도를 잘 알지도 못하면서 엉뚱한 대답을 자기 하고 싶은 대로 말을 하네.'라고 또 나무랐다.

머리가 빙글빙글 돌았다. 아무 생각도 나지 않았다. 머리에서부터 발끝까지 온몸이 굳어 왔다. 정말이지 무슨 생각이란 게 나지 않고 그냥 그 자리에서 오줌을 지리지 않은 게 고맙다는 생각뿐이었다.

그런 릴레이를 정확히 45분간 이어갔다. 그리고는 사업부장은 회의를 그만 끝내자고 하며 회의실을 나갔다. 회의가 끝나니 그날 참석한 지점장들이 모두 내게 와서, '대단하다. 맷집이 좋다. 앞으로 큰 놈 되겠다.'라고 등을 두드려 주었다. 하지만 난 아무 소리도 들리지 않았다. 울고 싶은 마음뿐이었다.

아무 정신도 없이 내 자리로 돌아와 앉았다. 아무것도 손에 잡히지 않았다. 그런데 사업부장이 나를 찾는다며 집무실로 오라고 하였다. 그래서 다시 사장실에 들어갔다.

"괜찮나? 힘들었지? 하하하, 내가 일부러 그런 거야. 엄청 힘들었겠지. 앞으로 오늘보다 더 힘든 경우는 아마 없을 거야. 그러면 웬만하면 다 이겨낼 수 있겠지. 그래서 더 크게 키우려고 여러 사람 앞에서 강하게 혼낸 거야. 내 마음 알겠지? 그럼 나가서 일 봐."

그 이후 난 진짜 맷집 좋은 영업사원으로 거듭났다. 강한 영업사원은 흔들리지 않아야 한다. 소리에 놀라지 않는 사자처럼, 그물에 걸리지 않는 바람처럼 말이다.

하루에 최소한 신문은 3개

어느 날 L과 직원들과의 간담회 시간이었는데, 어느 사원이 이런 질문을 했다.

"사장님! 사장님이 만약 저희라면, 이 시점에서 직원들이 이런 걸 했으면 좋겠다는 부분은 무엇인지요?"

L은 조금 고민하다가 다음과 같은 말을 했다.

"여러 가지 하고 싶은 말이 많은데요, 그중에 한 가지 이야기하라면 신문 보는 습관을 지녔으면 합니다. 나는 지금도 하루 최소 3개의 신문을 봅니다. 일간지, 경제지, 그리고 우리는 전자회사니까 전자신문까지 해서 최소 3개의 일간지는 보고 퇴근을 합니다."

"물론 여러분들은 회사에서 그럴 시간이 많이 없겠지만, 그래도 지금부터 습관을 길러야 합니다. 나도 특별히 시간이 나서 신문을 보는 건 아닙니다. 점심 먹고 쉬고 있을 때나, 특별한 보고가 없을 때, 그리고 화장실 갈 때, 그 시간을 할애해서 신문을 봅니다. 그래도 시간이 없으면 퇴근하기 전이라도 꼭 신문을 보고 나서야 사무실을 나갑니다."

그러고는 그 이유를 설명하기 위해 다시 말을 이었다.

"신문을 보아야 하는 이유는,

첫째, 현재 우리 사회의 이슈를 알 수 있기 때문이며

둘째, 칼럼이나 사설을 보면 논리력도 보완할 수 있으며

셋째, 여러 가지 상식과 시사도 얻을 수가 있습니다."

"그래서 세 개 정도는 최소한으로 봐야 할 거로 생각해요. 그러나 '아무리 그래도 나는 죽어도 시간이 없다.'라고 한다면, 하루 한 개라도 보는 습관을 기르시길 바랍니다."

나는 L이 그 말을 한 이후 일부러라도 신문 보는 습관을 길렀다. 처음에는 회사에서 선임도 많은데 신문을 보는 게 쉽지는 않았다. 하지만 짬짬이 시간을 할애하니, 하루 한두 개의 신문을 읽을 수 있었다

지금도 나는 그날 L이 당부한 말처럼, 하루에 최소 3개의 신문

을 매일 읽는다. 출근하기 전에 우리 집에서 조간을 읽고, 회사에 출근해서 다른 일간지와 경제지를 본다. 그리고 오후에 배달되는 석간 일간지와 경제지를 보고서야 퇴근을 한다.

지금 시점에 와서 보니, 그때 L이 왜 신문을 보라고 한 이유를 더 잘 알 수 있었다. 하루 몇 개의 신문을 습관처럼 본다고 해야, 그게 뭐 그리 쓸모 있는 일이겠는가 할 수도 있겠지만…….

하루 3개의 신문을 매일 보기 시작하면 보지 않는 사람과 처음에는 별 차이가 없다. 하지만 그게 한 달이 지나고, 1년이 지나고, 10년이 지나면……. 매일 본 사람과 아닌 사람과의 기간 누계 차이는 어마어마하게 벌어지게 된다.

직장생활 한다는 것이 결국 '사람 살이' 속에서 영업은 물건을 더 팔고 더 많이 남겨야 하고, 본사는 발전적 영속성을 끌어나가야 한다.

이 모든 것이 '사람 살이'의 내부 인자 중 하나이기 때문에 사회적 이슈와 흐름, 시대적 요구와 트렌드는 정말 중요한 사업전략과 영업전략의 요소가 될 수 있음은 물론이다.

이제 갓 직장생활을 시작하는 신입사원 처지에서는 '회사에서 우리 같은 말단이 신문 볼 시간이 어디 있나.'라고 할 수가 있다. 그도 맞는 말이다. 하지만, 조금씩 시도해 보는 습관은 가져보도록 노력을 해보자. 집에서 출근 전에 화장실에서도 신문을 볼 수 있고, 점심시간 자투리로 신문을 탐독할 수도 있다. 결국, 많은 시간의 투자가 아니라 시도하는 것이 중요할 것이고, 하루 20분 정도면 1개 일간지는 볼 수도 있다(우리 때는 지면 신문을 보고 자랐지만, 요즘 젊은이들은 모바일로 모든 신문을 다 검색할 수 있다).

그리고 점점 직급이 높아지면 그 시간을 더욱 할애하도록 하라. 지금 하루 한 개는 아무것도 아니지만, 그게 10년, 20년이 지난 이후가 되면, 그렇게 하지 않았던 사람과의 누계 결과는 엄청나게 벌어지게 된다.

직장생활이란 것이 학교에서 가르쳐 주는 전공과목의 탐독이 아니다. 인간 생활이 일어나는 사회의 한 가운데서 발생하는 일들을 더 조화롭게 만드는 아이디어를 갈구하는 것이기 때문이다.

지점장 32명의 랭킹을 적어라

스텝 부서에서 과장으로 있을 때의 일이다. 당시 맡고 있던 업무는 영업전략이나 유통기획 관련 일이었다. 하루는 업무보고를 하러 사장실로 들어갔다.

"김 과장! 지금 조금 할 일 있어."

"무엇인데요, 사장님?"

사장님은 빙긋이 웃으시면서, "우리 국내영업에 가전 유통업을 담당하는 지점장이 전체 몇 명이나 있지?"라고 물으셨다.

"총 32명입니다."

"그래, 서른두 명이지, 지금부터 이 A4용지에 지점장 32명의 랭킹을 좀 적어봐. 당신이 32명의 이름을 다 기억하면 일을 잘하는 것이고, 더군다나 랭킹이 내 생각과 비슷하면 현장에 대해서도 어느 정도 꿰고 있다고 봐야지."

이렇게 말씀하시면서 A4용지와 볼펜을 내밀었다. 이어서 다음의 말을 덧붙였다.

"그런데 만약 랭킹의 순위가 내 생각과 다르다면, 자네는 업무도 잘 모르고, 현장도 잘 파악하지 못했다고 할 수 있겠지. 그렇다면 스탭에서 나하고 일할 준비가 되어 있지 않다는 뜻이기도 해?"

순간 소름이 쫙 돌았다. '32명의 이름을 모두 기억해야 한다. 그리고 그 이름을 모두 랭킹화하여야 한다. 과연 이걸 내가 어떻게 할 수 있단 말인가?'

순간적으로 별의별 생각이 다 들었다. '더구나 지점장은 나보다 훨씬 선임으로 전부 부장급이 아닌가?' 한참을 고민하는 척하다가 다음과 같이 대답했다.

"제가 어떻게 감히 선임들의 순위를 매길 수 있겠습니까? 저는 능력이 모자라서 평가할 수 없을 거 같습니다."

회피하려는 목적과 함께 또한 실제 기라성 같은 선임을 입에 담기가 뭐 해서 사업부장에게 못하겠다고 말씀드렸다.

"쓸 수가 없어? 서른두 명의 이름을 모르는 건가? 그럼 지점장 명단을 보면서 써도 돼!"

"성함을 모르는 건 아니고요. 선임 선배님의 랭킹을 제가 감히 어떻게 매길 수 있겠습니까? 이건 좀 말도 안 되는 소리 같아서요."

조용히 죽어가는 목소리로 하소연했다.

"그래 무슨 말인지 알았어, 저 옆에 가서 좀 서 있어. 그리고 생각 바뀌면 이리 와서 적어."

사장님은 사장실 구석을 가리켰다. 지시에 따라 나는 사장실 입구 구석에서 혼자 서 있었다. 중간중간에 사장께 보고하러 사람들이 들어왔다. 보고를 마치고 가는 사람들이 나를 쳐다보며 알 수 없는 얼굴과 웃음을 지으며 사장실을 나갔다. 나는 마치 죄인이 된 것처럼 사장실 구석에 서 있었는데, 자꾸 사람들이 들락거리면서 쳐다보는 시선에 과히 당혹스럽지 않을 수 없었다. 중간에 사장께서 다시 한 번 질문하셨다.

"아직 생각이 안 바뀌었나? 생각이 안 바뀌면 계속 서 있어야 할 텐데……. 빨리 결정하는 게 좋을 텐데, 하하."

사장님은 다시 추임새를 놓으셨다.

그렇게 1시간 정도의 시간이 흘렀다. 사람들의 시선이 잦아질수록 나는 속된 말로 쪽팔리고 무안해서 더는 버티기가 힘들었다. 그래서 항복의 말씀을 드릴 수밖에 없었다.

"사장님! 저 이제 쓰겠습니다. 지금 써도 되겠습니까?"

"진작 그리할 것이지. 그래도 제법 버텼네. 하하하."

나는 A4용지에 지점장의 순위를 랭킹 1등부터 32등까지의 순서를 적어 사장께 드렸다. 그때 사장께서 내가 쓴 종이를 쭉 훑어보시고는 말했다.

"음, 잘 알았어. 나가 봐."

나는 그러고나서야 사장실을 나와서 해방될 수 있었다. 내가 사장실에서 나오니, 동료 직원들이 궁금해서 난리가 났다. 왜 서 있었느냐? 무엇을 잘못했었나? 무엇 때문에 깨진 거냐? 등등 무수히 많은 질문을 하였지만, 나는 어떤 질문에도 대답하지 않았다. 그저 내가 좀 잘못한 게 있어서 야단을 맞았다고 가볍게 얘기했다.

지점장 랭킹을 적은 이후에 어찌 되었는지 궁금할 것이다. 그날 이후 나는 그 사건을 별 대수롭지 않게 넘기고 지나갔다. 그러고는 몇 달 후 연말에 지점장 보직 인사가 있었는데, 난 그 명단을 보고 적잖이 놀랐다. 왜냐하면, 내가 하위 랭킹에 올린 여러 사람이 보직해임으로 나왔고, 내가 상위 랭크로 올린 몇몇 지점장은 영전해서 스탭이나 매출이 많은 영업부로 옮겨 갔다.

나는 그날 이후 더욱 사장실에서 있었던 얘기는 아무에게도 하지 않았다. 아니 할 수가 없었다. 물론 일개 과장의 생각대로 사장이 하셨겠는가? 그저 일부 조금 참조 정도였겠지만, 결과적으로는 싱크로율이 상당히 높았었다.

그리고 그다음 해에도 사장은 나에게 똑같은 요구를 했고, 추가 요구사항을 덧붙이기까지 했다. 상위 5명과 하위 5명은 왜 그런지 이유를 좀 적어 보라고 했다. 지시에 따라 나는 다시 전국의 지점장 랭킹 작업과 우수·부진 사유까지 덧붙인 설명을 작성해서 드렸다.

여기에서 나는 많은 것을 배웠다.

첫째, 일개 과장인 나조차도 사장의 스탭으로 살아남기 위해서는, 과장의 눈높이가 아니라 항상 사장의 눈높이로 생활해야 한다는 것

둘째, 스탭에 근무할 때는 책상머리의 중심이 아닌, 현장의 일상과 단위조직의 실적 그리고 말단 직원들의 흐름까지 세세히 꿰고 있어야 한다는 것

셋째, 나도 과장 때였지만, 나도 부장이 되면 선후배, 누군가에 의해 평가의 대상이 될 수 있다는 것

넷째, 이러기에 인적 교류, 즉 네트워킹을 제대로 구축하고 주위와 소통에 게을리하지 않을 것

아마도 사업부장은, '나에게 이런 것을 가르쳐 주시기 위해, 그런 일을 시키신 게 아닌가.' 한다.

스탭에 근무할 때는 항상 눈을 높여서 보스의 눈에다 맞추고 있어야 한다는 것을 가르쳐 주신 거다.

그렇게 함으로써 직급보다 더 높은 곳을 바라볼 수 있는 안목까지도 동시에 길러지는 법이니까.

세상에 하찮은 일은 없다. 하찮은 생각이 있을 뿐이다

내가 대리 시절, 부녀 판매팀 업무를 맡은 적이 있었다. 주부 사원 판매팀을 모집하고, 관리하고, 판매를 지원하는 일이었다. 대졸 사원이 잘 안 하던 업무였다. 그 당시 우리 부서장으로 같이 일했던 분이 B*부장이다. 어느 날 B 부장 나를 찾아서 갔더니, 개인적으로 물어볼 게 있다고 했다.

---

* B : 국내영업 출신으로 서부지사장 상무, 마케팅팀장, 전무를 거쳐, 디지털프라자 대표이사, 그리고 향후 부사장으로 한국 총괄장을 역임했다.

"김 대리는 지금 하는 일이 재미있는가? 본인의 능력에 맞는 일을 하고 있는 거 같은가?"

좀 엉뚱한 질문이었다. 난 다음과 같이 대답했다.

"재미있는지 잘 모르겠으나, 제 일이니까 열심히 하려고 하고 있습니다."

이어서 다시 질문이 이어졌다.

"혹시 누구는 본인에게 주어진 일이 하찮은 일이라서 능력 발휘를 못 하겠다고 하고, 어떤 이는 하찮은 일인 것 같은 데도 오히려 더 열심히 하는 사람이 있는데, 그 차이는 무어라고 생각하나?"

순간 이게 무슨 질문인지 오만가지 생각이 머리를 스쳤다.

"제 생각에는 스스로 마음가짐 아닐까요? 일의 중요, 비중요가 어디 있습니까? 누가 해도 해야 하는 일이라면 어차피 누가 해도 해야 할 일인 것이고, 그게 만약 내가 하게 된다면, 남들이 하던 때보다 더 잘 해보려고 노력하는 것이 정상 아닐까요?"

순간, B 부장께서 혼자 말로 나즈막하게 말했다.

"그래, 모든 게 마음가짐이야, 일체유심조 결국, 사람 그릇 차이인가 보다."

"김 대리, 여하튼 얘기 잘 들었습니다."

그러시고는 회의실을 나갔다. 그 이후 알게 되었지만, 전자(前者)는 내 동기 중 한 명이었고, 후자는 나를 지칭한 얘기였다. 그때의 동기는 나보다 과장 차장 승진이 4~5년이 늦었고, 아직도 만년 부장으로 머물고 있다.

나는 그 이후에도 다양하고 어려운 일들을 피하지 않았던 거같다. 좋고 나쁘고를 가리지 않았고, 누가 해야 할 일이라면 어차피 해야 할 일이라면, 내가 먼저 하자는 생각으로 업무에 임했다. 살아가는 모든 것이 그러한 것이다.

"하찮고 가벼운 일이란 없다. 하찮고 보잘것없는 생각만이 있을 뿐."

직원을 신뢰하라. 그러면 보스에게 충성을 다할 것이다

2009년에 미국에서 P*가 한국의 새로운 책임자로 부임해 왔고, 어느 날 P가 나를 찾아서 다음과 같은 질의를 했다.

"내가 한국에 오기 전에 들었는데, K 부장한테 물으면 한국 시장은 다 알 수 있다 하더라. 근데 그렇게 말한 사람이 한두 명이 아니고 여러 명이 자네를 추천하더라."

"아닙니다. 실제는 그렇지 않습니다. 과찬입니다"

"아니야. 내가 더 놀란 건, 자네 인사고과가 완벽하더구먼. 아마도 내가 알기로는 삼성전자에서 1등이지 않을까 싶네. 10년 이상 단 한 번도 B가 없더라. 전부 A 아니면 A+, 어떻게 이런 사람이 있지? 난 이런 사람 처음 봤어."

---

* P : 삼성전자 해외 인사를 하고, 캐나다 법인장, 미국법인 TV 담당을 지내고 2009년 한국 총괄의 보스로 부임한 인물이다. 그는 미국에서 TV 판매 부문에서 소니를 제치고 시장 1위 위상을 만든 장본인이기도 하다. 그래서 그런지 여러모로 자신감이 있었고 매사에 좋은 성적을 남겼다.

"여기에 더해 L 사장, B 사장, J 부사장 등 삼성전자의 기라성 같은 분들이 자네를 전부 최고로 평가하고 있잖아. 오히려 나보다 더 낫다 싶기도 해."

나는 절대 과찬이며 그렇지 않다고 극구 고개를 더 숙였다. 하지만 P는 다음의 말을 이었다.

"전임이신 J에게는 내가 잘 말씀드릴 테니깐, CS 사무국에서 나와서 유통을 좀 맡아주시게. 물어보니까 지금은 유통전략이 제일 중요한데, 유통전략 최고 전문가가 자네라고 하더라. 그러니까 유통을 좀 맡아서 나를 좀 도와주게."

조곤조곤 나를 칭찬도 하면서 정중히 본인의 의중을 전달했다. 그에 대한 나의 대답은 이러했다.

"저는 J와 지난 4년 동안 함께 일했습니다. 제가 옆에서 모신 거죠. 어쩌면 저는 J의 분신이자 CS 혁신의 아이콘입니다. 총괄님께 외람되게 부탁 한 가지를 드려도 되겠습니까?"

P는 흔쾌히 아무거나 말해보라 했다.

"총괄님! 저를 계속 쓴다는 건, 과거에 주저앉은 꼴이 됩니다. 제가 총괄님이라면 저를 맨 먼저 혁신의 대상으로 쳐내겠습니다. 그래야 총괄님이 앞으로 하실 혁신에 힘이 실릴 수 있습니다. 간곡히 부탁드립니다."

내 부탁의 말에 P는 적잖이 놀라 했다. 일개 부장이 첫 대면 자리에서 본인의 목을 쳐달라고 간청했으니 말이다. 하하하. P는 내가 한 말에 대해 다음의 답을 했다.

"나를 걱정해주어 참으로 고맙구나. 그런데 난 자넬 쓸 거야. J

에게는 내가 잘 말씀드릴 거고. 그러니깐 나를 좀 도와주시게."

나는 P에게 고마움을 전했다.

"구태의 위험을 무릅쓰고 저를 계속 쓰시겠다면, 주군에 대한 도리를 다하겠습니다. 사실 지금 나락으로 떨어져도 여한이 없는 몸인데, 다시 중용을 해 주시어 고맙습니다. 잘 해보겠습니다."

나는 그날 P의 정성에 감동하였다. 그때 깨달았다. 충성스러운 부하를 만드는 방법은 강권이 아니다. 그의 마음을 사야 한다는 것을. 그날부터 P는 나의 또 다른 주군으로 자리 잡았다.

M킨지 컨설팅의 초이스

P의 지시에 따라 유통전략 그룹을 새롭게 만들었다. 그리고 며칠이 지난 어느 날, P는 나에게 컨설팅에 관한 업무를 요청했다.

"내가 한국을 잘 모르니까, 컨설팅을 받아 봤으면 하는데 M킨지나 B스턴 중에서 골라보게. 그리고 한국 시장 유통구조와 향후 예상 방향에 대해 같이 작업을 해 주었으면 하네. 김 부장이 여기에서 제일 전문가니까 자네가 직접 붙어주는 게 좋을 듯하네."

P에게 컨설팅을 준비하겠다고 말씀드리고 방을 나왔다. 그러고는 여러모로 알아본 결과, M킨지를 선택했고 그 당시 용역비는 10억을 상회한 고비용을 지급하는 계약을 체결했다.

이후 M킨지 컨설팅팀이 회사로 파견을 나왔고, 나는 그들이 요구하는 자료 백업을 했다. 그렇게 석 달 정도의 시간이 흘렀을까? M킨지가 생각하는 어느 정도 제안서 윤곽이 나왔고, 나에게 초안 필터링을 요구해 왔다.

그런데, 보고서 초안을 본 나는 깜짝 놀랐다. 대충의 내용은 이러했다.

'한국 시장도 글로벌 시장에 발맞추어 유통구조가 변할 것이다. 따라서 지금의 전속점 체제는 무의미하다. 커나가고 있는 양판점 영업에 전력을 다해야 한다. 양판점 영업을 강화하고 전속점은 서서히 스크랩(scrap)시키면서 영업의 축을 양판 향으로 바꿔야 한다.'가 골자였다.

나는 그 보고서를 읽고서 왜 이런 결론을 도출했는지, M킨지 팀과 토론을 하자고 했다. 그들이 나를 설득하면 보고서를 채택할 것이고, 만약 설득하지 못한다면 동의하지 않겠다 했다.

그날 이후 난 혼자서 1:1로 M킨지 팀원과 디베이팅에 들었다. 처음에는 삼성전자 출신 컨설턴트를 상대했다. 이틀간의 긴 토론 끝에 내 의견에 동의했다. 그리고 다음은 서울대, 미국 박사 출신 컨설턴트. 그와도 이삼일 정도의 토론 끝에 내 의견으로 서로 합의를 했다.

다음은 K팀장이었다. 여성이었다. 명색이 팀장이고 경영학 박사인지라 상호 토론이 살벌한 수준까지 가곤 했다. 여성이라 그런지 훨씬 더 예민하게 본인들 의견이 틀리지 않음을 강조했다. 하지만 난 침착하게 한 발 한 발 조금씩 설득해 나갔다. 기나긴 토론 끝에 K 팀장까지 내 의견으로 보고서를 수정하는 데 합의했다.

마지막으로 M킨지 소속 파트너가 남았는데, 그는 의외로 의사결정이 빨랐다. 현업의 의견과 팀원들이 그리 결정했으면, 잘 모르는 본인이 무슨 권한이 있냐며 보고서를 새로 작성하기로 했다.

그 결론에 따라, 컨설팅 기간은 2주 이상 딜레이 됐다. 하지만 모두 열심히 해 주었고, 나도 열심히 백업했다.

사실 이런 결정에 진짜 고마운 건 P이다.

M킨지 컨설팅팀에서 나에 대한 클레임을 P에게 걸었다. 김 부장이 컨설팅 의견에 부정적이라고 전달했다. 하지만 P는 오히려 내 편을 들어 주었다. K 부장이 한국 시장을 잘 알기에 M킨지 팀에서 그를 설득해서 보고서를 썼으면 좋겠다 했다. K 부장이 어글리하지 않은 상태의 보고서는 P 본인도 채택하기 쉽지 않은 결정이라 그들에게 얘기했다.

그래서 최종적으로 채택한 보고서 맥락은, 전속유통(디지털 프라자)을 중심으로 육성하되, 양판점 영업도 게을리하지 않으며 양판점 발전 속도에 따라 적극 대응이 가능한 체제를 병행해서 만들겠다고 구성했다.

지금도 한국에 우스갯소리로 회자되는 얘기가 있지 않은가? 그때 L 전자가 M킨지 컨설팅을 받지 않았더라면 그때 L 전자가 피처폰을 버리고 스마트폰 사업에 적극적으로 뛰어들었다면, 세상은 결과론이다. 또한, 가정만 남는다. 그때 L 전자는 M킨지 컨설팅을 받아들여 피처폰 사업에 주력했고, 결국 스마트폰 투자 기회를 날려 버렸다.

마찬가지로 만약 그 때, 내가 컨설팅팀을 설득하지 못하고 양판점 위주의 영업체제 전환이라는 컨설팅 결과를 수용했더라면 어땠을까? 작년에 H마트와 J랜드, 두 양판점은 역성장과 적자 체제로 돌아섰다. 그 당시 내 말에 귀 기울여 준 P에게 다시 한 번 고마움을 전한다. 그래서 보스는 귀가 열려 있어야 훌륭한 보스의 길을 가는 거다.

P는 훌륭한 보스다.

한국에 없는 새로운 유통을 새로 만들자

P는 미국에 있는 가전 판매하는 유통의 종류를 설명했다. 한국과 거의 대동소이한데, 미국에는 AV 전문점이나, 백색가전 전문점이라고 특화된 유통이 있다고 했다. 한국에도 그런 유통이 먹히지 않겠냐고 고민을 좀 해보라고 했다.

앞에서도 언급했듯이 나는 No라는 답을 상사에게 하지 않는다. 무조건 Yes라고만 답한다. 그날도 yes라고 답하며 검토해 보겠다고 했다.

한국 시장에서도 과거에 이미 AV 전문점이나 백색 전문점이라고 있었다. 일반 종합 가전보다 더 풍부한 진열과 실연을 보여주자는 게 설립 취지였으나, 고객들은 모든 제품을 원스톱 쇼핑하기를 더 원했다. 그런 결과 AV 전문점과 백색 전문점은 본사에서 특정 품목에 대해 에누리를 더 받아서 전국의 소매점에 도매 영업(혹은 덤핑, 속된 말로 나까마)으로 전락해 버렸다. 그로부터 메이커에서 추가 에누리를 끊으니 자연적으로 도태되고 말았다.

나는 보스가 얘기한 AV 전문점과 백색 전문점의 역사와 장단점 그리고 탄생과 소멸을 보고서로 만들었다. 거기에 더하여 아직 한국 시장에서 생소한 IT/Mobile 전문점이라는 새로운 유통까지 제안서에 담았다. 그리고 이 세 가지 전문 유통 중 가장 가능성이 있어 보이는 것은 'IT. Mobile 숍'이라고 보고를 했다.

P는 AV 전문점과 백색 전문점은 일단 보류하고 IT. Mobile 숍의 출점을 시도해 보자고 했다. 그 지시에 따라 나는 매장의 진열과 구성, 그리고 인테리어의 컨셉과 타깃 고객까지 설정해서 IT. Mobile 1호점을 종로에 있는 영풍문고 지하 1층에 출점을 했다.

초기 반응은 폭발적이었다. 왜냐하면, 삼성전자의 휴대폰 풀 라인업을 모두 실연을 하고 있을 뿐만 아니라, 그 당시 NX-100 등 미러리스 카메라를 무료 대여해주는 등 영(young) 타깃으로 한 게 적중한 것이다.

왜냐하면, 그 당시 휴대폰 전문점은 통신사 대리점이나 판매점으로 5~10평 정도의 소규모 매장이었다. 당연히 진열제품도 여러 메이커를 다 하다 보니 삼성전자 제품은 몇 개 정도밖에 진열이 부족했다. 그마저도 자금이 부족한 영세상들이라 실제 가동되는 제품이 아니라, 목 업(Mock-up)이었다.

그 당시 삼성전자 CEO를 하고 있던 C 사장도 '지금까지 한국에서 출점한 유통 중 가장 바람직한 모델'이라고 칭찬을 아끼지 않았다. 그 이유는 삼성전자 입장에서는 통신사의 독주를 견제할 자사 휴대폰 유통과 점유율이 간절히 필요했기 때문이다.

영풍문고 1호점을 필두로 2년여 만에 100여 점의 IT. Mbile 샵을 출점해 나갔다. 지금도 전국에는 모바일 샵이라는 이름의 점

제4장. 영업 고수들의 혁신 노하우 | 285

포가 몇백 개 존재한다. 그들의 아버지가 영풍문고에서 최초로 플래그십으로 출점했던 점포다.

나는 보스에게 절대 No라고 하지 않는다. 스탭은 항상 yes만 있을 뿐이다. 이미 얘기했듯이 Follow to my boss가 아니라, Manage to my boss 아닌가? 보스가 될 정도의 수준이면, 스탭에서 제시한 제안에 대해 결코, 무리한 수를 두지 않는다. 그래서 보스는 항상 현명한 사람이다. 만약 P가 처음 AV 전문점과 백색 전문점 제안을 던졌을 때, 일부의 사람들은 이렇게 대답했다.

"아 그거요. 옛날에 우리가 해봤거든요. 근데 다 실패했습니다. 그러니까 고민할 필요도 없습니다. 그거 안 됩니다."

이처럼 대답을 했으면, 틀림없이 내가 먼저 잘렸을 것이다. 그래서 보스에 대한 답은 '언제나 yes'로 시작해야 한다.

딱 한 잔과 각 삼 병(三瓶), 그리고 삼심(三心)

K*는 그 당시 전자 국내영업으로 S 백화점에서 전배를 왔다. 삼성전자의 소매영업 스킬에 대해 백화점의 우수한 노하우를 접목하려는 의도에서였다.

그 당시 K 상무는 입심이 탁월했다. 모르는 이야기가 없었고, 이야기를 시작하면 사기꾼 비슷하게 좌중을 압도했다.

우스운 이야기 하나 전하려 하니, 독자들은 이해해 주길 바란

---

* K : 신세계백화점 출신으로 마산점장과 인천점장을 역임했고, 이후 삼성전자 전략유통팀장, 전속 관장, 전무 그리고 디지털플라자 대표이사를 지낸 인물이다.

다. 어느 날 점심시간이었다. 식사하러 나가는 엘리베이터에 K가 탔다. 그러고는 엘리베이터 안에서 J에게 말했다.

"사업부장님! 어제는 우리가 너무 과음한 거 같아요. 아침에 조금 힘드네요. 하하하. 그래서 말인데요. 오늘 저녁 약속은 딱 한 잔만 하시지요. 딱 한 잔, 각 삼 병(三甁) 정도면 딱 좋을 거 같은데요?"

"그래? 그럼 오늘은 간단히 딱 각 삼 병만 하지 뭐."

J가 K에게 대답했다. 엘리베이터가 1층에 서고 사람들이 우르르 몰려나왔다. 모두 나와서는 입을 털어 막고 웃었다. 나 이외에도 여러 사람이 중얼거렸다.

"딱 한 잔, 각 삼 병이래. 하하하."

그런 K가 어느 날 저녁 식사 자리에서 나에게 이런 말을 들려주었다.

"김 부장! 너, 삼심이라고 들어봤나? 오너의 삼심?"

"아뇨, 처음 듣습니다. 그게 뭡니까?"

"하하하. 그걸 여태 못 들었어. 너 오늘 운 좋다. 내가 제대로 설명을 해 주지. 오너에게는 삼심이 있어. 의심, 욕심, 변심. 세 가지야. 오너가 월급쟁이들을 믿고 있는 것 같지? 그것도 잠시야. 계속 의심을 해. 오너는 그렇게 태어났어. 그렇다면 의심하는 오너에게 어떻게 해야 하겠어?"

그는 신이 나서 질문을 했고, 나는 잘 모르겠노라 답했다.

"쭉 믿다가도 어느 날 의심하기 때문에, 매일 매 순간 우리는 아군이라는, 같은 동지라는, 충성스러운 부하라는 모습을 보여

줘야 해. 오너가 의심을 어느 한순간에 하듯이, 머슴은 어느 순간 없이 충성을 다하고 있음을 각인시켜야 해."

그리곤 다시 '욕심'을 얘기했다.

"오너가 돈이 많으니까 욕심이 없을 거 같지? 우리 같은 월급쟁이보다 훨씬 더 욕심이 많아. 사실 그렇지 않겠어. 우리는 돈이 없으니까 욕심이 없지만, 오너는 돈이 많으니까 더 많이 만들고 싶지 않겠어? 그러니까 머슴들이 어떻게 해야 해?"

"무조건 오너의 돈과 자산에 도움이 되는 방향으로 움직인다고 표현해야 해. 실제 업무도 그렇게 해야 하는 거고. 욕심이 많으면 그 욕심에 보탬이 되는 쪽으로 생각하고 말을 하고 행동하는 법을 키우란 말이야."

K는 이제 마지막 남은 '변심'에 대해 말하겠다고 하면서, 한 잔을 더 마셨다.

"변심은 그냥 하루아침에 변하는 거야. 마음이. 이건 내가 아무리 생각해 봐도 어쩔 수 없는 거야. 오너가 마음이 변해버리면 머슴은 그냥 운명을 맞는 거야. 오너가 변심하지 않도록 그전까지 잘해야 하는데, 그건 나도 잘 모르겠어. 오너가 안되어 봤으니까……."

그날, K의 얘기를 들으면서 너무 맞는 얘기를 들은 것 같았다. 얼마 전에 끝난 막내아들 드라마에서 진양춘 회장이 똑같은 말을 했다. 오너의 3가지 심술보. 예전에 K에게서 그 말을 듣고 나서, 이번에 드라마에서 다시 들었다. 드라마 작가라는 양반들도 상당히 많은 공부를 하나 보다.

드라마 추격자 이야기

어느 TV 드라마에서 '추격자'라는 프로그램이 있었다.

박근형이 재벌 회장이고, 전광렬이 이발소 아들로 태어나 대권을 꿈꾸는 사위 이야기다. 나는 이 드라마를 재미있게 봤다. 특히 박근형이 말하는 군데군데서 정치철학이 묻어 나왔다. 어느 날 박근형이 대권을 꿈꾸는 사위에게 얘기했다. 아니 정확히 말하자면 박근형이 대권을 만들어 주려는 사위라는 표현이 더 맞는 말이다.

"O 서방, 자네 마름이라고 아나?"

"마름이 무언고 하면, 만석꾼이 소작을 떼 주는데 그 소작 땅의 크기를 결정하는 큰 머슴을 말하는 거야."

박근형은 의미심장한 웃음을 띠며 말한다.

"근데, 소작농들은 마름이 땅 크기를 잘라서 배분해 주니깐, 실제 주인인 만석꾼은 자기들이랑 아무 상관도 없는 관계라고 느끼게 되지. 왜냐면 마름이 결국 내 농사의 크기를 결정해 주는 사람이니까……. 마름이 소작농에게는 더 중요한 사람이 된 거야"

"근데, 마름도 참 웃겨. 그놈도 결국 머슴이잖아. 그런데 본인이 소작 땅을 잘라주기 시작하고, 소작농들이 자기한테 꼼짝 못한다는 것을 알게 되지. 그러면서 서서히 주인 행세를 하는 거야."

"그런 경우가 되면 땅 주인은 마름을 어떡해야 하겠어? 그때가 되면 누가 주인인지 알려 줘야 해. 마름이라 해봐야 결국 머슴이란 걸 각인시켜줘야 하는 거야. 자기 주제를 모르는 놈들은……."

나는 이 이야기를 들으면서, 참으로 많은 것을 느꼈다. 회사도 마찬가지다. 모두 다 같은 머슴임에도 어느 날 마름은 자기가 주인인 줄 안다. 왜냐면 많은 작은 머슴들의 삶과 생활이 마름의 결정으로 정해지기 때문이다. 그날 K가 나에게 해 준 삼심에 더불어서, 마름은 마름으로 역할에 충실해야 함을 스스로 몇 번이고 되뇌었다. 마름이 주제를 모르고 선을 넘게 되면, 오너의 의심과 변심이 살아나는 것이리라.

영업의 선행지표, 주가 환율 금리

내가 과장 시절, 당시 마케팅실장이었던 H*는 직원들에게 유익한 여러 조언을 하였는데 그중 하나가 경제지표에 관한 것이었다. 어느 날 마케팅실 월례회를 하는 중에 일어난 이야기다.

"대부분 사람이 매일 신문을 보는데, 경제면 좌측 맨 위에 뭐가 있는 줄 아는 사람?"

H가 직원들에게 질문했다.

"광고가 있는 거 아닙니까?"

"신문 발행 날짜가 있는 거 아닌가요?"

일부 사람들이 손을 들고 답을 했고, 여타 사람들은 서로의 얼

---

* H : Y대 전자과를 졸업하고 영업과 마케팅전문가로 살았다. 국내영업 마케팅실장 이사, 본사 혁신팀장, 전무를 지내고 중국에서 부사장으로 은퇴하여, H 타이어 사장, D 그룹 사장을 역임했다.

굴을 쳐다보며 약간은 의아해하면서도 궁금해했다.

"경제면 맨 위에는 어제의 주가와 환율, 금리가 나옵니다. 이 세 가지가 자본시장을 이끄는 3대 지표입니다. 마케팅하는 사람이라면 이 세 가지의 흐름은 반드시 살펴야 합니다(보통의 다른 회사들은 마케팅이란 단어는 브랜딩을 의미하는 경우가 많으나, 삼성전자는 영업이나 판매의 스탭 업무를 총괄하는 팀을 마케팅으로 지칭해서 사용한다)."

그러면서 H는 주가, 환율, 금리의 중요성에 대한 설명도 곁들였다.

"주가는 미래가치입니다. 현재는 아무 의미도 없어요. 결국, 몇십 년 후의 가치가 현재 가치로 평가받는 시장입니다."

"환율은 수출입이 많은 기업에서는 너무 중요합니다. 특히 삼성전자는 1원이 오를 때마다 매출액은 수백억이 올라갑니다. 반대로 1원이 오를 때마다 원자재비는 수백억이 따라 오릅니다."

"금리는 미국의 연방준비제도가 세계 대통령입니다. 물론 한국 시장은 한국은행 기준 금리가 중요하죠. 금리는 물가지수와 연동되어 있고, 구매력에도 영향을 줍니다"

H는 이런 설명을 30여 분을 할애해서 얘기했다.

그날 이후 주가-환율-금리에 대해 여러 가지로 공부를 많이 했다. 참고로 나는 금리 신봉 주의자다. 금리가 환율이나 주가의 저변이라 생각하기 때문이다. 그래서 미국 연방 준비 회의 이자율에 관심이 많고, 한국은행에서 발표하는 기준 금리에도 신경을 많이 쓴다.

세계적인 금융위기를 일으킨 리먼 브라더스 사태도 결국 금리에서 출발하는 서브 프라임이 촉발을 시켰고, 이의 해결을 위해 미국은 십 년이 넘게 지속으로 금리를 떨어뜨렸다.

반면 환율은 수출입 동향에 결정적인 역할을 하고, 국내 수출기업의 매출과 손익에도 적잖이 영향을 미친다. 더구나 환율의 향후 예상에 따라 기업의 미래 흐름이 바뀔 수 있으니, 환율 또한 기업 경영과 거시 경제에서 중요한 요소라 할 수 있다.

주가는 일차적으로 금리와 밀접한 관계를 맺고 있으며, 개인들이 많이 하는 직접 투자와 펀드 등을 통한 간접 투자의 결과와 수익화 정도에 따라 국내 소비 시장의 패턴이 바뀌게 되어 있다.

사실 주가, 환율, 금리 이 세 가지는 따로 노는 것이 아니다. 거시적으로 보면 서로가 맞물려 이상적인 행태로 움직인다. 따라서 동시에 이 세 가지를 분석하되, 단기적 관점과 중기적 그리고 장기적 관점에서 살펴보면 시대 경제를 이해할 수 있다.

필자인 제가 본 장에서 3대 경제 지표를 언급하는 이유는, 회사는 매출해야 먹고 살 수가 있고, 이 매출을 늘리기 위해서는 경기 상황과 기업 환경이 너무 중요하다. 따라서 거시 경제지표를 읽고, 이해하고, 나아가 예측까지 해볼 수 있는 능력을 갖추는 것은 직장인이라면 꼭 필요한 일이라 할 수 있다.

독자 여러분!

신문 경제면 좌측 상단에 있는 경제의 3대 지표에 관심을 두십시오. 그리고 매일 그 지표를 보고, 흐름을 추적해 보세요.

하루하루 관심을 두다 보면, 어느새 나중에는, 동료 누구보다 거시경제에 있어서 해박한 지식과 향후 미래 예측이 남들에 비해 빠르고 정확할 수 있습니다.

마케팅의 기본은 STP 전략

마케팅실장을 하던 H에 관한 얘기다.

그는 공대를 졸업하고 특이하게도 영업과 마케팅에서 발군의 실력을 보였다. 어느 날 마케팅실 월례회 시간이었다. 실장 훈화가 있었는데 그날 다음과 같이 H는 말했다.

"마케팅 전략을 구성함에서 많은 이론과 사례들이 있지만, 내가 오늘 여러분께 말씀드리고자 하는 것은 STP 전략입니다. 난 이게 마케팅의 기본 중의 기본이라 생각합니다."

그날은 실장 훈화에서 마케팅 전략 수립에 관한 내용을 직원들에게 설명했다.

"다 아시다시피 S는 세그먼테이션(segmentation) 입니다. 모든 것은 잘게 더 잘게 나누고 분석하는 것에서 출발합니다. 숫자도 나누고 상권도 나누고 대상도 나누는 등 더 잘게 쪼개는 버릇을 기르세요. 분석을 정교하게 하면 그 이후가 편해집니다. 그러나 게을러서 대충 분석하다 보면 결국 가야 할 방향성을 잃게 되어 보고서가 힘이 없어집니다."

"두 번째 T는 타깃팅입니다. 모든 업무를 추진함에서 마케팅의 목표물이 있어야 합니다. 무슨 방향으로 갈 것인가를 정해주는 지표이지요. 사실, 이 타깃팅이 우선으로 정해져야 하는데, 미리 정하고 들어가면 그에 따는 세그멘테이션이 필요합니다."

"어떻게 보면 쉬운 프로세스죠. 그런데 타기팅이 명확하지가 않다? 그런 경우는 세그멘테에션을 쪼개고 더 쪼개고, 분석하고 더 분석해서 타기팅의 목표를 새롭게 정립하는 겁니다. 세그와 타깃은 서로 다른 게 아닙니다."

"다음은 P, 포지셔닝입니다. 마케팅의 절반은 이 포지셔닝의 연속입니다. 브라운관 티비와 평면티비, 대형과 소형, 컬러와 흑백, 하이엔드 기능과 로우엔드 기능, 프리미엄과 엔트리 등 다양한 포지셔닝이 존재합니다. 이런 포지셔닝 전략이 합리적으로 선택될 때 마케팅은 이루어지는 것입니다."

그날 H는 우리에게 마케팅 전략에서 STP 세 가지만 알아도 반쯤은 해결할 수 있다고 했다. 이것이 마케팅하는 사람들의 기본이라 했다. 나는 그 말을 들은 이후, 어떤 과제를 받거나, 분석을 요구하면, 우선으로 STP 전략을 꿰맞춰 보고 시작한다.

시장세분화는 잘 되었는가?

과연 무엇을 타깃화하려는가?

타깃 설정에 따른 세분화는 하였는가?

세분화에 따른 포지셔닝은 잘 구분되어 있는가?

그리고 다시 포지셔닝에 따른 타기팅은 제대로 되었는가?

결국, 필자가 마케팅 전략을 수립함에, 실제 회사에서 직접 적용을 해보면 상기 세 가지는 서로 분리되는 게 아니라 상호 유기적으로 관련되어 있다.

따라서 전략 수립 과정에서 상기 세 가지를 비교해 가면서 관련성을 높여 나가는 것이

보고서를 작성하면서 성공 확률이 높아진다.

악몽의 시간, 아침 스탠딩 미팅

P*는 아침 시작시각 20분간 전 직원이 자기 자리에 서서 스탠딩 미팅을 했다. 일종의 조회였다. 그런 P는 매일 아침 조회시간에 직원들을 악몽의 시간으로 내몰았다.

"S 대리! 란체스터 법칙이 무언지 직원들에게 설명을 좀 해봐."

"S가 잘 모르면 다음은 L 대리가 설명해봐."

모두가 서 있는 상태에서 직원들에게 돌아가며 질문을 했고, 대부분이 대답은 '잘 모르겠습니다.'였다.

그러면 P는 여기에서 멈추지 않는다.

"내일까지 란체스터 법칙을 공부해서 K 대리가 직원들에게 설명을 해 주게."

그런 식으로 매일 아침 조회시간을 스탠딩으로 20분 정도씩 대체했다. 주제는 매번 달랐다. 주가 동향에서부터, IMF 이후 금

---

* P : 내가 과장 때 부서장이었고, 나중에 삼성전자 상무와 S 호텔 전무, 그리고 그룹을 퇴임한 뒤 B 회사 대표이사를 역임했다.

리의 상승과 하락이 미치는 영향, 그리고 이런 사회 환경에서 유통전략 부서원으로서 우리에게 필요한 상권 도미넌트 전략은 무엇인가. 향후 양판점과 전속 대리점의 운명은 어떻게 될 것인가? 이런 것들이었다.

상상을 해보라. 매일 20분씩 매일 다른 주제로 직원들에게 질문하고, 엉뚱한 대답을 하면 스탭의 자질이 없다고 깨고 또 깨면서 나무랐다. 그 당시 직원들끼리 말했다. '아침 스탠딩 미팅은 악몽 같은 시간이다.' 오늘 하루도 덜 깨지고 시작했으면 좋겠다고 다들 아침에 안 깨지는 게 기분 좋은 하루의 시작이었다.

그러나, 시간이 흐르고 흘러서 나중에 몇 년이 지나서 생각해보니, 그 아침 20여 분간에 축적된 지식이 많이 쌓여 있었다. 직원들은 깨지지 않기 위해 공부를 했고, 또 잘 모르는 내용은 다음 숙제를 풀기 위해 공부하고 또 공부했다.

P는 항상 이렇게 얘기했다.

"스탭은 뛰어난 천재가 하는 것이 아니라, 길러진 사람들이 하는 거야."라고 말이다.

그래서 공부에 절대 게으르면 스탭으로서 자격이 없다는 말도 곧잘 했다. 요즘도 P를 만나면, 그 당시 그때 이야기를 한다. 그 아침에 직원들을 그렇게나 조져놨으니, 감히 부장에게 언감생심 개기고 덤빈다는 건 꿈도 꿀 수 없었다고 말이다. 그런데 우스운 사실은, 내가 그때 주무과장이었는데 나에게는 질문을 거의 안 했다. 혹시라도 질문한다고 치면 이미 내가 알고 있는 내용 위주였다. 그것을 직원들에게 잘 설명해보라는 정도였다.

이런 것도 짜고 치는 건가? 하지만 결단코 P와 사전에 짜지는 않았다.

이렇게 좋은 제품을 잘 팔지 못해 죄송합니다

2009년 C가 삼성전자의 CEO로 결정이 났다. 그 해에 오래된 신임 지역 총괄은 모두 교체됐다. 그때 내가 모시던 J도 국내영업을 떠나 야인의 길로 들어섰다. 이 장에서 이야기하고 싶은 주제에 대해 몇 번이고 망설였다. 이건 순전히 내 개인적인 생각이다. 하지만 독자들에게 잘못된 견해를 심어주는 건 아니라는 생각도 들기 때문이다.

그렇지만 그냥 필자 개인이 조직 내에서 직접 느끼고 생각했던 바는 그대로 표현해 보고자 한다. 개인마다 견해는 다를 수도 있다. 삼성전자는 세트와 부품으로 조직이 나뉘어 있고, 세트 부문은 TV 휴대폰, 생활가전으로 나뉘어 있다. 그리고 조직은 제조사업부와 지역 판매총괄 두 개의 큰 체제로 되어있다. 2008년 이전에는 지역 총괄도 사장이 많았다. 하지만 2009년 이후에는 지역 총괄에서는 거의 사장이 배출되지 않았다. 반면, 제조사업부 사업부장은 거의 모두가 사장이며, 제조 총괄 사장 등 여러 곳에서 사장이 존재한다.

필자는 국내영업에서 잔뼈가 굵었다. 우리 회사에서 국내영업에 요구하는 기능은 다음과 같다고 생각한다. 먼저, 신제품에 대한 테스트베드 역할이다. 휴대폰은 한 번에 글로벌 론칭을 하지만, TV나 생활가전은 대부분 한국 론칭을 우선한다. 그리고 시장테스트를 거치면서 시나브로 지역을 확대해 나간다.

다음은 종주국으로서의 시장지배력이다. 삼성전자의 모태는 한국이다. 이미 글로벌 기업이라 한국의 판매 비중은 절대적으로 작다. 하지만 한국은 글로벌 기업 삼성전자의 모국이다. 남다른 애정이 아니 갈 수 없다.

또 하나의 기능이 신제품에 대한 빠른 진열과 실연 체험 기능이다. 이건 한국이기 때문에 구(舊)제품을 조기에 소진하고 신제품을 빠르게 전속 매장에 진열한다. 그리고 한국 소비자가 세계에서 제일 처음으로 신제품을 만지고 동작하고 체험함으로써 구매까지 연결한다.

끝으로 한국은 삼성전자를 이끌어 왔던 세트 부문의 영원한 캐시카우 역할이다. 삼성전자는 TV 팔아서 휴대폰을 만들었고, 휴대폰 팔아서 반도체 강국을 건설했다는 이야기가 있다. 그 정도로 한국에서 입지를 굳혔고 오늘날의 세계 TOP 수준의 IT 회사가 된 것이다. 그리고 여전히 생활가전의 수익 대부분은 국내에 의존하고 있다.

다시 본론으로 돌아오면, 제조와 판매 부문의 이니셔티브는 몇 년을 주기로 서로에게 '견제와 균형'이 롤링해야 한다고 생각한다. 판매에서 제조 분야에 '무슨 이런 제품을 시장에 내다 팔라고 하나.'라고 큰소리도 해야 한다. 그러다가 다시 몇 년이 지나면 제조에서 판매에 '경쟁사보다, 마케팅을 잘하나, 판매를 잘하나, 뭐 하나 제대로 하는 게 없네.'라고 얘기를 할 수 있어야 한다. 이걸 5년 정도의 주기로 롤링해야 서로가 견제와 균형을 통해서 발전하는 것이다.

앞에서 많이 나오는 L 사장이나 B 사장, J 부사장이 있을 때는 직접 제조 사업부장에서 전화를 많이 했다. '무슨 이따위 제품을 소비자에게 팔라고 하냐.'라는 얘기다. 그렇게 클레임을 걸고 나면, 확연히 좋게 개선된 제품으로 수정되어 시장에 나온다.

그러나, 2009년 이후로 판매 책임자가 제조 사업부장보다 계급이 높은 적이 단 한 번도 없었다. 이런 체제가 14년 동안을 이어왔다. 지역 총괄에는 '전무'가 많다. 하지만 제조사업부는 웬만한 팀장은 부사장이다. 감히 제조사업부에 클레임을 얘기할 입장이 안 된다.

그렇게 14년을 이어오다 보니, 판매를 책임지는 지역 총괄 내 소속 직원들은 어떻게 하면 잘 사는지를 너무나 잘 안다. 행여나 제조사업부와 미팅을 할 때면 이구동성으로 다음의 얘기를 먼저 하면서 미팅을 시작한다.

"이렇게 좋은 제품을 만들어 주셨는데, 시장에서 제대로 팔지 못해 죄송합니다."

이 얘기로 시작해야 만이 그나마 욕을 덜 먹기 때문이다. 심지어 생산 차질에 따른 결품이 있음에도 제조사업부 누구한테 제대로 된 말을 꺼내지도 못한다. 왜냐하면, 찍히는 게 더 겁이 나기 때문이다. 그러나 반드시 기억해야 한다. 이 책에서 얘기하는 대부분 요점이, '기업이 의사결정을 하는 주체는 시장과 고객이어야 한다.'이다.

앞서도 몇 번이나 언급했듯이 '정치도 백성과 국민으로부터 시작되어야 한다.' 그러나 그렇지 못하기 때문에 정치인들이 욕을 먹는 것이다. 과연 우리 기업은 '시장과 고객의 목소리를 충분히 반영하고 있는가?' 항상 되새겨야 할 문구다.

영업의 프로면, 프로답게 행동하라

진주에 있는 대리점을 방문한 적이 있었다. 그날은 새로 부임한 B 사업부장*과 동행했다. 지방 출장을 동행하는 일은 사전에 계획되어 진행되는 것이 아니라, 사업부장이 출장을 가면서 그냥 권유하는 때가 많았다.

"김 차장! 오후에 뭐 하나? 나 지금 진주 갈 건데 같이 갈래?"

사무실을 나서면서 내게 지나가는 말처럼 던지면, 나는 그대로 가방 싸서 따라가는 식이었다. 계획성 없이 무작정 던지는 호의였지만, 그렇게 허물없이 차장 나부랭이에게 친근하게 말을 던지는 모습에, 나는 오히려 더 열정적으로 동행했다.

그날은 진주지역 대리점이 확장 개업을 하는 날이었고, 본사에서는 오픈식을 지원하기 위해 삼성전자 모델 사인행사를 진행하기도 했다. 그때 매장에서 배우 故 JJY를 처음 보았다. 그는 당시 당사 에어컨 모델이었다. 아침부터 점심시간을 훌쩍 넘긴

---

* 사업부장 B는 인사 출신이다. S대 경영학과를 졸업했다. 스페인에서 해외 영업을 했고, 이후 본사 인사팀장 부사장을 거쳐서, 국내영업 사업부장 사장으로 승진해서 왔다. 이후 생활가전 대표이사를 역임했다.

시간까지 조그만 책상에 앉아서 고객들에게 일일이 사인을 해주고 있었다. 그러고는 사업부장과 내게 간단한 인사말을 하고, 그 매장에 있는 제품 중 본인이 모델인 제품에 대해 간단한 설명까지 곁들였다.

난, 그때 느꼈다. '연예인이 이렇게나 예쁘구나.'라고 감탄에 감탄했다. 화장은 거의 하지 않은 것처럼 보였고 손톱도 매니큐어 없이 자연 그대로였다. 그럼에도 불구하고 너무나 고운지라 감히 쳐다보기가 민망했다. 더구나 순박하게 얘기를 하는 모습에, 그 품성이나 인상마저도 좋게 느껴졌다.

돌아오는 차 안에서 사업부장이 내게 물었다.

"김 차장! J 배우를 보니깐 무슨 생각이 들었어?"

"네, 정말 예쁘다는 생각이 들었습니다."

"야, 이 친구야. 내가 그걸 물으려고 한 게 아니고, 그의 정성을 얘기하는 거야. 일류 연예인임에도 얼마나 성실해. 프로는, 무대 위에서나 길거리에서나 프로다워야 한다는 거야."

"그런데 저 친구도 저 정도인데, 영업의 프로인 우리는 무얼 못하겠어. 속된 말로 쪽팔린 게 뭐가 대수겠어. 자네도 프로면 프로답게 당당히 자기 일을 하게. 영업하면서 쪽팔린다, 이런 말은 사치야."

그날 J 배우는 내게 그런 자신감을 가지게 만드는 계기가 돼 주었다. 끝으로 그날 너무 예쁜 모습을 보여주었던 故 J에게, 하늘에서도 아름다운 생활이 계속되기를 기원한다.

'그날, 지방의 조그만 매장에서도 프로답게 당당했던 그 모습

이 눈에 선합니다. 저 먼 곳에서도 꼭 행복하세요.'

프로는 프로답게, 부끄럽거나 쪽팔리지 않게, 그리고 언제나 당당하게.

씨 뿌리는 사람 열매 따는 사람

사람의 팔자는 정해져 있다. 대부분이 운명처럼 그리되게 되었거나 모두가 그에 순응해서 잘 따른다. 필자가 직장생활 30년 동안 본 것은, 리더에 따라 두 가지 종류가 있었다. 하나가 '씨 뿌리는 사람'이고, 다른 하나가 '열매 따는 사람'이다.

먼저 천성적으로 씨 뿌리는 사람들이 있다. 내가 본 전형적인 씨 뿌리는 사람의 대표격은 영상사업부장과 국내영업 사업부장을 지낸 J였다(이미 J에 대해서는 많이 언급한 관계로 생략한다). 씨 뿌리는 사람들의 특징은 단기 업적에 집착하지 않는다. 그리고 조직과 후배들을 진심으로 사랑한다. 특히 본인의 출세에 적정 욕심은 있지만, 조직의 미래와 부딪치면 본인의 욕심을 놔버린다. 여기에 속하는 대부분 리더가 큰 출세를 잘하지 못했다.

반면, 천성적으로 열매에 집착하는 리더가 있다.

이들은 단기 업적에 치중한다. 본인들은 절대 그렇지 않다고 주변에 얘기한다. 그러나 필자가 보기엔 단기 실적주의다. 그리고 조직과 후배의 안녕에는 별 관심이 없다. 제일 중요한 가치가 본인의 영전이기 때문이다. 조직의 미래와 본인의 가치가 부딪치면 조직의 먼 미래를 소홀히 하기도 한다.

위 둘 다 장단점이 있다. 왜냐하면, 기업은 퍼포먼스와 성과로 먹고살기 때문이다. 그래서 위 두 가지, 케이스는 한 번씩 롱링(rolling)을 시켜야 바닥도 다지고 성과도 얻을 수 있다.

전망이 밝은 조직은 전자를 후자보다 조금 더 기간을 주는 게 좋을 거 같다. 예를 들면 씨 뿌리는 작업은 4년 정도 걸린다면, 열매 따는 건 2~3년 정도면 충분하다. 그런데 만약 열매 따는 기간을 더 늘리면, 당장은 기업성과에 +효과를 더 낼 수도 있다. 아니 내는 것처럼 보인다. 그렇게 지속으로 단기 성과주의로 가다 보면, 어느 순간 공룡 같은 거대 기업들이 서서히 무너져 가게 되는 것이다.

물론 이런 생각들이 필자가 직장 다니면서 순수 개인적으로 느낀 점일 수도 있다. 어디 교과서에 나오는 것도 아니고, 저명한 교수님이 한 얘기도 아니다. 어떤 사람은 공감할 수도 있고, 어떤 이는 부정적일 것이다. 그저 개인의 소견으로 받아주시라.

장자방 그리고 한신

장량은 한(漢) 나라 최고의 책사였다.

일개 한신을 천거해서 파초대원수로 만들어 항우를 무너뜨렸고 유방을 도와 끝내 한나라를 건국하였다. 그중에서도 장량이 가장 잘한 점은 물러날 때를 아는 거였다. 한신은 평생 충성을 다했으나, 끝내 주변의 모략으로 목숨을 잃었다. 하지만, 장량은 그전에 모든 벼슬을 내려놓고 낙향하여 천수를 누렸다.

필자는, 회사에 다니는 동안 닉네임이 두 번 바뀌었다.

그 첫 번째가 장량이었다. 이는 예전에 차장 때 모시던 J 전무(나중에 부사장으로 퇴임)가 나에게 붙여 준 이름이었다. 그때 나는 장량에 대해 처음으로 다시 찾아보았다. 좋은 말들이 많아서 으레 기분이 좋았던 거로 기억이 난다.

그다음은 한신이었다. 단 한 번의 실수도, 단 한 번의 전투에 패해본 적이 없었던 이 시대 영웅이다. 그 당시 TV 사업 책임자를 맡으면서, 나 스스로 닉네임을 장량에서 한신으로 바꾸었다. 끝없는 전쟁터에서 무조건 승리하고 싶은 욕망 때문이었다.

하지만 그때도 언젠가는 한신처럼, 모략에 따라 한 방에 죽음의 나락으로 떨어질지도 모른다고 생각은 했다. 운명이란 게 희한하게 그렇잖은가? 닉네임처럼 살다 보면 따라갈 수도 말이다. 하지만 설사 그럴지언정 전승 신화의 한신이 그때는 좋았다.

사람들은 누가 본인을 자를 때까지는 절대 내려놓을 줄을 모른다. 잘리게 되면 비로소 그때야 옛날을 돌아보게 된다. S 물산에 근무하던 시절이었다. 그 당시 영업본부 밑에 있던 직원의 숫자는 거의 340명 정도였다. 그런 결과인지는 몰라도 담당 임원으로서 거의 매주 경력사원 면접을 봤다.

패션 회사라 그런지 340명 중 여성 인력이 거의 절반이었고, 경력사원이 절반 정도였다. 그런데 그들은 자주 이직을 했다. 그래서 자주 새로운 경력 채용 면접을 볼 수밖에 없었다. 그만두는 친구들과 면담을 해봤다. 왜 회사를 그만두느냐고? 패션 회사 중에서는 그나마 1등 회사이지 않냐고 물었다. 그들의 답은 대동소이했다.

"내 인생이 중요하지. 회사의 네임 밸류가 뭐가 중요합니까? 저는 제가 하고 싶은 일을 하고 싶다."라고 대부분이 그리 말했다.

그 당시 나는 좀 충격을 받았다. 내가 다니던 전자회사랑은 분위기가 너무나 달랐다. 월급은 전자가 많은데, 전자 직원들은 자신을 위해 돈 쓰는 게 거의 없다. 반면 패션은 급여도 적은데도 불구하고, 명품 가방과 신발 등을 거리낌 없이 산다. 남녀를 불문하고 그렇다.

돈을 아껴서 아파트 하나 장만하는 게 좋지 않냐는 내 생각은 이미 구태다. 그들은 그들의 맛에 산다. 하고 싶은 것하고, 먹고 싶은 거 먹으며 스스로 결정한다.

그 시절 어떤 때는, 전자에 근무하는 후배들이 불쌍하다는 생각까지 들었다. 패션 직원들과 비교하면 그들은 마치 돈 버는 기계와 같다고 느꼈다. 월급이 많으므로 이직도 하지 않는다. 타사보다 더 받는 연봉 5천만 원에 인생을 부속품처럼 고착화시켜 버린다는 생각을 하기도 했다.

이 글을 마지막 장에 언급하는 이유는, 이미 세상이 변했다. 그중에서도 가장 빠르고 많이 변한 게 사람이다. 나는 직장생활을 하는 중에도, 오십이 넘으면 은퇴해야 한다고 곧잘 후배들에게 말했다. 왜냐하면, 이미 늙었기 때문이다. 사고가 구태의연하고, 고집이 세고, 아집만 늘어난다. 경험이라는 것을 지혜로 포장하여 젊은이들에게 자랑한다 한들, 먹힐 리가 없다. 이미 세상은 젊은 그들 중심으로 움직이기 때문이다. 굴뚝 산업만 보던 사람들이 토스나 카카오를 생각이나 했겠는가? 사고의 체계가 달라야 한다. 이미 카카오를 만든 창업자도 늙었다. 또 다른 혁신의 세상이 올 것이다.

필자도 이제 지천명의 중반을 지나고 있다. 내가 얼마나 고집이 세고, 내가 얼마나 아집을 꺾지 않으며, 우기기만 잘하는지는 우리 집사람이 제일 잘 안다. 그래서 나도 서서히 내려놔야 한다. 나는 30년을 넘게 회사에 다니면서 본인이 먼저 내려놓은 사람을 P* 부사장 딱 한 사람 보았다. 어쩌면 그때 P가 그런 결정을 했기 때문에 지금 잘 살면서 스트레스를 덜 받는지도 모른다.

이 시점에 장량의 '내려놓음'이 얼마나 거룩한지 새삼 느끼게 된다. 이인자로서 최고의 자리에서 내려와 홀연히 낙향하였기 때문에 천수를 누렸다. 내가 좋아하는 한신은 제후(王)로 충성을 다했지만, 결국 유방의 황후에게 목숨을 잃었다. 그리고 그 유명한 토사구팽의 주인공으로 남았다.

누구도 믿지 마라. 아무것도 약속하지 마라

신록이 짙어가던 유월 어느 날 B**가 나를 방으로 불렀다.

내일 아침 7시에 팰리스 호텔 1층에서 조식을 함께 하자고 한

---

* P : 아프리카 총괄을 역임하고, VD 사업부 전략마케팅팀 부사장 때 사표를 던지고 회사를 그만두었다. 상부에서는 여러 번 말렸지만 끝내 그의 뜻을 꺾지 못했다.
** B : 예전에 내가 모시던 부장이었고, 나중에 서부지사장 상무, 마케팅팀장, 전무 그리고 자회사 대표를 지내고 한국 총괄 책임자로 복귀해서 부사장으로 은퇴했다.

다. 예약은 본인 이름으로 되어 있다고 했다.

"내가 김 상무를 부른 이유는, 판매 자회사에 파견을 좀 나가야 해서네. 감사팀 진단 결과에 따라 사업혁신팀장을 한 명 보내야 하는데, 꼭 의무사항은 아니야. 그런데 난 파견을 보내서 도와주고 싶어. 그래서 이왕이면 가장 혁신적인 마인드를 가진 사람이 갔으면 좋겠다 싶네. 그래서 내가 보기엔 김 상무가 가장 적임자인 거 같아."

자회사로 1년간 출향 파견 다녀오라고 B가 아침 식사 자리에 불렀다.

"총괄님! 저는 가기 싫습니다. 무언가 찜찜합니다. 더군다나 1년 차인 제가 가는 건 말도 안 되는 것 같기도 하고요. 하여튼 제가 적격이 아닌 거 같습니다."

나는 B의 제안에 파견을 가지 않았으면 한다고 강하게 의견을 피력했다.

"김 상무가 가야 하는 이유는 딱 2가지다. 첫째는 1년 차인 신임이 가야 혹시 다른 생각을 하지 않을 거야. 만약 3~4년 차를 보내면 자회사로 '아주, 가라.'라는 소리로 오해할 수 있을 거야. 그리고 두 번째 이유는 국내영업에서 김 상무만큼 혁신 마인드에 실력 있는 임원이 누가 있나? 난 자기밖에 이 일을 할 수 있는 사람이 없다고 생각해."

B는 평소에 그럴 분이 아닌데, 본인이 작년까지 자회사 대표로 근무했던 터라 그랬는지, 더욱더 자회사의 사업구조 혁신에 애정을 느끼고 있었다.

"총괄님! 오늘 제안에 대해 두고두고 후회하실 겁니다. 만에 하나, 연말에 총괄님 계시지 않으면 저를 그곳에서 누가 꺼내옵니까? 저는 가지 않았으면 좋겠습니다."

나는 느낌이 안 좋다고 했다. 영화나 드라마에도 여러 사례가 있지 않은가? 홍콩영화 무간도나 한국드라마 '무정 도시'나 '인사이더', '언더커버'인 그들은 끝내 돌아오지 못하는 운명을 떠안지 않았는가?

"안 그래도 내가 연말에 그만둘 수도 있으니까, 본사 인사에도 다 얘기해두었다. 절대 걱정 안 해도 된다. 내가 그 정도 조치도 안 하고 너를 그곳에 보내겠나?"

"총괄님! 아직도 총괄님은 사람을 믿나요? 인사를 믿나요? 저는 믿지 않습니다. 총괄님 빠지시면 그들이 태도를 바꿀 겁니다. 그리고 이번에 내리신 결정은 두고두고 후회하실 거예요."

1년간 파견을 전제로 출향이라는 딱지를 달고 자회사 사업혁신 팀장으로 갔다. 총 16명이 팀을 꾸렸다. 전자에서 6명, 자회사에서 10명으로 구성됐다. 자회사의 사업구조와 인력재편, 그리고 영업역량 개선까지 10여 권의 컨설팅 자료를 만들었다. 지금 읽어도 판매 자회사 사업을 이해하는 데는 전혀 손색이 없는 수준이다.

결론은 어찌 되었을까.

그해 연말에 진짜 B는 회사를 퇴임했다. 그리고 한국 책임자는 바뀌었다.

'첫 번째 검은 운명이 나의 심장에 칼을 꽂은 순간이었다.'

훗날 인사팀에서 근무했던 친한 후배가 나에게 물었다.

"B 총괄과 상무님은 진짜 친한 관계예요? 다시 한 번 냉정히 생각해 보세요. 친했다면 그 당시에 그런 식으로 상무님을 보내지 않았을 거예요. 무슨 앙금 같은 거 없었는지 냉정하게 물어보는 거예요."

"몇 번을 질문해도 내 대답은 똑같아. 부장으로 모셨고, 10년 이상 상사로 지내면서 너무 친했던 분이야. B는 너무 훌륭한 분이시고……. 설사 결과는 나빴는지 몰라도 일부러 그럴 분도 아니고, 나와 그럴 사이도 아니야."

나는 절대 그럴 일이 없다며 의심을 거두라고 했다. 다만 내가 아쉬운 건 그때 출향이 아니라 파견으로 갔어야 했다는 것이다. 전자 직원 6명은 파견이었는데, 나만 출향이었다. 임원은 출향 방식으로밖에 할 수 없다고 했는데, 나중에 보니까 다른 쪽은 파견 케이스가 있더라는 것….

B는 지금 하얀 백발을 하고 다니지만, 여전히 착하고 넉넉하다. 한 달 전에 B를 만났다. 닭볶음탕을 맛있게 사주셨다.

하지만 그때 나를 출향 파견 보낸 일에 대해서는 두고두고 미안한 마음을 가지고 계신다.

팔자는 내 생각보다 훨씬 더 위에서 움직인다

1년간 파견을 끝내고 6월 중순 전자로 복귀하려는 순간, 본사 인사에서 전화가 왔다. S 물산 패션 부문으로 전배 결정이 났다고 했다.

나는 본인의 동의도 없이 일방적인 전배가 말이 되냐고 따졌다. 그리고 그런 조치에 대해 절대 수긍할 수 없다 했다. 이러한 나의 의견 피력에, 이미 비서실 실장 사인이 떨어진 관계로 절대 바꿀 수 없는 상황이라고 선을 그었다. 나는 인사팀 담당 임원에게 그냥 사표를 내겠다고 했다.

그도 그럴 것이 왜냐하면 계열사로 가는 순간, 처우가 절반 수준으로 떨어지기 때문이다. 이제 난 겨우 1년 6개월짜리 임원이다. 지금까지 쌓아 온 내 위상과 명예 그리고 경제력까지 한방에 무너진다. 인사에서는 이미 실장이 사인했고, S물산 사장께서 나를 찍어서 원했고, 본인들은 그냥 진행할 수밖에 없었다고 했다.

그러니까 제발이지 문제 일으키지 말고 S 물산으로 가 주라고 나에게 부탁을 거듭했다(그때 S 물산 사장 Y는, 이미 내가 언급한 적이 있는 최초 입사한 우리 부서의 부장이었다. 그리고 나중에 전자 CFO까지 하시고, S물산으로 갔으니, 인사에서도 눈치를 볼 수밖에 없는 상황이었으리).

아무리 그래도 '본인 의사는 물어보는 게 도리.'라고 나는 지금도 그렇게 생각한다.

현실은 난감했다. 나를 자회사로 보낸 B는 이미 사라지고 난 이후다. 그때 B에게 나의 절대 복귀를 약속했던 인사팀 임원이 오히려 나를 타 계열사로 전배를 명하고 있다. 더군다나 새로 부임한 한국 책임을 맡은 보스는 예전에 같이 근무한 적이 없는 생소한 분이다. 나를 보호해 줄 어떤 이도 없었다.

인사에서 전배 통보를 받고, 내 팀장이었던 P 전무*를 만났다. 서초동 일식집에서였다. 그날 너무 억울해서 식당 이름도 안 까먹는다. P는 내가 31년간 직장생활을 하면서 어쩌면 제일 존경하는 선배의 반열에 있는 사람 중 하나다. 얼굴은 핸섬했고, 성품은 온화했으며, 누구에게나 너그러웠다. 그리고 실력으로도 존경을 아니 할 수 없는 타입이었다.

잠깐 P 얘기를 하고 가자. P는 지방에서 대학을 나왔다. 그 당시 한국 시장이 커나가던 시점이라 지방에서 근무해야 할 영업 인력이 필요했기 때문에 1983년에 지방 대졸자 공채를 확대했다. 이때 지방대 인력들이 많이 입사했고, 그들이 삼성전자 지방 권역의 영업을 개척해 나갔다.

P도 그중의 한 사람이었다. 지방에서 영업소장을 하다가 나중에 서울에서 마케팅그룹장 그리고 임원 진급 후 스탭을 지켰다. 본인 말처럼 머리는 나쁘고, 보고서 한 장 못 쓰는 사람이 삼성전자 국내영업의 스탭을 책임지는 마케팅 전무 자리를 맡아서 미안하다 했다. 그런 식으로 늘 겸손이 넘치는 분이었다.

하지만, 내가 본 그는 탁월했다. 바닥에서 하나하나 밟아 와서 그런지 짜임새가 빈틈이 없었다. 영업소 근무할 때는 잘 못 썼다는 보고서도 스탭을 오래 맡아서 그런지 아주 잘 썼다. 다시 그런 훌륭한 선배를 만나서 일할 기회가 또 있을까?

---

* P : 전주에 있는 J대학교를 졸업하고, 1983년에 국내영업 군산영업소로 입사. 이후 광주지점장, 서울지사 마케팅그룹장, PM사업그룹장, B2B시스템가전 영업팀장, 마케팅팀장, 전무 그리고 디지털프라자 부사장 대표이사를 역임했다.

그런 기회를 하늘이 다시 준다면 기꺼이 어떤 험난한 오지라도 나는 따라갈 것이다.

하여간 그날 저녁, 팀장인 P 전무에게 내가 왜 S물산으로 가야 하냐고 하소연했다. P는 아무 말 없이 술만 따라 주었고, 나는 직장생활 31년 중 처음으로 P 앞에서 펑펑 울었다. 동물도 죽을 시점을 아는 것처럼, 나도 다시는 삼성전자로 돌아오지 못할 것 같고, 내 전성기는 끝났다는 걸 느꼈다. 마치 운명 같은…….

내 두 번째 검은 그림자가 나를 침몰시키는 과정이었다.

하지만, 난 그 운명을 깨뜨려 보려 S물산에서 열심히 살았다. 그때까지 자신감만 충만했던 철부지라 '반드시 살아서 돌아오리라' 마음먹었다(마지막으로 전자 인사팀 담당 임원과는 언젠가 돌아올 때는 환영해서 맞아 줄 것이라는 약속을 받고, S물산 전배를 승낙했다. 사실 사표를 내기에는 내가 너무 젊었다. 상무 2년 차라 벌어 둔 돈도 없었다).

S물산에서 1년 6개월의 짧은 기간이었지만, 난 그들과 최선의 노력을 다했다. 혁신하기 위해서는 최소한 3년 정도의 시간이 필요하다. 만약 내가 1.5년만 더 S물산에 있었다면 어찌 되었을까? 이런 상상을 해보기도 한다.

아직도 S물산에서 근무할 때 직원 중 따르는 이들이 제법 많다. 단지 1년 6개월의 짧은 시간이었는데도 말이다. 내가 같이 일했던 부장 팀장들은 대부분은 나와 대졸 입사 동기들이었지만, 나를 임원처럼 깍듯이 대해주었고 지금도 여전히 나를 그때의 임원처럼 대하고 친하게 만남을 유지하고 있다.

또한, 사원 중에도 나를 따르는 이들이 좀 있었다. 지금도 그 후배들을 만난다. 지난 연말에 만난 두 명은 모두 이직을 하였다. 한 명은 부친 회사로 들어갔고, 또 한 명은 본인 회사를 창립했다.

그들은 아직도 이런 말을 한다.
"그때 상무님 덕분에 많이 배웠습니다. 어찌 감히 일개 대리가 사장님 앞에서 보고서를 직접 브리핑할 수 있을까요? 그런 기회를 다 만들어 주셨잖아요? 그리고 제가 회사에 다니면서 그런 캠페인은 처음 해봤고, 그리고 마지막이었습니다."
"상무님은 언제 어떤 아이디어라도, '훌륭하구나, 그래 한번 만들어 보자.' 하셨는데, 그 이후 그런 말 하는 임원은 단 한 명도 볼 수 없었습니다. 그래서 더 회사를 못 다니겠더라고요."

그 말을 듣고 참 복잡하고 난감했다. 나는 그들을 열심히 육성하려 했는데, 어쩌면 그들에게 잘못된 마약을 투약한 게 아닐까…….라는 생각이 들기도 한다. 아무쪼록 이왕에 그만둔 회사니까, 본인들 앞길에 구만리 햇살이 길게 드리웠으면 하고 바란다. 내가 팔자에도 없는 S물산 패션으로 가서 일할지 누가 알았으랴? 팔자(八字)는 내가 생각하는 예상보다 훨씬 더 위에서 나를 조종한다.

부하를 부리는 방법

제4장. 영업 고수들의 혁신 노하우 | 313

S물산에 전배된 지 1년쯤 지난 시점이었다. 그 당시 전자에서 전배 온 사람들 7~8명 있었는데, 이 들 중 한 사람이 트러블을 일으켰다. 그래서 6월 말로 전자 인력들은 거의 모두가 업무에서 손을 뗐다.

난, 한편으론 아쉬웠다. 전배 온 지 1년 지난 시점이었다. 그때까지 난 미친 듯이 일했다. 이제 1~2년만 더 지나면, 영업 차원의 혁신을 통해 회사 전체의 사업구조를 흑자화 만들 자신도 있었다. 더구나 지금까지 나를 믿고 따랐던 후배들을 생각하면 더더욱 아쉬웠다.

한편으론 삼성전자로 돌아갈 기회가 생겨서 기뻤다. 팔자는 이런 식으로 나를 안아서 다시 꽃길로 인도하나 보다 생각했다. Y 사장이 삼성전자 Y 대표에게 연락해서 내 자리를 부탁했다. 사실 나와 Y 대표는 TV 장사하던 시절에 만나서, 더할 나위 없이 친했던 관계이기도 했다. 그리고 K 사업부장(나중에 전자 대표이사를 지낸다)에게 의뢰해서 TV 지역 PM으로 재가도 떨어졌다. 그렇게 전자 인사 보직 안이 최종적으로 미전실로 올라갔다. 그때 TV 사업부에 근무하고 있던 동기 녀석이 전화 해서는, 실(室) 최종 사인만 남았으니 떨어지는 낙엽 조심하고 기다리라 하였고, TV 사업부에서는 내 전배가 기정사실로 소문났다.

하지만, 그해 12월 실에서 내 이름이 빠졌다고 S물산 인사과로 연락이 왔다. 이게 무슨 날벼락 같은 일인가? 나는 아직도 그때 누가 내 이름을 빼서 내 운명을 바꾸었는지 잘 모른다. 하여튼 그들은 내 이름을 뺏고 이미 실장이 사인했다고만 했다.

여러 가지 추측을 해봤지만, 아직도 그때의 정답을 잘 모른다. 실에 근무하던 여러 재무팀 선배들에게 물어봤지만, 본인들도 잘 모른다 했다. 그 해가 연말이 전자가 임원을 30% 축소했던 상황이라서 그런 반전을 만들었을 수도 있었을 것이다. 또한, 출향이라는 꼬리표가 그런 결과를 만들었는지도 모른다. 여하간 팔자라는 녀석은 내가 생각하는 그 이상의 높이에서 나를 검은 그물로 꼼짝 못 하게 만드는 재주가 있다.

당시 S물산 Y는 내게 마지막으로 이런 말을 했다.
"일단 가서 있을 만한 데가 필요하니, 전자 자회사로 가 있어라. 나도 인사를 해 봤지만, 어차피 인사는 이현령비현령이다. 언제 어떻게 바뀔지 모르니깐, 그곳에서 잠시 몸을 의탁해라."
그날 오후 예전에 모시던 P에게서 전화가 왔다. 내가 물산으로 갈 때 마지막까지 함께한 선배였고, 그 당시는 판매 자회사의 대표로 있었다. 그날 점심때 P를 만났고, P는 나에게 이런 말을 했다.
"OO, 많이 힘들겠구나. 내가 도와주지도 못해 미안하다. 네 팔자는 왜 이리 꼬이는지 모르겠네(P는 우리 팀장 때부터 나의 이름을 많이 불렀다)."
"오늘 보자고 한 이유는, 내가 여기 자회사로 온 지가 6개월이 지났는데, 아직도 모르는 게 너무 많네. 알다시피 내가 좀 느리잖아. 그리고 또 막상 자회사 내부에서는 내가 무얼 의논할 사람을 못 찾았어. 그러니까 내가 더 한심하기도 하다네. 그래서 하는 얘긴데······."

P는 한참을 조심스럽게 말을 이어갔다.

"내가 김 상무한테 이런 소리 할 처지는 아닌데, 김 상무와 이곳 자회사는 그릇이 달라서 말이야. 감히 내가 여기로 오라 마라 할 처지는 아닌 것 같아. 그래서 하는 말인데······. 여기 잠시 와서 일은 하나도 안 해도 되니까 그냥 자리만 지키다가 내가 의논할 거 있으면 카운슬링만 좀 해주면 안 되겠나? 그러다가 좋은 곳 나오면 그때 그쪽으로 옮겨가도 되지 않겠어? 나를 좀 도와주면 정말 고마울 거 같아."

P는 너무 조심스럽게 이야기를 꺼냈다. 이미 알고 있었지만, 마음속으로 참 훌륭한 분이라는 생각이 또 들었다.

"대표님! 무슨 말씀을 그리하세요. 저도 지금 당장 갈 데도 없는데요. 우리 애들은 아직 학생이라 공부도 시켜야 하고, 그리고 먹고살아야 하니까 거기 가서 일단 일할 거예요. 너무 걱정하지 마세요."

P와 나는 만나고 헤어짐을 같이 해야 하는 운명인가? 이런 쓸데없는 생각이 들었다. 나는 P에게 무한히 감사했다. P는 내 자존심을 꺾지 않으려고 최선을 다했다. 만약 그렇게 하지 많았다면, 자존심 강한 내가 그때 다른 회사로 이직할 수도 있었을 것이다.

이런 것들이 필자가 이 장에서 말하려고 하는 바다. 사람을 쓸 때는, 그 사람으로부터 신의와 존경이 우러나게 만들어야 한다. 그래야 비로소 그 사람을 온건히 내 사람으로 만드는 것이다.

앞 장에서 접점 인력들의 심성을 사는 것과도 똑같은 이치리

라. 돈을 조금 더 주는 건, 그건 잠시의 행위다. 그렇다고 본인 주머니를 털어서 사비로 월급을 주지도 않는다. 결국, 회사와 오너의 주머니에서 나오는 돈이다. 그래서 생색낼 필요가 없다. 누구나 그 정도는 이미 알고 있기 때문이다.

그래서 아랫사람을 살 때는, '주인의 돈으로써 그를 사는 것이 아니라, 상사의 진심으로 그를 사야 한다.' P는 2018년 라일락 꽃봉오리에서 향기를 출산하던 아름다운 날, 저 먼 세상으로 급히 떠났다. 무어가 그리 바쁜지 몰라도 그렇게 발길을 돌려 먼길을 갔다. 난, 그가 떠나던 날 한없이 슬펐다. 무한의 존경을 마지 않던 한 사람을 이제는 바라볼 수도 없고, 직접 대화할 수도 없는 파란 나라로 보냈기 때문이었다.

P 선배님! 그곳에서 평안하세요? 선배님이 몸을 의탁하라는데 겨우 비비고 들어와서, 선배님 떠나시고 너무 오래도록 있었던 거 같아요. 박태준 장군이 그랬다지요. 포항제철이 전체 완공을 끝내던 날, 박 대통령 무덤 앞에서 '각하, 각하가 명령하신 저의 소임을 이제 막 다 끝냈습니다.'라고 거수경례를 하면서 울었다지요. 그런 후배 하나쯤 있는 박 대통령은 저 먼 곳에서도 얼마나 기쁠까요?

저도 선배님이 염려하신 좋은 자회사를 만드는 일에 그나마 역할을 다하려고 했습니다. 그러나 제가 부족한 탓에 선배가 세운 목표를 완성하지도 못한 채 너무 오래도록 그곳에서 몸을 의탁하고 있었나 봐요. 이제 선배가 얘기하던 '아무 때나 떠나도 된다.'라는 그때가 온 것 같아요. 올해도 라일락 꽃잎이 흩날리겠지요. 꽃향기는 선배님 계신 곳을 감싸며 한바탕 울음과 웃음을 토하겠지요. 그날 찾아뵙게 되면, 따사롭고 온화했던 미소를 다시 한 번 뜨겁게 건네주세요. 지금도 그립습니다.

   사랑하는 우리 선배님!

제5장

샐러리맨으로 롱런하기

　필자는 1991년에 삼성전자에 입사하여 2022년 말까지 정확히 31년간을 한 그룹사에 몸담았다.

　대학교 4학년 때 딱 한 번 입사원서를 넣고, 딱 1번 입사면접을 보고, 딱 한 회사에서만 30년을 넘게 다녔다. 길다고 보면 긴 시간이고, 짧으면 짧은 시간이었다. 이 기간, 나는, 삼성전자의 훌륭한 선배들을 만날 수 있어서 좋았고, 믿음직한 후배들과 일할 수 있는 영광의 시간도 기쁨이었다.

　1991년에 입사하여 2012년에 21년 만에 임원이 되었고, 2020년에는 전무까지 승진했다. 과장 진급한 이후 그다음 해부터 인사고과는 단 한 번도 A가 아닌 적이 없었다. 어떻게 보면 내 실력보다 더 인정받았던 것 같기도 하다. 이 모든 것은 내가 경험한 기라성같은 선배들이 있었기 때문에 가능한 일이었다. 하지만 그런 진급이나 명예욕보다 더 중요한 것은, 무엇보다 주변 동료들의 따뜻한 마음 씀씀이를 함께한 것은 내 직장생활에서의 영광이었다.

　이 장에서는 어떻게든 간에 31년 동안 삼성전자에서 근무하면서 나름으로 '직장에서 살아남기' 위해 경험해왔던 여러 가지 사례들을 설명하고자 한다.

직장도 하나의 공식과도 같은 면이 있다. 따라서 이 공식을 제대로 소화하면 편하게 직장을 다닐 수 있는 것이다. 반면 이런 공식과는 전혀 상관없이 나 혼자 만으로 어떻게 해보려고 열심히 노력해 봐도 결과가 좋지 않았을 때가 더러 있었을 것이다.

아무쪼록 이제 직장생활을 시작하는 신입사원에서부터 지금까지 10년 이상 봉급쟁이 생활을 하는 중견 사원들에게 이 장에서 말하는 직장에서 오래 살아남는 노하우에 대해 설명하는 것이니, 참고용으로 도움이 되었으면 하는 마음이다.

끝으로 마지막 부분에는 MZ 세대들과 소통하기 위한 보직 간부들의 방향성에 대해 일부 언급했다. 이미 세상은 바뀌었다. 고대 메소포타미아 문명의 동굴 벽화에서도 '요즘 젊은이들은 말을 잘 안 듣는다.'라고 되었다고 하지 않던가? 지금 MZ 세대들이 이상한 게 아니다. 꼰대 소리를 듣는 그들도 젊었을 때는, 어디로 튈지 모른다는 말을 들었을 것이다.

1. 직장에서 건강하게 살아남는 노하우

무조건 YES 맨이 되어라

몇 년 전에 다음과 같은 광고 카피가 유행한 적이 있었다.

'모두가 yes할 때 no라고 할 수 있는 사람, 모두가 no라고 할 때 yes라고 할 수 있는 사람'

사실 광고 카피 문구로서는 아주 훌륭하지만, 실제로 직장에서 저렇게 하면 상사에게 찍히거나 아니면 동료에게 좀 이상한 놈이라고 왕따 당하기에 십상이다. 물론 광고의 핵심은 남들과 차별화되고 소신 있는 사람이 되라는 뜻이라는 건 잘 알고 있지만 말이다.

나는, 나 자신과 후배들에게 항상 yes라고 대답하는 사람이 되라고 주문했다. 예를 들면, 바둑을 둔다고 하자. 바둑은 아마추어 3급이 프로 4단을 절대 이길 수 없다. 절대. never. 단 한 판도 불가능하다. 회사에서의 대리-과장급과 임원의 수준 차이는, 바둑에서 보면 아마추어 3급과 프로 4단 정도의 차이와도 같다.

따라서 임원이 어떤 일을 지시한다고 가정하자. 그럴 경우, 아랫사람은 무조건 yes라고 해야 한다. 바둑으로 보면 아마추어 3급이 프로 4단이 두는 수에 대해, 감히 잘못됐다고 그 자리에서 단번에 판단할 수 있을까? 결론은 '아니다.'이다. 프로 4단이 이상한 수를 두었다 하더라도, 일단은 왜 저렇게 두었을까, 몇 번이고 고민해야 한다. 몇 번이고 고민했음에도 내가 맞는다면, 그때 가서 이상하다고 하더라도 늦지 않다.

대학교 다닐 때 바둑 TV를 본 적이 있는데, 이창호 9단의 대국이었다. 이창호 9단이 생각지도 않은 자리에 한 수를 두었다. 해설자인 김기현 9단(그 당시 나이가 근 60세였다)이 다음과 같이 말했다.

"지금 이창호 9단이 왜 저곳에 두었는지 사실 저는 잘 모르겠습니다. 하지만 이창호 9단이니만큼 무슨 이유가 있을 거로 생각합니다."

한참이나 선배이고 연배도 수십 살이 많은 김 9단은 본인보다, 그 당시 실제 바둑에서 한 수 위인 이창호 9단이 놓은 돌에 대해, 무슨 연유가 있을 거라 해설한 것이다.

나는 실제로 이런 경우를 여러 번 겪었다. 차장 때의 일이다. 담당 임원인 J 전무가 이러 저러한 일을 지시했다. 조금 이상한 논리라고 마음속으로 생각했지만, 일단은 '예, 알겠습니다.'라고 업무를 받아 왔다. 내 자리에 돌아와서 여러모로 검토했음에도 불구하고, 잘못된 결론인 것 같아서 다음날 J 전무를 찾아갔다.

그러고는 정중하고도 조심스럽게 말씀을 드렸다.

"전무님! 제가 생각이 짧아서 그런지 모르겠지만, 몇 번을 생각해 봤는데도 이게 좀 이상한 거 같습니다."

그러자 대뜸,

"뭐가 이상한데?"

라고 J 전무가 물었다.

"제가 보기에는 이런 면도 있을 것 같아서 좀 맞지 않은 부분인 것 같아서 그렇습니다. 죄송합니다."

라고 재차 말씀을 드리자,

"그럼 김 차장 생각대로 고치세요. 김 차장은 아니라고 말하는 사람이 아니잖아, 김 차장이 아니라고 하면, 그럼 김 차장 얘기가 맞겠지."

나는 순간적으로 깜짝 놀랐다. 논리의 가부를 따져 보자고 하시는 것이 아니라, 일개 차장 생각대로 바로 고치라 하신다. 그때야 알았다. 논리의 앞뒤보다 그 사람의 품성과 패턴, 그리고 애티튜드가 더 바닥에 존재하고 있음을.

독자 여러분!

보스가 지시하면 우선은 무조건 yes 하십시오. 그리고 무조건 긍정적으로 받아들이세요. 그런 마음가짐과 품성이 업무의 호불호, 논리의 앞뒤보다 더 바닥에 자리 잡을 수 있습니다. 그리고 또 기억하세요. 아마추어 3급은 절대 프로 4단을 이길 수 없습니다. 상사의 지시가 잘못됐다고 쉽게 판단하기 전에, 김기현 9단처럼, 상수의 생각을 몇 번이고 곱씹으세요.

"왜 이런 지시를 했을까? 분명히 무슨 의도가 있을 거야……."

1일 1건 벤치마킹 포인트를 찾아라

나는 입사를 삼성전자 기획관리본부 관리팀으로 했었다. 수원에서 3년 동안 근무하고, 영업을 지망하여 서울로 전배를 받아서 갔다. 잘 나가던 재무팀에서 왜 영업을 하게 됐는지는, 언제 말할 기회가 있을지 모르겠지만, 하여튼 내가 물건을 팔아서 내가 번 돈으로 월급을 받고 싶었다. 처음에는 생산으로 가고 싶었는데, 대졸 사원이 갈 수 있는 생산 쪽 부서는 생산관리밖에 없었다. 또 관리라는 단어가 붙어서 싫었다. 나는 관리가 아니라 바닥이 그리웠다. 그래서 그냥 영업으로 왔다. 내가 벌어서 내가 월급을 받고 싶다는 어린아이 같은 발상이었다.

스탭에서, 난생처음으로 ○○지점 ○○영업소로 출근을 해보니 처음 생각했던 거보다 암울했다. 그 당시 내가 근무했던 재무팀은 대부분이 SKY 경영학과를 졸업한 인력들로 구성되어 있었다. 그러나 영업 현장은 조금 달랐다. 지금처럼 삼성전자가 글로벌기업으로 올라서기 전인지라, 현장 쪽에는 고졸 사원도 많았고, 지방대 출신들도 많았다.

물론 고졸이라 나쁘고, 지방대를 폄하하려는 것은 아니다. S그룹에는 유독 지방대 출신 사장들이 많다. 그건 학연 지연 혈연을 터부시하고, 실력만 있으면 통한다는 삼성의 문화 때문이기도 하다. 그때만 해도 옛날인 거 같다. 감히 삼성전자에 고졸 인력이 대졸보다 더 많았던 시기가 있었으니 말이다. 그게 불과 30년 전 일이다.

다시 본론으로 들어와서, 영업소에서 대리점을 방문하는 반복되는 일을 하였다. 특이하게 어려운 일은 없었다. 물론 월말이면 매출 마감에 쪼들리는 것 빼고는 말이다. 하루하루 거래선을 다니면서, 나는 결심했다. 이곳 영업 바닥에서 다시 시작해서 언젠가 저 높은 곳까지 올라서겠다고. 그렇게 하기 위해서는 매일 영업 현장을 나갈 때마다 하루 한 건씩 내가 얼마나 행복한 일을 하고 있는가를 벤치마킹하기로 했다.

첫날이었다. 지금은 없어졌지만, 지하철 안에서 신문 파는 분이 계셨다. 그도 독점이 아니라서, 신문팔이끼리 서로 팔려고 다투기까지 하는 모습도 종종 목격됐다. 자기 구역을 두고 싸울 때는 아주 큰 소리도 오간다. '너는 지금 내가 하는 일과 저 신문 파는 일과 어떤 것을 택하겠는가? 너는 저 사람처럼 먹고살기 위해 처절히 싸우고 있는가?'

다음 날은, 지하철역 앞에서 구두 닦는 이를 관찰하며 나와 비교했다. '너는 저 아저씨처럼 추운데 쪼그리고 앉아서 구두를 닦을래? 아니면 그냥 회사 다닐래?'를 나 자신에게 물었다.

그다음 날은 폐지 줍는 중년의 아저씨. 또 다음 날은 지하철 계단에서 껌 파는 이와 비교했다. '나도 저 아저씨처럼 계단에서 고개 숙이고 껌을 팔 수 있을까?'라고 생각하니, 마누라 생각도 나고 갑자기 처량해져 눈물이 핑 돌았다.

그 시절 그 당시 나는 하루 한 사람씩 벤치마킹하며, '나는 지금 얼마나 행복한 일을 하고 있는가?' '나는 얼마나 남보다 편한 일을 하고 있는가?'라며, 매일매일 스스로 질타의 질문을 던졌다. 그렇게 내가 하루하루 수첩에 벤치마킹한 횟수가 100건을 넘었다.

독자 여러분, 지금 4~5년을 투자하면 20~30년이 편해집니다. 지금 이 책을 읽을 때가 당신의 가장 젊을 때입니다.

지금부터라도 더 열심히 더 모질게 더 완벽히, 자신에게 투자하십시오.

상사의 존경할 만한 장점을 찾아라

이심전심이라는 얘기가 있다. 고등학교 때 염화미소와 동의어라고도 배웠고, 그 당시 이순자 마음이 전두환 마음이라는 우스갯소리도 돌았다.

이심전심은, 서로 마음이 통한다는 뜻이다. 직장을 처음 들어가면 여러 분야의 선배를 만나게 된다. 특히 인사고과권을 가지고 있고, 나를 지도해주는 역할의 상사라면 나의 미래에 엄청난 영향을 끼친다.

그렇다면 상사와 잘 맞추는 방법은 무엇인가?

그 바로 한마디가 '이심전심' 이다. 내가 상사를 존경하면, 상사는 반드시 나를 자애로써 대하게 되었다. 반면, 내가 상사를 상대로 술자리나 동료들 사이 험담으로 욕을 하고 싶은 모습을 보인다면, 상사도 귀신같이 알고 반드시 나를 업신여기고 우습게 여길 것이다. 왜냐하면, 사람은 서로에게 생각하고 느끼는 감정이 비슷하기 때문이다.

내가 좋아한다는데 굳이 싫어할 사람이 있을까? 거꾸로, 내가 욕을 하고 다니는데, 하필 나를 더 애지중지할 이유가 있을까? 직장에 입사하고부터 20년 이상의 직장생활을 하게 되고, 수 없는 상사를 만나게 된다.

선배나 상사에게 이쁨받고 신뢰를 원한다면, 내가 먼저 그 사람을 존경하라. 단, 억지로 존경하는 마음으로는 안된다. 그렇다면 어떻게 해야 하나? 우선 한 가지라도 무조건 그 사람의 존경할 만한 장점을 찾아라. 장단점은 동전의 양면처럼 항상 공존한다. 일을 잘하는 선배라면, 오히려 후배들을 업무로써 괴롭힐 수 있다. 반대로 일을 좀 못하거나 가르침이 짧아도 후배를 잘 챙기는 선배도 있다. 장단점은 공존하기 때문이다. 따라서 어떤 식이든지 상사의 장점을 한 가지는 찾을 수 있다.

나에게 일만 시키고 퇴근을 늦게 허락하며 매사 괴롭힌다 해도 본인과 조직을 위한 일만큼은 똑 부러지는 상사. 업무 처리 능력은 좀 모자라도, 술 잘 사주고, 고충 잘 들어주는 인간성이 너무 좋은 선배. 술 먹자고 매일 끌고 다니고 먹기 싫은 술을 매일 강요하는 선배가 누구나 싫기는 마찬가지다. 하지만, 조금만 다른 방향으로 생각해 보면, 매일 밤새도록 술을 먹는 그 사람도 그 방면에서는 또 얼마나 대단한가?

지금부터 직장에서 만나는 직속 상사를 대할 때는 무조건 그의 장점을 찾아라. 그리고 그 장점을 존경하는 마음으로 그에게 접근하고, 그에게 마음속으로부터 존경심을 가지고 대하라. 그리하면 반드시 상사는 나를 자애로써 대할 것이고, 나를 친 동생처럼 잘 해줄 것이다.

'이심전심' 서로에게 대하는 마음은 거의 비슷하게 느끼는 것이다.

훌륭한 선배를 만난다는 건, 천운(天運)

학창 시절은 돌이켜 보면 엄청나게 많은 추억이 남아 있다. 모든 사람이 그럴 것이다. 중학교 3년이 그러하고, 고등학교 3년은 더욱 그러하다. 친구들과 여름에 캠핑 간 기억, 눈이 온 날 눈싸움하며 놀았던 기억, 축구 야구 경기하던 기억들 등 무수히 많은 추억을 안고 산다.

그 많은 기억이 있는 시간이라 해도, 길어 봐야 중학교가 3년, 고등학교가 3년밖에 안 되는 조금의 세월이다. 고등학교 3년 동안 공부를 잘하면 S대를 가고, 공부를 못하면 지방대로 가야 하는 극명한 차이가 나는 세월 또한 3년간에 결정이 되었다.

그러나 직장은 좀 다르다. 3년 정도 근무해서는 아주 우수하거나, 좀 뒤떨어지거나 구별해 낼 수가 없다. 한 10년 정도 다니고 과장 정도가 되어야 만이, 훗날 한 인물 할 수 있을지 겨우 보이기 때문이다.

왜 이렇게 말을 빙빙 돌리느냐, 궁금할 텐데……. 대학의 선택은 고등학교 3년간의 세월로써 결판나지만, 직장은 입사하고 근 20년의 세월로써 결정이 난다. 학창 시절이 100m 단거리 육상이라면, 직장생활은 42.195km를 뛰는 마라톤 같은 게임이다. 직장생활하는 동안 한 번 정도는 나를 이끌어 줄 행운 같은 선배를 만나게 되어 있다. 만약에 못 만났다면, '내가 지지리도 복이 없구나.' 생각해야 한다.

만약에라도 그런 행운의 선배를 만나게 된다면, 그 시간은 모든 베팅을 다 해야 한다. 왜냐하면, 아무리 내가 같이 오래 근무하고 싶더라도 대기업에선 보통 2~3년이면 그 사람과 헤어지게 된다. 따라서 진짜 실력이 뛰어난 훌륭한 선배를 만났다면, 그 2~3년간은 모든 에너지를 다 쏟아부어야 한다. 잠도 덜 자야 하고, 집에도 덜 있어야 하고 오로지 일로써 승부수를 던져야 한다. 왜냐하면, 그 2~3년 시간이야말로, 향후 20년을 결정짓는 자양분이기 때문이다.

내가 직장생활을 함에, 훌륭한 선배를 만나거든 평생 한 번 오는 '천운'으로 생각하라. 비록 몸은 고달파도 미래를 담보한다고 생각하라. 지금 그 순간은 앞으로 영원히 돌아오지 않을 터이니 말이다.

역지사지, 보스의 입장에서 생각하라

나는 직장생활을 하면서 가장 소중하게 생각하는 단어가 있는데, 바로 '역지사지'란 사자성어다. 나는 이 말을 통해 모든 사고의 근본으로 삼았다.

예를 들면, 본인이 모시는 상사가 새벽까지 과음하고 출근을 했다면? 오전에 보고를 드리는 게 맞을까? 어떨까? 하는 고민이 생겼다고 하자.

이럴 때 나는, '만약에 나라면 어떨까……'라고 생각해 본다.
'우선 머리가 아프겠지.'
'화장실도 자주 가고 싶겠지.'
'잠도 설치고 졸리기도 하겠지.'
'보고서가 마음에 들지 않으면 짜증이 더 날 거야.'

이런 생각을 하고 나면 결정하기가 쉬워진다. 오전 보고 타임을 시간 조정해서라도 오후로 돌려야 한다.

반면 거꾸로 예를 들어보자. 직원 하나가 집안일이 있다고 하며, 차주 월~화 휴가를 쓴다고 하며 미안스럽게 말을 꺼낸다고 하자. 그럴 경우에도 마찬가지다. 만약에 내가 집안에 급한 일이 있어서 휴가를 낸다면 어떨까?

'부서장에게 어떻게 얘기하지?'
'업무가 밀리면 직원 동료들이 나 때문에 고생할 텐데…….'
'주말과 겹쳐서 쉬니까 더 혼나지 않을까?'
'아, 이틀이 아니라 하루만 쉰다고 할까?'

만약에 나라면……. 이라는 생각을 하고 나면 의사결정이 쉬워진다. 이미 후배 직원은 많은 고민을 했고, 어렵게 얘기하는 터라 그와 입장 바꾸어 생각하면, 오히려 더 속 시원하게 풀어

줄 수가 있다.

"앞으로 휴가 같은 건 허락을 구하지 말고, 그냥 본인 연차는 본인이 재량대로 사용하면 되는 거 아닌가? 본인 휴가를 본인이 쓰는 데 무얼 그리 어렵게 고민해."

실제로 내가 모시던 보스에게 그해 겨울 가족여행을 다녀오기 위해 휴가의 청을 구하자 위와 같이 편안하게 말씀해 주셨다. 그게 얼마나 고마운 일인지 모른다. 지금부터 역지사지의 심정으로 부서원들을 대해 보자. 그러면 그 마음이 더 고마워서라도 더 열심히 일할 것이고, 그런 조직은 발전성이 보장될 것이다.

"어이! 박 대리가 집에 급한 일이 있다니까, 남아 있는 사람이 좀 도와주지. 그래야 내가 그런 일을 당해도 박 대리가 거꾸로 도와줄 거 아닌가?"

"주말과 겹쳐서 휴가가 더 유익하겠네. 가족들과 편하게 잘 쉬고 오게나."

"왜 이틀만 쉬어? 이왕 오랜만에 가는 거 3~4일 더 쉬지 그래……."

위와 같이 말하는 게 어렵다고 하는 분도 많을 것이다. 그런 상사가 어디 있냐고 생각하시는 분도 있을 것이다. 하지만 실제로 많다. 만약에 내 주위에 없다면 나부터 그렇게 하라. 그게 직장생활을 롱런하는 길이다.

모든 것이 쉽다고 생각하고 실천하면 너무 쉬운 일이다. 내 돈 쓰는 것도 아니고, 그렇다고 내가 세금을 더 내는 것도 아니고, 경찰에 잡혀가는 일도 아니다. '역지사지' 만약 내가 이 친구였다면, 이 선배였다면, 어떤 결정을 할까? 거꾸로 한 번만 더 생각하고 오히려 한 수를 더 넉넉히 예상하고 결론은 도출하면 분명히 좋은 기회가 올 것이다.

아무리 친해도, 보스는 보스다

J와 나는 엄청난 계급 차이가 났음에도 불구하고, 친하게 지냈던 상하 관계였다. 사실 감히 차장 주제에 선임 부사장(삼정전자 내 랭킹 10위 이내)과 같이 어울려 말을 나누고 하는 것 자체가 어불성설이었다.

이 장을 빌려서 독자들에게 얘기하고 싶은 부분은, 스탭일수록 항상 겸허하고 겸손해야 한다는 것을 얘기하고 싶어서다.

난, J를 보스로 모시면서, 그와 100여 차례 독대를 한 적이 있지만, 단 한 번도 의자에 앉질 않았다. J 성격상 의자를 권하기도 했지만, 난 모르는 체하며 서서 보고를 드리거나 아니면, 무릎을 꿇어서 J의 눈높이에 맞추어서 보고를 드렸다. 내가 단 한 번도 의자에 앉질 않았다는 것을 그도 알았을 것이다.

그리고 매주 1회 CS 임원 간담회를 진행했는데, 2시간여 발표 중 나는 단 한 주도 쉬지 않고 매번 발표를 진행했다. 4년 동안 계속했으니, 약 200번 정도 했을 것이다. 어떠한 경우도 예외는 한차례도 일어나지 않았다.

영업 관련사 대표들과 J가 참석하는 회식이 월 1회 있었다. 정기 미팅을 끝내고 저녁까지 함께하는 자리였다. 나는 '보스는 아무리 착해도, 아무리 친해도, 보스는 보스다.'라는 신념을 가지고 있었다. 그래서 회의 어젠다는 물론이고, 저녁 자리도 항상 J에게 여쭈었다. J는 무얼 이런 것까지 세세하게 물어보냐고 짜증도 냈지만, 난 그럴수록 더욱더 J가 모든 걸 정하도록 했다. 언젠가 말한 '매니지 투 마이 보스!' 그것이었다.

예를 들어 저녁 식사할 자리를 세팅한다고 치자.
그러면 맨 먼저 해야 할 것이 '식당 선택'이다.
그리고 다음이 '주메뉴 선택' 다음은 '반찬이 어떤 게 나오는 정도까지도' 미리 좋아하는 것으로 세팅하면 더 좋을 것이다. 마지막으로 그날의 '술' 선택이다. 보스가 좋아하는 브랜드를 보유하지 않는 술집도 있다. 그런 것까지 미리 조사할 필요가 있는 것이다.
지금 말하는 장을 보노라면, 젊은 독자들은 무얼 그런 것까지 신경 써야 하나라고 할 것이다. 하지만 나는, '그렇게 해야 한다.' 이다. 그렇게 하는 것은 갑을관계가 아니라 내가 존경하는 선배에 대한 기본적인 예의다. 이런 생각을 해야 이심전심이 된다.
'아무리 착해도 아무리 친해도 보스는 보스다.'

전쟁에 임하는 자세로 출근하라

'최종병기 활.'이라는 영화를 보았다.
주인공인 한 사내가 활 하나로 청나라 장수들을 모두 격침하여 여동생과 매제를 탈출시켜서 조선으로 돌아온다는 내용이었다.

그다음 날 아침 출근길에 비슷한 생각을 해봤다. 우리 집에서 나와 지하철역까지 걸어가는 시간은 대략 10여 분 정도 소요되는 와중에, 만약 내가 출근하는 회사가 전쟁터라면 어떤 상황이 겠는가? 그래, 결국은 직장생활이란 것이 곧 전쟁터라 생각했다. 이 싸움에서 이기면 명예와 전리품을 모두 가질 수 있지만, 만약 이 전쟁에서 진다면, 아내와 자식까지도 모두 내놔야 하지 않는가? 그날 이후로 매일 출근하는 아침에는 전쟁터에 나가는 병사처럼 스스로 다짐을 하며 자세를 다잡았다.

그러면서, 회사에서 아무리 힘든 일이 있더라도 '이 싸움에서 패한다면, 내 처와 자식까지 모두 내놔야 하는데 너는 그런 자신 있는가?'라고 스스로 세뇌시켰다.

회사라는 게 2차 집단이 모인지라 다들 내 마음 같지 않다. 더군다나 직장 상사는 의외로 마음이 맞지 않으면 견디기 힘든 게 현실이다. 이럴 때일수록 스스로 버틸 세뇌방법을 찾아야 한다. 나는 매일 아침 출근길에 스스로 물었다.

'이 전쟁에서 지게 되면 아내와 가족까지 내놓아야 한다.'

'과연 너는 그런 치욕을 견딜 수 있겠는가?'

영업에 근무하면서, 나는 거의 매일 아침 위의 주문을 외웠다. 그리고 출근하는 시간 동안 또 오늘 하루를 다잡고 다잡았다.

과연 나는, 오늘 일당만큼 일을 했는가?

나는 직원들에게 항상 강요하는 게 있다. 본인들 연봉을 워킹

데이로 나누면 그게 일당인데, '만약 내가 오너라면 오늘 한 일에 그만큼을 지급하겠는가?'라고 항상 돌아보라 했다.

만약 내가 오늘 하루 일당을 다 채우지 못한다면, 스스로 미안한 감정을 가져야 한다고도 했다. 직원들이야 듣기 싫은 소리이지만, 철저하게 프로가 되기 위해서는 내 몸값에 대한 스스로 관리는 필요한 것이라 설명했다. 그렇게 함으로써 하루하루, 시간시간을 잘 관리해야 한다고 말이다. 그 시간이 모여서 직장의 경험과 실력으로 나타나는 것임은 당연한 결과다.

하지만, 사무직에 종사하는 사람이라면 그 일당만큼 발휘하기가 쉽지 않다. 나도 거의 90% 이상이 내가 오너라면 나한테 그 수준의 일당은 절대 지급할 리 만부당하다고 느꼈다.

그렇다면 어떡해야 하나? 스탭은 생산직의 일당처럼 동일한 업무를 반복하지 않는다. 따라서, 난 직원들에게 하루하루의 일당을 다 못 채우면, 언젠가 하루에 1억짜리 아이디어를 내서 그걸 메우려는 연습 하라고 지도했다.

어느 날 내가 제시한 기막힌 아이디어가 5억짜리라면, 3년 동안은 그냥 먹고 놀아도 된다고 했다. 스탭은 그런 몇백만 불짜리 아이디어를 발굴하고 접목하고 실천하는 것이 곧, 일당만큼 일하는 길이리라.

조급하지 마라. 하지만 일당에 대해 가볍게 생각하지도 마라.

언젠가 1억, 5억, 10억짜리 아이디어를 만들어 낼 수 있다고 항상 고민하라.

내 머릿속에 있는 100억짜리를 꺼내어 보답하라.

직장생활, 짧게 잡으면 20년 길게 잡으면 30년

고등학교 3년간 공부해서, 성적에 따라 S대학교 가는 사람과 지방대 가는 사람이 정해진다. 이게 딱 3년 만에 평생 따라다니는 학벌이 되는 것이다. 그러나 직장에서 임원이 되려면 최소 20년이 필요하다. 하지만 20년 동안 계속 열심히 해야 하는 것보다는 대리나 과장초임 때 누구에게, 얼마만큼의 일을 제대로 배우는가에 달려 있다.

이때 일을 잘하게 되면, 그 쓰임새에 따라 계속 중히 쓰이게 됨으로써 자연적으로 임원으로 가는 길이 쉬워진다. 반면, 대리나 과장 때 별 볼 일 없으면, 외곽 부서로 도는 건 물론이고 중요한 업무도 잘 맡기지 않는다. 이렇게 되면 결국 임원으로 가는 길은 점점 더 멀어지게 된다.

나는 이 글을 읽는 독자에게 젊은 시절을 아끼고 또 아끼라고 얘기하고 싶다. 왜냐하면, 가장 일을 잘하고 실력이 늘어갈 때가 직급으로선 대리 정도인데, 한편 대리 직급이 대부분 20대 후반이나 30대 초반이기 때문에 놀고 싶은 유혹도 가장 많은 시기이기 때문이다.

예를 들어 사원이나 대리 때의 4~5년은 고등학교 3년간의 생활과 비슷하기 때문이다. 이때의 4~5년을 허송세월로 보내다 보면 미래의 포지셔닝이 불안하다.

반대로 이때 4~5년만 잘 투자하면, 남아 있는 직장생활의 20~30년이 편안해진다. 어차피 직장생활은 한 곳에서 하나, 이직을 하나 최소 20년에서 30년 정도는 해야만 끝이 난다. 나도

31년간의 직장생활을 했지만, 대리에서 과장 때 가장 많은 일을 한 것 같고 나머지는 거의 공짜로 놀고먹었던 거 같다.

혹시 임원들이 일 많이 한다고 하소연하면, 그건 거의 뻥에 가깝다. 임원들보다는 사원들이 몸 쓰고 머리 쓰는 일이 더 많다. 사실 임원은 몸뚱이가 너무 편하다. 온종일 사무실에 있어 봐야 별 할 일도 없다. 임원은 '회의용'이다 회의에 참석하다 보면 하루가 가고, 한 달이 간다. 그러다 보면 또 월급이 나온다. 하하하.

독자 여러분, 지금 4~5년을 투자하면 20~30년이 편해집니다. 지금 이 책을 읽을 때가 당신의 가장 젊을 때니 지금부터라도 더 열심히 더 모질게 더 완벽히 자신에게 투자하십시오.

계륵, 양수의 교훈

필자는 직장생활 중 거의 대부분을 스탭에서 보냈다. 참으로 쉽지 않을 일임에도 역대 다섯 분의 보스를 지근에서 보좌했다. 보통은 전임자로부터 너무 많은 힘과 권력을 나누었을 때, 보스가 바뀌게 되면 자연스레 경질되는 게 관례다. 하지만 난, 보스가 바뀐 이후에도 후임자에게 다시 사랑을 받을 수 있는 무한 영광과 운을 입었다.

필자는 오랜 시간 스탭에서 보스를 모시면서 꼭 명심했었던 것이 있다. 그게 삼국지에 나오는 '계륵'의 교훈이다. 대부분이 다 아는 내용이겠지만, 조조가 며칠 고민을 하다가 책상에 써 놓은 글자가 '계륵'이었다. 이 글자를 본 책사인 양수가 판단했다.

'주군께서는, 먹으려고 들어가기도 그렇고, 그렇다고 먹지 않는다고 할 수도 없는 처지구나.'라고 스스로 주군의 생각을 간파하고 그날 저녁에 조용히 군사를 물렸다. 그러나 다음날 조조는 그 사실을 접하고는 양수를 칭찬하지 않고 오히려 양수의 목을 벤다. 조조 입장에서는, 본인의 생각을 100% 이해하는 것이 고맙지만, 주군보다 책사가 단독행동으로 먼저 진행하는 것은, 불경이라 본 것이다.

나는 이 고사를 두고두고 명심했다. 그리고 만약 나도 모시는 보스를 뛰어넘는 경우가 발생하면, 그 순간 스스로 목을 내놓으리라 결심했다. 양수가 목숨으로 다한 '계륵'의 고사를 두고두고 곱씹으며 살았고, 그런 낮은 자세로 보스를 대했다. 그것이 명줄을 연명하는 법이었다.

스탭은 철저히 스탭이어야 하는 몸가짐이야말로 나를 여러 보스를 계속 모실 수 있는 영광을 만들어 준 것으로 생각한다.

후배들의 자리를 잠시 빌려 쓰고 있는 것일 뿐

직장을 다니다 보면 스스로 다짐하는 약속이 있다. 흔히들 그걸 좌우명이라 하기도 하고, 직장생활의 바로미터라 하기도 한다. 나에게도 좌우명이 있다. 하지만 동료들에게는 잘 얘기하지 않았다. 간혹 동료들이 직장생활의 꿈이 뭐냐고 물으면, '마누라 자식 먹여 살리는 거지. 뭐 다른 게 어디 있나?'라고 대답하곤 했다.

하지만, 신입사원이 들어와서 첫 오리엔테이션 강의를 할 때, 그 강의를 끝내고 마지막 한마디를 덧붙이면서 딱 한 번 신입사원들에게 내 좌우명을 소개한다.

직장생활하는 동안 나에게도 좌우명이 있습니다. 내가 지금 속한 이 조직은 회장님의 것도 아니고, 사장님의 것도 아닙니다. 내가 지금 서 있는 이 자리의 주인은 여러분이고, 그리고 앞으로 이 회사에 들어올 우리 후배들의 것입니다. 우리 후배들의 조직을 지금 제가 잠시 빌려 쓰고 있는 것일 뿐. 그렇기에 저는 더욱더 열심히 살고자 합니다. 앞으로 우리 회사에 들어올 후배들이 더욱 건강하고 훌륭한 조직에서 근무할 수 있도록 지금 내가 더 열심히 좋은 조직을 만드는 것. 그게 나의 임무이자 좌우명입니다.

그리고 다음의 말을 이으며 그들에게 부탁한다.
여러분도 이제 첫발을 내디뎠습니다. 여러분이 가는 길은 단순히 여러분만의 길이 아닙니다. 여러분의 후배들이 아름답게 살아갈 조직을, 여러분들이 잠시 빌려 쓰고 있을 뿐입니다. 따라서 여러분들도 후배들을 위해서 이 조직을 더욱 건강하고 훌륭한 조직으로 만들기를 바랍니다.

나는 지금도 내 좌우명에 직장생활의 명운을 걸고 살아왔다. 부모가 지금 열심히 일하는 것은 자식들이 조금이라도 편하게 살 수 있도록 배려하는 것처럼 말이다. 조직도 선배들이 조금이라도 더 먼저 고생하고 건강하게 만들어 간다면, 우리 후배들이 조금 더 멋지고 훌륭한 회사에서 근무하게 되는 이치가 아닐까?

영화 국제시장을 보면 이런 대사가 나온다.

'마누라! 그래도 우리가 이런 험난한 세상을 겪어서 다행이잖소. 우리 애들이 겪지 않고 우리 세대가 겪은 게 정말 다행인 것 같소.'

그렇다. 지금 회사에서 열심히 일하는 이유는 우리 조직을 건강하게 만들고, 우리 조직에 들어올 후배들을 위한 일이다. 나는 항상 그런 생각을 하고 일을 했다.

지금 역시도 내 좌우명은 조직과 후배들의 안녕이다.

내 능력의 70%는 후배들에게

'내가 키운 인재들이 성장하면서 두각을 나타내고 좋은 업적을 쌓는 것을 볼 때 참 고맙고 반갑고 아름다워 보인다.'

이 말은 창업 회장이 즐겨 쓰시던 말이다. 호암 선생은 인재 제일의 기치 아래 사람을 키우는 것이 조국에 기여하는 것이라 믿고 실천하셨다. 나는 지금 이 글을 쓰는 동안에도 내 책상 옆에는 위에서 언급한 호암 선생의 글귀가 책상 옆에 붙어 있다. 비록 보잘것없는 A4 한 장이지만, 몇 번의 사무실 이사와 직장 전배의 와중에도 20년 넘게 고스란히 보관해 왔다.

과장이 되고 나서야, 나는 처음으로 한 명의 후임자를 받을 수 있었다. 처음 후임을 받을 때 스스로 다짐했다. 내가 키운 후배가 인재가 되어 두각을 나타내고, 좋은 업적을 쌓도록 만들 것이다. 그리하면 나도 고맙고 반갑고 아름다운 인생이지 않겠는가?

그 이후 나에게 후임자들이 점점 불어났다. 앞서 언급했듯이 차장 2년 차에 이르러서는 25명을 거느린 큰 조직의 장이 되었다. 한 명의 후임자부터 25명에 이르기까지 내 능력이 100이라면 나를 위해 30, 후배를 위해 70을 쓰자고 다짐했었고, 실제 그렇게 실천했다.

그리고 중간중간에 스스로 이런 질문을 하면서 위안 삼았던 거 같다. '창업 회장님이라면 나 스스로 힘을 쏟기보다는 후배들을 키우는데 더 많은 힘을 쓰는 나를 보며 '그래 잘했다.'라고 표현했을 것이다.'

내가 혼자서 잘 사는 것보다는, 나보다 더 뛰어난 후배들을 많이 만들어 내는 것. 그 길을 더 진심으로 원하셨을 거로 생각한다. 그런 이유였는지는 모르나, 지금 남아 있는 후배 중에 에이스로 활약하는 친구들이 유독 많다. 그래서 내 인생은 회사를 떠나서도 결코, 외롭지 않다.

한 떨기 국화꽃을 피우기 위해 소쩍새는 밤새 울듯이……. 한 명의 후배를 키우기 위해 정말 성심을 다해야 함은 물론이다.

'내가 키운 인재들이 성장하면서 두각을 나타내고 좋은 업적을 쌓는 것을 볼 때 참 고맙고 반갑고 아름다워 보인다.'

아, 얼마나 멋진 말인가?

여러분들도 어차피 20년 30년 롱런하기 위해서는 스스로 다짐하는 무언가가 필요하다. 그래야 길게 오래갈 수 있다. 회사 다님을, '먹고살려고요.'라고 단순히 해버리면 출근하는 하루하루가 피곤해진다. 내가 나를 좀 더 위대하고 당당하게 만들어라. 그래야 소명의식이라도 힘이 난다. 독립투사가 꼭 일제강점기에만 있는 것이 아니다. 인간과 후배와 사회를 복되게 하는 한 알 밀알일지라도 민족과 나라를 위한 훌륭한 일이 될 수 있는 것이다.

직장이 요구하는 인간형의 분류

직장에서는 기대하는 리더형이 있다. 우리끼리 농담으로 이런 말을 했던 것으로 기억이 난다.

'용장, 지장, 덕장 중 어느 유형이 가장 좋은가?'

'나는 용장, 지장, 덕장 중 어디에 해당하는가?'

결론적으로 말하면 직장에서 가장 성공하는 케이스는 용장-지장-덕장 중에 있는 것이 아니라, '복장(福將)'이 답이다. 흔히들 운칠기삼이라고 한다. 하지만 우리는 이를 운칠복삼으로 바꾸어 불렀다. 물론 이런저런 말들이 모두 농담에서 출발하지만, 은연중에 운으로 치부하는 경우가 다반사다.

하지만, 삼국지에서도 알 수 있듯이 와룡, 봉추 둘 중 한 명만 거느려도 삼국을 통일할 수 있다고 했지만, 유비는 그 둘을 모두 얻었어도 삼국을 얻지 못한다. 결국, 삼국의 주인은, 당시에는 거론조차 되지 않았던 사마의로 낙점되는 것만 봐도 운칠복삼이 맞는 말인 것 같기도 하다. 하지만 사마의는 이미 그전에 충분히 대세를 읽고 기다릴 줄 아는 현자의 모습을 가지고 있었다.

본론으로 들어와서, 직장에서 요구하는 리더형은 크게 두 가지가 있다. 하나는 독선적이며 퍼포먼스가 센 사람과 또 다른 하나는 심성은 유하면서 결과가 빈약한 사람이다. 과장 시절을 지나기까지는 유하면서 착하고 인기가 많고 조직력에 부합하는 인간형이 더 바람직하다고 생각한다. 그러나 차장, 부장급으로 진급하거나 보직장(리더)이 되면, 그때부터는 리더십과 퍼포먼스를 요구받는다. 따라서 그때부터는 일부의 독선과 고집도 필요하며 자기만의 색깔을 통해 훌륭한 결과와 실적이 요구되는 그게 기본이다.

지금 직장생활하는 분이 계신다면, 내가 근무하는 회사에서도 약간은 의아한 경우를 본 적이 있을 것이다. 저렇게 착하고 좋은 사람은 승진이 잘 안 되고, 약간은 독선적이고 자기중심인 사람은 승진이 잘되거나 좋은 보직으로 나가는 걸 흔치 않게 볼 수 있다.

그 이유는 간단하다.

CEO의 덕목에는 덕장이 아주 중요한 요소이다. 이는 본인 한 사람만으로도 충분하다고 볼 수 있다. 그러나 그가 거느리는 휘하 장수는 용장이거나 지장이어야 한다. 용감하다는 것은 속된 말로 약간은 무식해 보이는 장비의 저돌성이 필요하다.

특히 많은 사람이 뛰어난 책사가 되고 싶다고 말하는 이도 많겠지만, 지략이 뛰어난 책사는 주군 곁에 1~2명이면 족하기에

쉽게 아무나 책사가 되지 못한다. 반면 전투를 책임지는 장수는 여럿이 필요하고 다다익선이기 때문이다

물론 덕장이야말로 진짜 아래 사람들에게는 필요한 중요한 것일지 모르나, CEO나 최상위자에게 필요한 것이지 회사 차원에서는 크게 매력적이지 않을 수도 있다. 따라서 확률적으로 가장 높은 용장이거나 맹장이야말로 우리가 선택하기가 가장 좋은 패라고 할 수 있다.

사실 이렇게까지 얘기하면, 많은 분이 동의하지 않을 수도 있다. 일부는 덕장이면서도 지장이며, 그러면서도 용장인 분들도 있다. 제가 말하고 싶은 것은 실로 현실적인 면을 터치하는 것이며, 확률적인 면을 말하는 것이니 오해 없기를 바란다.

끝으로 다시 말하거니와 '용장, 지장, 덕장 중 최고는 복장이다.' 복이란 것은 본인이 신입사원부터 오늘에 이르기까지 10~20년의 긴 시간 동안 뿌려 놓은 본인이 행동한 결과의 산물이기 때문이다.

사람들과 산업의 패러다임이 변화고 있다

선대 회장께서는 자동차에 대해 끊임없이 욕심을 보였다. 얼마 전에 끝난 드라마 '재벌 막내아들'도 그러했거니와 자동차 산업에 대한 애정이 남달랐다. 그중에서도 필자가 친히 육성으로 듣던 선대 회장의 이야기는 아직도 귓가에 생생하다. 과연 천재적인 혜안을 가지고 있는 분이다.

'앞으로의 자동차는 단지 바퀴를 돌리는 기계가 아닙니다. 지금까지는 자동차가 기계공학과의 전유물이었다면, 앞으로의 자동차는 전자공학과의 기술이 성능을 좌우할 겁니다. 미래에 나올 자동차는 80% 이상이 전자제어 기능으로 바뀔 것이며, 결국은 소프트웨어 싸움으로 갈 겁니다.'

이런 비슷한 얘기를, 그 당시 신경영을 주창할 때 임원들에게 회의 석상에서 주문한 내용이다. 제가 이 장에서 말하고 싶은 바는, 산업의 패러다임이 변하고 있다는 것이다. 산업혁명 이후 제조업을 기반으로 영국이 발전한 다음, 미국이 굴뚝 산업으로 그 전성기를 누린다. 그런 다음에 돈도 안 되는 웬만한 제조업은 제3세계로 산업의 축이 이양된다. 물론 사양산업을 물려받은 제3세계의 여러 기업 중 나중에 빛을 보는 경우도 더러 있기는 하다.

아날로그 방식의 브라운관 TV가 모두 디지털 TV로 바뀌었다. 요즘 OTT 서비스를 보면 예전에 방송했던 TV 드라마의 화질이 너무 안 좋은 것을 느낄 수 있다. 그게 그 당시의 아날로그 방식에서 만들어 낼 수 있는 화질이기 때문이다.

자동차도 이미 대세가 바뀌었다. 젊은 소비자층에서는 너도나도 전기차를 구매한다고 난리다. 혹 전기차가 아니면 하이브리드라도 대안으로 잘 팔리고 있다. 다행히 국내 H 자동차는 전기, 수소차 분야에서 이미 세계 TOP 수준이라 미래가 불투명하지는 않은 것 같다.

선대 회장은 1990년대 세기말의 변화에 대해 여러 번 언급했다. 세기말은 새로운 변화가 오기 때문에 미리 준비해야 한다고 말이다. 모든 게 맞는 말이다. 그러나 지금은 2,100년이 다가오는 한 세기의 역사가, 과거 1천 년의 역사를 덮고도 남을 것이다. 과거 100년 동안 변해왔던 것이, 지금은 10년 만에 변하고 있기 때문이다.

필자가 입사하던 때의 삼성전자는 그렇게 좋은 회사가 아니었다. 그런데 다니면서 1등 회사가 되어버려 좋은 복리후생을 덤으로 받았다. 정말 운이 좋았다. 그렇다면 삼성전자가 20년 후에도 그대로 일류나 초일류를 얘기할 수 있을까? 지금 직장을 고르는 젊은이들이 고민이 많을 거라 보인다. 카카오그룹이 50년 동안 국내 일류로 장수했던 기업을 단 몇 년 만에 매출액과 이익률로 꺾었다. 네이버나 게임회사 등도 마찬가지다.

필자가 입사했을 때, 은행이나 금융권은 초봉을 많이 주는 아주 괜찮은 기업이었다. 하지만 이제는 사람의 용역이 필요 없는 디지털시대로 움직이고 있다. 지점이나 창구는 점점 줄어들 것이다. 그들은 천재 1명의 애널리스트와 투자전문가만 더 필요해질 것이다.

혹시 이 글을 읽는 젊은이가 있다면, 직장을 정할 때 미래의 패러다임 변화를 예측하고 정해야 한다는 것이다. 어차피 직장에 들어가서 임원까지 하려면 20년은 한곳에서 근무해야 한다.

따라서 무작정 현재만 보고 결정을 하지 말라는 얘기를 하고 싶다. 더 먼 패러다임의 변화를 따라가야 한다는 소리다. 하지만 이 답은 여전히 어렵다. 그저 모든 이들에게 좋은 혜안이 함께 하기 바란다.

2. 꼰대와 MZ의 차이

가화만사성이 먼저다

　내가 신입사원 시절 수원사업장에서 근무할 때의 일이다. 그때는 속된 말로 무식하게 일할 때였기 때문에 법적으로 정해진 연차도, 개인적으로 마음대로 사용할 수도 없을 때였다.
　하루 휴가를 내기 위해서는 명확한 이유가 필요했다. 예를 들면 운전면허 시험이라든지, 부친 기일이라 시골에 가야 한다든지 등 보고자를 설득할 수 있는 분명한 사유가 필요했다.
　그래서 내 선배들이나 나 대부분 직원은 '휴가도 마음대로 못 쓰고, 매번 허락 맡아야 하고, 더러워서 연차 안 가고 말지.' 늘 이런 식이었다.
　따라서 연차 사용하는 것을, 계획에 정해서 움직이는 것이 아니라 주변 환경이 이러한 탓으로 나를 포함한 2~3년 차 선배들까지 거의 모두가 술 퍼먹고 그다음 날 제끼는 게 우리끼리의

'연차사용법'이었다.

그러는 와중에 집안에 우환이 있어서 연차를 하루 내야 하는 때가 있었다. 선배 대리에게 '집에 일이 있어서 휴가를 하루 내겠습니다.'라고 했더니, 흔쾌히 허락했다.

그러고는 '모든 일이 가화만사성이니, 집안 우환을 우선 잘 처리하라.'라고 걱정해 주면서 편히 다녀오라 했다. 어찌나 고맙던지…….

연차 휴가에 대한 구체적인 사유도 묻지 않고, 바쁜데 왜 휴가 가냐고 따지지도 않고, 그냥 가화만사성이라니……. 나는 그날 집에 가면서, 훗날 내가 상사가 되면 절대 휴가에 대해 이유를 묻지 않겠다고 다짐했다. 그리고 39세에 첫 보직을 맡은 이후 지금까지 직원들 휴가 사유에 대해 일절 묻지도 않았고, 사전에 내게 와서 이유를 설명할 필요도 없다고 했다.

'휴가는 여러분들 것인데, 왜 제게 허락을 받고 갑니까? 그나마 회사 업무가 걸려 있으니, 1주일 전에 통보를 해주면 고맙겠고 무슨 이유 때문인지는 구절구절 얘기 안 해도 됩니다.'라고 직원들에게 미리 공지했다.

내가 신입사원 어린 시절에는 참 이해할 수 없는 일이 많았었다. 집에 일이 있다고 하면, 집안에 무슨 일이냐고 물었고 동생에 관련된 안 좋은 일이 좀 있다면, 또다시 동생에게 무슨 안 좋은 일이냐고 재차 물었다. 이에 동생의 결혼에 대한 문제라고 하면, 더 꼬치꼬치 동생에게 무슨 결혼 문제가 있냐고 물었다(우리 동생이 사귀던 여자가 임신한 걸 왜 자세히 얘기해야 하는지 정말 이해할 수 없었다. 자존심도 있고, 프라이버시도 있는데 말이다).

그 당시는 매번 그런 식이었다. 개인 존중이란 건 잘 모르던 시대다. 아니면 그런 세세한 것까지 꼬치꼬치 알아야 하는 게 리더십이라고도 생각했었는지도 모른다. 그러니까 사원들은 '더러워서 휴가 안 쓴다.'라고 스스로 생각하고, 거의 술 먹고 제끼는 게 일상사로 변질할 수 있음을 그 선배들은 알기나 했을까? 아마도 알면서도 그랬을 것이다. 참 어처구니없고, 호랑이 담배 피우던 시절 이야기다.

앞서도 얘기했지만, 나는 39세에 첫 보직을 맡은 이후 단 한 번도 휴가에 대해 사유를 물어본 적이 없다. 하지만 그 당시 2005년도에는 그렇게 하는 부서장이 거의 없었다. 그 이유는 정확히 모르겠으나, 남의 사생활까지도 파악하고 있어야 우수한 리더의 덕목으로 생각하거나, 아니면 쓸데없이 남의 사생활을 알고 싶은 관종 심사였을 것이다.

인간은 배움의 동물이다.
내가 어릴 때 괴로웠으면, 나중에 내가 크면 그걸 안 하면 된다.
그게 인간이다.
개구리 올챙이 시절을 잊어버리면 그건 개구리다.
인간이 아니란 말이다.

네가 애를 낳았냐?

아뿔싸, 생각난 김에 이 정도에서 우스갯소리 하나 덧붙여 볼까 한다.

호랑이 담배 피우던 시절의 얘기를 두 가지 더 해보려고 한다. 내가 옆에 앉아서 직접 들었던 이야기다. 지금도 그 장면이 눈에 선하다. 옆 부서 대리가 팀장(K 이사)에게 보고할 게 있다고 왔고, K는 무슨 일이냐고 물었다.

"와이프가 좀 전에 출산을 했습니다."

"응 축하한다."

"그래서 지금 병원에 좀 가 봐야겠습니다."

"왜?"

"와이프가 애를 낳아서 가봐야 할 거 같아요."

"응, 와이프가 애를 낳았는데, 자네가 왜 가야 하지?"

정말이지 농담도 아니고 냉정하게 K는 말을 했다.

"애는 와이프가 낳고 자네는 아무것도 할 게 없잖아?"

"와이프가 애를 낳아서 제가 옆에 있어 주는 게 맞을 거 같습니다."

"말귀를 못 알아듣네. 애는 와이프가 낳았는데 자네가 왜 집에 간다는 거야? 그 참 이상하네. 하여튼 업무시간 끝나고 퇴근해."

농담이 아니라 K는 정색하며 또박또박 응대했다. 그날 끝내 그 대리는 퇴근 시간 이후에 집으로 갈 수 있었다. 요즘 신입사원이나 젊은 친구들이 들으면, '에이 설마' 하는 얘기일 것이다. 하지만 난 K 이사 자리에서 보고하던 중이라 그 상황에 직접 같이 있었다. 실제 그 대리는 끝내 집에 못 갔다.

그리고 몇 년 후 어느 날 그 대리는 과장이 되자마자 퇴사를 했다.

물론 상기의 이야기가 퇴사의 직접적인 영향은 아닐 것이다.

하지만 1%, 아니 0.1%는 악영향을 미쳤을 것으로 생각한다.

이래서 인간은 기억의 동물이다. 상처를 잊지 못한다.

두 번째 이야기는 회사 보직장 교육 시 C 사장이, '보직장이나 선임들이 제발 이러지 말라.'면서 들려주신 내용이다. 내가 회사 생활하던 중에 본 거의 탑 수준이었다. 내용인즉슨, C가 신입사원 때의 일화다.

C가 사원 때 결혼을 하는데, 예식 시간이 토요일 오후 4시였다고 한다(그때는 주 5일제가 아니라, 토요일 13시 30분까지가 정식 근무시간이었다). 따라서 결혼식에 가기 위해 오후 1시쯤에 당시 모시던 과장에게 가서 퇴근 허락을 구하러 갔다 한다.

"과장님! 오늘 오후에 제가 결혼식이 있어서, 지금쯤 나가야 목욕도 하고, 머리도 깎고 할 수 있을 거 같습니다. 따라서 오늘 조금 일찍 퇴근하겠습니다."

그러자 그 과장이,

"아니, 이렇게 바쁠 때 왜 결혼을 한다고 해서 난리야. 꼭 이런 날 일찍 퇴근하냐? 왜 하필 토요일에 결혼해서 애를 먹이냐?"

계속 투덜대더란다. 이에 C는 이렇게 스스로 생각했단다. '내 딴에는 그래도 회사를 생각해서 1시까지 근무했고, 지금 나가도 목욕하고 이발할 수 있는 시간이 모자랄 정도로 회사에 최대한 누를 안 끼치려고 하는데, 너무 하는 거 아닌가?'라는 생각이 들더란다.

물론 과장과 실랑이를 벌이느라 결국 결혼식장에도 20분 늦게 도착했단다. 새신랑이 말이다. 그래서 그때 그 과장과는 지금 만나도 인사도 하지 않는 사이라고 C는 말했다. 그러면서 교육을 받는 우리에게 읍소했다. '제발이지 여기 계신 보직장님들! 부서원들에게 알게 모르게 가슴에 대못 박는 일 하지 말라.'라고 당부했다.

당신 동생이라면 그렇게 하겠는가?

직장생활에서, 부하직원이나 후배들에게 존경받고 싶은가?

모든 직장인의 꿈이 업무도 잘하고, 리더십도 있고, 존경도 받고, 가족 같은 분위기를 꿈꾼다. 하지만 대부분은 그렇지 못하다. 오히려 부장이 공공의 적이 되는 광고와 카피를 흔하게 볼 수 있다.

옛말에 '형우제공'이란 말이 있다. 이 말의 뜻은 다들 아시다시피, 형이 자애로 대하면 아우는 존경으로 형을 섬긴다는 말이다. 역시 옛말은 틀린 게 하나도 없다. 직장생활도 마찬가지다. 직장에서 후배들에게 존경을 받으려면, 먼저 후배를 자애로써 대해야 한다.

그렇다면 후배를 자애로써 대하려면, 어떻게 해야 할까? 말 그대로 진짜 본인의 친동생이나, 아들 혹은 딸이라고 생각하라. 어떤 일을 시키거나, 업무 지시를 할 때 그리고 직장에서의 성공하는 법을 가르칠 때조차도 '과연 내 동생이라면, 내 아들·딸이라면 이렇게 했을까?'라고 스스로 끊임없이 되짚고 물어야 한다.

이런 사고를 바탕에 두고 어떤 행위를 지시했을 때는, 후배들이 그 마음을 먼저 알고 더욱 열심히 하게 되었다. 그러나, 그 반대로 상사가 부하를 의심하고, 일단 욕부터 먼저 하고, 함께 일하기 불편한 관계를 만든다면, 후배도 똑같이 상사를 의심하고, 험담하고, 회식이나 모임을 피하게 되는 것이다. 나는 새로운 업무분장을 하거나, 신규 프로젝트를 후배들에게 맡길 때 스스로 매번 똑같은 질문을 던진다.

'내 아들이라면 이 보직을 맡기겠는가?'
'내 아이라면 이 일을 하라고 지시하겠는가?'

내 아들딸이고 내 동생이라고 생각한다면, 어떤 욕도 안 나오고 야단을 칠 때도 조심스러워야 하고 징계를 받거나 하면 내가 대신 받아야 하고 상을 받아야 하면 직원이 받는 게 더 기분 좋아야 한다.

누구는 A급 에이스로, 누구는 C급으로 만드는 법

내가 부장이던 때 후배들 사이에 이런 말들이 돌았다. 'K 부장 밑에 가면 C급이 A급으로 바뀌고, ○○밑에 가면 A급이 C급으로 바뀐다.' 훌륭한 후배 한 명을 만들기 위해서는 각별한 관심이 필요하다. 내가 신입사원 시절 재무팀에 있을 때의 일이다. 월 결산이 끝나고 요약 보고서를 만들어서, 과장께 보고를 올렸다. 그러자 J 과장이 나를 급하게 불렀다.

"김○○ 씨! 숫자를 읽어보고 올렸나? 이렇게 틀린 숫자를 올리면 어떡하자는 건가? 이 보고서가 얼마나 중요한지 몰라? 나를 통과하면 부장이고, 부장이 읽고 나면, 바로 사장님이 보시는 거야. 근데 이렇게 숫자를 틀려 오면 어떡해."

J 과장은 나를 향해 엄청나게 세게 야단을 쳤다. 그때 J는 관리본부 관리팀 주무과장이었다.

"너 미쳤어? 다음에 또 숫자 틀리면, 손가락을 부러뜨려 버릴 거야. 알았나?"

일부 순화해서 글을 썼지만, 신입사원으로서는 정말 감당하기 힘든 수준의 말을 들었었다. 당시에는 정말이지 어찌할 바를 몰랐던 것으로 기억한다. 그러나 이 기억이 나중에 얼마나 나에게 중요한 양분이 되었는지 모른다. 그 후로 훨씬 시간이 지나서 내가 직급이 올라갈수록 더욱더 가슴에 와닿았다.

왜냐하면, 그날 이후, 나는 숫자를 몇 번이고 곱씹어 보는 버릇이 생겼기 때문이다. 원래 나는 좀 덤벙대는 성격이라 대충하는 성격이었고, 실수도 잦았다. 그러나 그 사건이, 그 야단이, 내가 보고서를 보면서 꼼꼼하게 만든 계기가 되었기 때문이다.

나중에 과장 J는 국내영업 지원팀장 임원으로 다시 만났다. 내가 부장이었을 때다. J는 나에게 인사고과를 2년 동안 A+ 4번을 연속해서 주었다. 보통 A+ 한 번도 못 받고 퇴직하는 직원들이

90% 이상이다. 나중에 만난 J는, 그렇게나 나에게 너무 잘해주었다.

나는 오래 전 그 일을 계기로, 나름 후배를 가르치는 방법을 크게 두 가지로 실천했다.

첫째는, 실수에 대해서는 절대 용납하지 마라.

단 한 번 실수 근처에만 가도, 그 실수로 인해 야단맞은 기억이 너무 또렷이 떠올라서 두 번 다시 같은 실수를 하지 않도록……. 눈물이 쏙 나고 이가 갈리도록 야단을 치라는 것이다. 후배가 두 번 다시 실수하지 않을 정도로 눈물을 쏙 빼라.

다음은, 일을 잘할 때는 오버해서 과한 칭찬을 하라는 것이다. 칭찬은 불혹이 넘은 아저씨조차 기뻐서 어쩔 줄 모르는 마약과 같은 힘을 가졌다. 따라서 칭찬이야말로, 오버해서 과하게 할 필요가 있다. 아무리 야단을 치더라도 실력이 늘어서 칭찬을 가득 받으면, 예전의 야단맞은 기억은 칭찬으로 인해 보약이 되고 만다.

끝으로, 위의 두 가지를 사용하는 비중은, 야단 30, 칭찬 70으로 움직여야 한다는 것이다. 아무리 똑똑한 친구라도 '너 바보다, 너 바보야. 아직도 몰라. 바보인 거' 이렇게 하면 그는 반드시 바보가 된다.

거꾸로 '야, 너 잘하는데. 완전 대박이야. 자넨 천부적 재능이 있나 봐' 이렇게 하면 그는 스스로 천재가 되고 에이스가 되게 된다. 기억하시라. 야단과 칭찬은 교묘하게 섞되 칭찬받는 시간이 야단맞는 시간보다 2배 이상은 넉넉해야 한다는 걸. 나는 위와 같은 방법을 통해 지금 현재에도 삼성전자에서 맹활약하는 많은 후배를 만들었다. 아직도 잘하고 있지? 사랑하는 나의 후배, K 상무, L 상무 그리고 L 부장, P 부장…….

다수결의 원칙

직장에서 의사결정의 순간은 매번 발생한다.

순간의 선택이 10년을 좌우한다는 카피도 있듯이 순간의 의사결정이 조직의 안녕과 번영에 끼치는 영향이 많기 마련이다. 그래서 의사결정을 해야 하는 리더들은 항상 고민과 번민을 달고 살기 십상이다.

내가 경험한 직장생활에서 잘 살아남는 법 중의 하나가 다수결의 원칙이다. 나도 팀 리더지만, 어쩔 땐 의사결정을 정확히 내리기 힘든 경우가 자주 있었다. 이럴 경우, 난 다수결의 원칙을 많이 선택했었다.

예를 들면 이러하다. 의사결정이 애매한 경우가 발생했을 경우, 전 부서원을 회의실에 모은다. 그러고는 본 안건에 대한 기초적인 설명을 하고 나서,

"과연 여러분이 의사결정자이면 어떤 결정을 내릴 것인가?" 화두를 던진다.

상호 토론의 시간을 가지고 나면, A나 B, 아니면 A, B, C 중에서 본인이 생각하는 것을 고르라고 일종의 투표를 한다. 투표 결과, 가장 많은 선택을 받은 안건을 최종 대안으로 결정한다.

많은 사람이 생각할 때에는 경험이 많고, 계급이 높을수록 더

좋은 의사결정을 할 것이라 예상하지만, 기업이건 조직이건 결국은 사람이 하는 일이기 때문에 대부분 비슷한 결과를 도출해 낸다. 그래서 신입사원이고, 경험이 모자란 직원들의 얘기와 의견도 의사결정에 아주 중요하게 영향을 끼칠 수 있다.

내 경험상으로 말하면, '다수결 결과에 따른 의사결정으로 결정된 사안 중에서 실패한 경우는 거의 없었다.' 이 말을 바꿔서 하면, 의사결정을 할 때 여러 사람의 의견을 충분히 공유할 경우 '실패와 에러를 낼 확률을 현저히 줄일 수 있음.'을 의미한다.

하지만 많은 사람은 부하직원의 의견을 경청하기보다는 본인의 직감을 더 믿는다. 또한, 여러 의견을 들었음에도 본인의 직관대로 의사결정을 하는 경우가 다반사다. 이는 계급이 올라갈수록 직급이 올라갈수록 아랫사람들의 긍정 동의가 잦아질수록 문제화될 수 있는 잠재력을 더 많이 가지기 때문이다.

이런 여러 가지 함정에서 가장 쉬운 의사결정을 하려고 한다면, 내가 여기에서 권하는 가장 민주화된 방법인 '다수결의 원칙'을 적용해 보시라. 단언컨대 실패와 에러 확률을 현저히 감소시킬 것이다.

다면평가에 대해

1년에 두 번 하는 인사고과는 내게 너무나 힘든 일이었다.

그래서 한 번은 이렇게 하기로 했다. 합리적인 결과를 도출하기 위해서, 전 부서원의 주간 단위 업무 실적을 매주 평가하여 공개해 나가면서, 누적으로 결과를 관리해 나가기도 했다.

그러나 그런 방법조차도 상대적 저평가 자는 고과 자를 부정적인 시선으로 보는 경향은 줄어들지 않았다.

'나는 왜 A급 보고서가 아닌가? 내가 보기엔 내 것이 A급인데……'

'나는 쟤보다 더 많은 일을 한 것 같은데, 왜 낮은 점수를 주지?'

결국, 저평가를 맞은 이들은 비슷한 경향을 보이더라는 것이다.

그래서 생각해 낸 것이 다면평가였다. 평가 기간이 되면, 모든 직원에게 1번부터 끝번까지 개인별 랭킹을 매겨 제출하라 했고 부서장이 평가한 결과를 비중 30% 반영하고, 직원들 다면평가 60%, 근태 10%의 비중으로 결과를 만들었다.

과연 결과는 어땠을까?

부서장인 내가 생각한 거와 거의 98% 가까운 싱크로율을 보이는 결과가 나왔다. 몇 년에 걸쳐서 여러 번 이와 같은 방법을 시도해 보았지만, 부서장과 직원들이 생각하는 싱크로율은 쭉 100%에 가까운 결과가 나왔다. 물론 일부 문제는 보이기도 했다. 예들 들면 라이벌 관계에 있는 두 사람이 있으면, 그 사람의 특성에 따라(이기적인 사람) 상대방을 일부러 낮게 주는 일부 예외의 경향은 나왔다.

하지만 그것도 전체 평균을 집계해 보면, 직원들의 전체 생각이나 부서장인 내 생각과 크게 범위를 벗어나지 않는다. 아니 정확히 말하면 거의 똑같이 나온다. 95% 이상 똑같다. 그러니까 본인들도 누가 일을 잘하고 누가 일을 못 하는지 잘 알고 있다는 것이다.

결론은 내가 직원들을 보는 눈이나, 부서원들이 서로를 보는 눈도 똑같다는 것이다. 그러나, 부서장이 개인적으로 평가하면, 혹시 개인적인 감정이 섞이려나 싶어서 불평등하다고 스스로가 그렇게 생각을 만드는 경향이 더 커지는 것이다. 본인도 본인이 못하고 있는 걸 알면서도 우선 그렇게 생각하는 경향이 높은 것이다.

칭찬의 기술

한국에서 직장생활을 한다고 하면, 대부분 20대 후반에서 취업을 시작해서 30대에 결혼하고, 40대에 가정을 이루면서 절정을 맞는다. 앞에서도 이야기했듯이, 언제나 후배들을 만나면 회사 생활이 재미있냐고 묻는 습관이 있었다.

이 질문에 대한 '우문현답'은 이미 설명한 바와 같다. '직장이 재미있으면, 제가 돈 내고 들어오죠. 재미없으니까 저에게 돈을 주는 거 아닌가요?' 그렇다면 직장생활은 돈을 받고 다니기 때문에 원래 재미없는 곳인데, 20년 이상 롱런하기 위해서는 어떡해야 할까? 내 기억으로 직장생활을 할 때 가장 중요한 것이 상사로부터의 칭찬이다. 물론 무조건 칭찬만 할 수는 없다. 또한, 칭찬을 아무 때나 할 수도 없다.

그렇다면 칭찬의 기술은 무엇인가?

내 경험상으로는 다음 3가지 규칙에 따르면 효과가 있었다.

첫째, 칭찬과 질책은 7:3 정도로 칭찬을 2배 정도 더 많이 해주어야 한다. 40살이 넘은 어엿한 집안의 가장이며 중년의 아저씨가 무어 그리 칭찬에 목마르냐 하겠지만, 중년의 아저씨도 칭찬을 받으면 신나서 어쩔 줄 모른다. 이건 애나 어른이나 똑같다.

하물며 이제 갓 20대와 30대 초반 젊은이들에게 칭찬이야말로 보약 중의 보약이다. 보약은 몸이 당장 아파서 먹는 양약과는 다르다. 향후 10년, 20년 후를 생각해서 먼 미래의 효과를 보기 위해 먹는 것이다. 이와 마찬가지로 사회 초년생에게 칭찬이란 보약과 같아서, 그 사람을 미치게 만들고, 그가 하는 일을 미치게 할 수 있도록 촉매제 역할을 한다.

둘째, 칭찬은 분명히 모든 이들이 공감할 수 있는 객관적으로 검증된 것이어야 한다. 아무 때나 칭찬을 남발하면 후배 직원들은 그저 그러려니 하고 매너리즘에 빠진다. 따라서 아이디어가 좋다든지, 인건비를 효율화할 수 있다든지, 매출을 확대할 수 있는 획기적인 생각 등 분명한 이유를 조목조목 설명을 하고, 이게 왜 칭찬받을 일인지를 구체화하면서 칭찬을 해야 한다.

특히 여러 사람 앞에서는 조금은 오버액션을 취하면서 하는 것이 더 좋다. 그러면, 칭찬받는 사람도 힘이 나고, 그 자리에 참석했던 사람들도 칭찬받고 싶어지고, 어떻게 하면 칭찬받을 수 있는지도 자연스레 알려 주는 것이다. 이것이 칭찬을 잘하는 방법이다.

셋째, 잘못하거나 실수를 했을 때, 야단을 칠 경우는 눈물이 쏙 나오도록 해야 한다. 잘못하여 질책할 때, 너무 쉽고 가볍게 야단치고 넘어가 버리면 그 친구는 다음에도 비슷한 실수를 또 하게 된다. 이건 분명한 사실이다. 따라서 직원이 잘못하여 야단 칠 때는, 다시는 그와 같은 실수를 하지 않도록 아니 그 실수한 근처만 와도 머릿속의 기억이 또렷이 남아 마치 트라우마처럼 생각나도록 해야 한다. 그래야 만이 두 번 다시 동일한 실수를 반복하지 않는다.

다수의 소통이 늦는 것 같지만, 나중에는 빨리 간다

이미 앞서 얘기한 바와 같이 내 시간의 70%는 후배들을 위해, 그리고 30%만 나를 위해 썼다. 그 이유는 이미 설명한 바와 같이 내가 잘 크는 것보다 우리 후배 모두가 잘 성장하는 것이 조직에 더 유리할 거라 믿었기 때문이다.

이런 의미에서 난 상사에게 보고서를 요구받으면, 회의실에 전 직원을 모아서 보고서 작업 전후 상황에 관한 설명을 한다.

1) 이 보고서의 최초 지시자는 아마도 누구일 것이라고 해석을 공유한다.

 - 나한테 중역들이 지시하지만, 그 중역 또한 지시를 받아서 하는 경우가 많기에 진짜 지시자를 찾아야 그 의도를 파악하고, 원하는 수준의 그림을 그리고 결정할 수 있기 때문이다.

2) 방향성에 관해 얘기함

- 지시자의 의도가 이런 경우, 보고서의 방향은 이러 이러하게 잡는 것이 효율적일 것 같다고 제안한다.

  3) 그리고 본 보고서에 투입될 주 책임자와 어시스터를 지정해 준다.

  - 그렇다면 왜 이렇게 모든 사람이 모여서 공유를 하는가?

보고서 작성자에게만 지시하면 당연, 시간을 줄이고 효율을 높일 수 있다. 대부분이 이와 같은 방식으로 일을 많이 한다. 이런 경우는 대부분이 주(主) 필사를 두고 한사람에게 집중되는 경향이 있다. 이의 함정은 다수의 요구사항이 떨어질 경우, 필사한 사람의 쳐내는 양에 의거, 납기시간의 병목이 발생할 수밖에 없다.

그러나, 다수의 인력을 상기와 같이 훈련해 나가면, 처음에는 다소 시간이 더 걸리는 것처럼 보일 수 있으나, 거의 모든 직원의 라인이 돌아가면서 훈련이 되기 때문에 다수의 지시나 여러 개의 보고서를 단기간에 작성할 수 있는 장점이 훨씬 크다.

또한, 전 직원이 정보의 양을 동일하게 공유하기에 서로 불편하거나 시기하는 것도 현격히 줄어듦을 경험으로 확인했다.

직원들은 내가 부리는 부하가 아니다. 조직에서 퍼포먼스를 극대화하라고 보내준 중요한 인재들이다. 이렇듯 다소 시간이 걸리더라도 초기에 조금만 더 고생한다면, 조직을 위해 더 많은 인재양성과 동시에 조직 퍼포먼스 극대화도 이룰 수 있는 것이다.

  '내가 키운 인재들이 성장하면서 두각을 나타내고 좋은 업적을 쌓는 것을 볼 때 참 고맙고 반갑고 아름다워 보인다.'

에필로그

필자가 이 책을 쓰면서 염두에 두었던 건 크게 3가지였다.

첫째, 무조건 사실에 근거하고 진솔한 내용이어야 한다는 것이었다. '영업의 품격'은 30여 년 동안 직접 현장에서 경험한 이야기를 사실 그대로 집필한 책이다. 단지 글자로 대하는 책이라고 해서 가공을 하거나, 재미를 위하여 인위적인 이야기를 만들면 안 된다고 판단했다. 그건 소설이기 때문이다. 리얼과 작위는 읽어보면 그대로 실체가 드러나게 되어 있다. 그렇게 만들어진 책은 독자들이 먼저 알아차리는 법이다.

둘째, 책은 쉽고 재미있어야 한다는 전제가 있었다. 책을 읽다 보면 너무 재미가 있어서 하루나 이틀 사이에 다 보게 되는 책이 있는 반면, 읽다가 잠들고 다시 읽다가 졸다가 결국엔 책 한 권을 다 못 읽는 경우도 간혹 있다. 따라서 '영업의 품격'은 독자의 재미와 흥미에 최우선의 가치를 두었다. 직접 겪었던 사실에 근거하여 재미있고 흥미로운 책을 만들자…라는 게 두 번째 가치였다.

셋째, 지금도 한국에서 열심히 일하는 영업인들에게 꿈과 희망의 메시지를 드리고 싶었다. 필자는 입사해서 맨 처음 배치받은 곳이 재무팀이었다. 그 당시는 무식하게 일을 할 때였고, 더구나 관리의 삼성 아닌가? 신입 첫날부터 시작해서 밤 12시 이전에 퇴근해 본 기억이 많이 없다. 새벽 3시가 넘어야 야근이라 칭했고 행여 밤 11시에라도 마치게 되면 그날은 옆 부서 동기와 술 먹는 날이었다.

 필자의 야근 신기록은 3박 4일 동안 단 한 차례도 자리에 누워 보지 않았다는 것이다. 만 4일간을 PC 앞에 그대로 앉아서 작업을 했던 게 필자의 현역 최고 기록이다. 하지만, 회사에서 밤을 새우는 것은 아무나 할 수 있고 누구나 의지만 있으면 가능한 일이다. 필자가 경험한 직장 생활 중에서 가장 힘이 드는 부분은 '장사'였다. 이놈의 '장사'는 내가 열심히 해서 되는 게 아니다. 국제사회와 국내 경기, 경제지수와 소비자, 그리고 회사와 경쟁사 등 나를 둘러싼 환경까지 혼연일체가 되어야만 가능하기 때문이다. 시장점유율 싸움과 목표 판매량 달성, 그리고 이익까지도 창출해야 하는 엄청난 숙제를 영업인들은 숙명처럼 안고 살아간다.

 지금 이 시간에도 열심히 장사하고, 판매하고, 영업하고 있는 진정한 대한민국의 영업인들에게 이 책에서나마 감사의 마음을 바친다.

지은이